金色年华　激情岁月

燕达金色年华健康养护中心　—编

新华出版社

图书在版编目（CIP）数据

金色年华 激情岁月 / 燕达金色年华健康养护中心编 .
-- 北京 : 新华出版社 , 2024. 9.
-- ISBN 978-7 –5166-7572-4

Ⅰ . K820.7

中国国家版本馆 CIP 数据核字第 2024KS8088 号

金色年华 激情岁月

编者：燕达金色年华健康养护中心
出版发行：新华出版社有限责任公司
（北京市石景山区京原路 8 号 邮编：100040）
印刷：三河市君旺印务有限公司

成品尺寸：170mm×240mm 1/16 **印张：**19.25 **字数：**265 千字
版次：2024 年 9 月第 1 版 **印次：**2024 年 9 月第 1 次印刷
书号：ISBN 978-7-5166-7572-4 **定价：**68.00 元

微店　视频号小店　抖店　京东旗舰店

微信公众号　喜马拉雅　小红书　淘宝旗舰店　扫码添加专属客服

《金色年华　激情岁月》编委会

总顾问

李　怀

总策划

李海燕

执行策划

刘培宗

主　编

李东辉

执行主编

毕立伟

项目统筹

陈　勤　刘　洋　叶　婷　柴红伟

编　委

叶晓彦　蒋若静　魏昕悦　陈　勤

前　言

他们，在五星红旗下成长成才，是共和国同龄人。

他们，毕生参与新中国的建设，见证了祖国的繁荣发展。

他们，不约而同地选择了在燕达金色年华健康养护中心安享晚年。

他们，有奋力推动我国科研事业发展的开拓者，也有致力于传承与弘扬民族艺术的带头人；有致力于促进经贸强国的专家学者，也有建设祖国各项事业的奠基人……他们的一生，见证了党和祖国的发展与荣光。一个个可歌可泣的动人故事，展现出一代国人不屈不挠的坚定信念，勾勒出一幅幅波澜壮阔的历史画卷。

2024年，是中华人民共和国成立75周年，也是实现"十四五"规划目标任务的关键一年。燕达金色年华健康养护中心积极融入祖国发展浪潮，经过14年的运营发展，建立了国内领先的医养康养相结合的养老服务体系，为积极应对人口老龄化和推动京津冀协同发展国家战略作出突出贡献。截至2024年7月，养护中心的在住宾客7000余人，平均年龄84.5岁，他们出生于动荡年代，与新中国共同成长，是党和国家建设发展过程中的亲历者与见证人。我们遴选12位在住宾客，通过他们口述，记者整理撰文，编纂出版《金色年华　激情岁月》一书，记录他们的光荣事迹，传承他们的爱国主义精神，向中华人民共和国成立75周年献礼。

历史不容遗忘，我们有责任去挖掘峥嵘岁月背后那些鲜为人知的往事，并用来告诫我们每一个人，今日的幸福有多么来之不易，每一个中华儿女都应当怀抱热情和责任，在中国共产党的领导下，为推进中国式现代化的高质量发展不懈奋斗！

从故事中搜集历史，在岁月中见证辉煌！

燕达金色年华健康养护中心

2024年8月

目 录 | CONTENTS

经贸发展

田祥林，男，1940 年出生于上海，祖籍江苏扬州，1960—1965 年于北京大学西方语言文学系法语专业学习。1965 年 7 月进入外贸部五局（现商务部西亚非洲司）工作。1978—1984 年任我国驻刚果（布）使馆商参处随员、三秘。1988—1992 年任我国驻喀麦隆使馆商参处一秘。1993—1996 年任我国驻比利时使馆商参处一秘。1997—2001 年任商务部驻天津特办协调处处长。2001 年退休后，任商务部离退休干部局下属党支部委员、副书记和书记 20 余年。2011 年，获得我国"资深翻译家"荣誉称号。先后在《国际商报》《经贸消息报》《外贸杂志》等报刊上发表文章 70 余篇。

田祥林

投身驻外商贸事业
不忘中华儿女本色

一场秋雨过后，记者来到燕达养护中心，走进了商务部退休老干部田祥林的家中。田老带记者参观了自己干净整洁的两居室后，在书房中将自己儿时的贫苦坚强和工作中经历的风风雨雨向我们娓娓道来。

田老表示，受那个年代、那些往事、那些曾出现在生命中的人物的影响，他不断地激励自己："不忘初心、牢记使命"，一辈子恪守职责，兢兢业业。"我做到了，我问心无愧。"在中华人民共和国 75 周年华诞之际，田老激动发声："生我者炎黄，育我者华夏，吾用一生报效中华！"

出身贫苦工人家庭，身为长子责任担当

田祥林出生在旧中国上海的一个工人家庭。父亲在英国人的肥皂厂工作。母亲原在日本人的纺织厂务工，却因突发意外，被纺梭击中眼睛，致使一只眼睛失明，从而失去了工作。父亲的一点微薄薪水成为家中唯一的经济来源，日子过得紧紧巴巴。

在田祥林的儿时记忆里，家中一贫如洗，清灰冷灶，家徒四壁。父亲一人工作养活全家七口，月初发薪，不到月底全家就捉襟见肘，母亲经常四处借钱，寅吃卯粮。四个弟妹都没有太高学历，唯有田祥林，被爸妈省吃俭用供至大学毕业。对父母的倾心培育，作为长子他终生难忘；对弟妹们为支持他的学业缺吃少穿，作为长兄他铭记在心。

田祥林的大弟生于1952年，比田祥林小12岁。因儿时服用驱虫药过量伤及大脑，反应迟钝。父母常为次子的未来生活忧心忡忡，时而长吁短叹。田祥林为二老常年抑郁犯愁，更为大弟难料的未来担忧。1960年，田祥林考入北大，并享受甲级助学金。弟妹们也陆续工作，家境有所改观。可大弟一直待业家中，逐渐成为爸妈心头病。田祥林看在眼里，记在心头。1965年，田祥林大学毕业，被分配到商务部（当时的外贸部），成为国家干部，也成了田家的主心骨。田祥林也积极寻求机遇，为大弟的工作寻找门路。

1972年7月，田祥林被下放到河南信阳息县从事基建、棉田管理以及专案调查等工作，结识了不少从事农机操作和维修的知青。田祥林萌生让大弟来河南与他一起"战天斗地"的想法。为确保大弟顺利成行，田祥林几经周折把大弟从上海接到信阳。第二天，他怀着忐忑不安的心情向领导汇报了自己的所作所为，坦然接受领导的严厉批评。考虑到田家兄弟的实际情况，领导并未进一步追究，并很快将大弟安排到"知青连"。"原想'山重水复疑无路'，蓦然'柳暗花明又一村'。我真心感谢领导的大度和理解。"大弟的工作落实了，全家都松了一口气。

1972年年底，田祥林奉调回部。没多久，经田祥林努力，大弟被调往同属信阳地区的固始外贸加工厂，随后与一位豫籍在京工作人员对调工作，调至北京市政工程公司开压路机。父母听到次子已进京工作，又有近在咫尺的长兄庇护，终于打开紧锁的眉头，露出久违的笑容。

时光荏苒宛如白驹过隙，此时田祥林大弟已是超大龄青年，可单位只给已婚青年分房，将他排除在外。作为长兄，田祥林多次与市政领导协商陈情。

1981 年，田祥林和家人在上海杨浦公园拍摄的全家福

几经周折，公司最终答应给大弟分房。两年后，大弟终于分到位于北京八角的两居室住房。入住新房后不久，又赶上长安街沿线改造，大弟居所需要拆迁，他又分到石景山一套 96 平方米的三居室，外加现金补贴。有了稳定的工作和属于自己的宽敞住房，在田祥林的张罗下，大弟很快有了女友，并结婚成家，夫妻出双入对，恩爱有加，治愈了田家父母一生的心病，大弟一家也其乐融融。田祥林承担了作为长子长兄的责任，力所能及地反哺了自己的原生家庭，庇护了弟妹，为父母尽孝，他也无憾了："如今，我可告慰爸妈的在天之灵，你们的子女都已退休，他们家庭美满，衣食无忧，无病无灾，让人羡慕。愿爸妈在天国永远安宁、幸福、无牵无挂！"

一心想做"田一刀"，却入北大学法语

田祥林从小就崇拜医生，认为医生救死扶伤，情操高尚。田祥林从小阅

读了大量的医学书籍，《大众医学》杂志几乎天天不离手。田祥林立志将来要做一名医生，而且认准目标——外科医生。田祥林还早早地为自己起了诨名"田一刀"，将来要用自己手中的手术刀治病救人，造福大众。

高中时期，田祥林学习成绩优秀，是班里的俄语课代表。高三，同学们忙着选报专业，田祥林长年受《大众医学》刊物的影响，专攻数理化，备考国内顶级医科大学。然而，命运弄人，临考前半个月，班主任通知田祥林，因他体检不合格，不能报考二类学科（理工医农类），建议他改考三类学科（文史类）。

原来田祥林在高中勤工俭学，敲打铸件时不慎让铁屑飞到眼睛里，被紧急送往附近的医院。很不幸那是一个星期天，医院里只有一个值班大夫，还是妇产科大夫，在给田祥林刮掉铁屑的同时，伤到了他的眼角膜，形成了圆锥角膜，视力从 1.0 降到 0.03，所以田祥林失去了报考医学院的资格。

田祥林的文科学业完全没有准备，地理、历史等知识也没有复习背诵，就想复读一年，利用复读期间做角膜置换手术，以继续追求"白衣天使"的梦想，但未获学校批准。无奈，田祥林赌气报考了北大，第一志愿填报北大西方语言文学系，第二志愿填报北大东方语言文学系，第三志愿填报北大俄罗斯语言文学系，又随手填了两个北京外语学院相关专业。当时规定可以填报 24 个志愿，但是田祥林放弃了其他院校的志愿，心想"落榜更好，一年后再报能帮我实现梦想的中国医科大学"。

似乎冥冥之中自有定数，也是不幸中的万幸，高考成绩出来了，田祥林竟然被第一志愿北大西方语言文学系录取。踏进北大校门让出身寒门的田祥林开心又自豪："平心而论，我算不上高中班里的顶尖学霸，全凭临场超级平和、极致发挥。"接到北大录取通知书，父母喜出望外，弟妹们欢呼雀跃，左邻右舍也是群情鼎沸。田祥林虽然为不能成为"白衣天使"、救死扶伤有些伤感、失落，但能考入全国最高学府，还真有"金榜题名时"的欣喜和快慰！

　　五年大学生活，田祥林系统地学习了法语，在此期间，阅读了大量法语文学作品。莫泊桑等文豪的笔触文风；《红与黑》等现实主义作品的思想传播令他受益匪浅。田祥林时任北大西语系海燕文学社秘书长，写了大量文学报告，为他日后的写作风格奠定了基础。

　　大学时光里，田祥林遇到三年困难时期，全校师生以及国人无怨无悔跟着共产党勒紧裤腰带、共克时艰的经历，让他铭肌镂骨。

　　师生们缺少粮食，食不果腹，身体不同程度地出现水肿，严重者需要住院治疗，但是大家毫无怨言，相互鼓励，等待转机。1961年，高教部部长杨秀峰来到北大看望大家。当时正值午饭时间，杨部长来到北大食堂，看到同学们吃着窝窝头，碗里只有几粒米的稀粥，唏嘘不已，遂向大家深深地鞠了一躬。学生们快速地围绕在杨部长身边。杨秀峰看着大家，诚挚地说："同学们，是我们没把工作做好，让同学们挨饿了。请你们放心，我们要尽最大

1966年，田祥林（前排左一）与北大同学合影

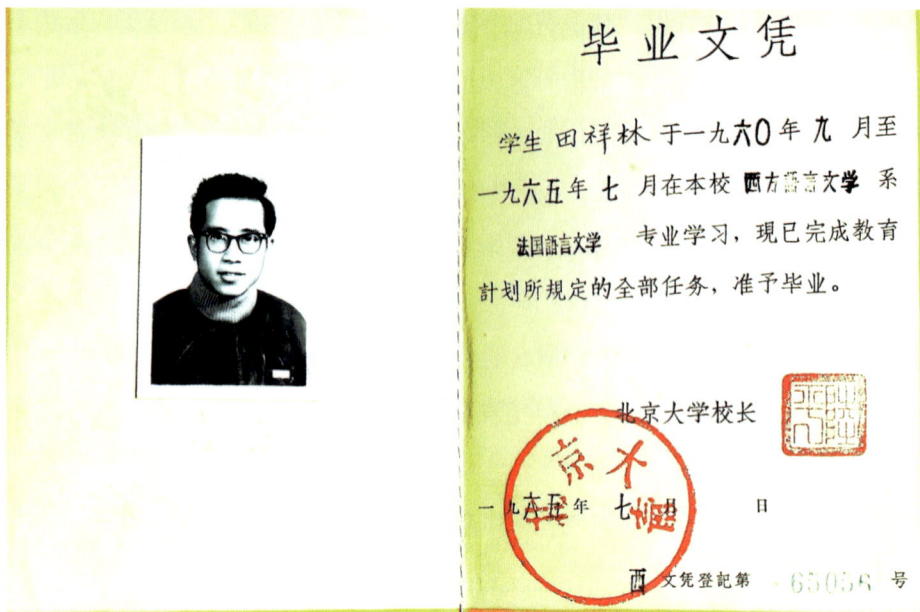

田祥林北大西语系毕业证书

的努力，在最短的时间里，让同学们吃饱、穿暖。"在场的同学们都哭了，女同学甚至泣不成声。杨部长也流泪了，那是激动的泪花，那是感谢的泪水。

在党的领导下，经过全国人民的共同努力，终于度过了那段艰难的岁月，老百姓们逐渐丰衣足食，中华人民共和国的各项建设事业也步入了发展的快车道。"我讲述那些年代的往事，是想让现在的年轻一代能够了解我们中华民族的优良传统，我希望这种精神能够继续发扬光大。"

生活中的曙光，一家人的幸福

1965 年，田祥林北大毕业后入职商务部，正式参加工作。得知小学老师随丈夫调动来北京定居，便去六铺炕老师的家中看望她。一来二去，老师也时常来田祥林家中做客。有一次，前来做客的老师还带着一个在北京二轻局工作的上海姑娘，就是比田祥林小五岁的胡美玲。田祥林对长相秀气、性格文雅的胡美玲颇有好感。二人很快开始交往，并于 1967 年正式结婚。

　　田祥林夫妇常驻国外，儿子和女儿都是由家在上海的奶奶一手带大的。儿子 6 岁时由上海接回北京与田祥林夫妻共同生活。田祥林对于子女的学业和独立能力要求都非常严格。儿子读幼儿园，第一个月由田祥林送儿子去；第二个月，则由儿子单独坐公交车去，田祥林骑着自行车一路护送；到第三个月，儿子就能独自乘坐公交车去幼儿园了。这让幼儿园老师惊奇不已。上学后的儿子表现异常优秀：担任小学校少先队大队长，在任北京市少先队联委会组织委员时，曾陪同北京市十佳少年（赖宁式好少年）接受过江泽民和李鹏等国家领导人接见；小学毕业被保送区重点中学；初中毕业时却放弃保送区重点高中资格，考上了心仪的北京市 161 中学，向着心中的目标一往无前。长大后的儿女事业有成。儿子入职商务部，在瑞士 12 年任期结束后，回到国内被提升为副司级干部。女儿在世界四大会计师事务所之一的德勤，任北方部行政总监。

　　儿女也甚为孝顺双亲，为父母选择合适的养老机构入住，周末来家陪父母吃饭，尽可能地陪伴父母。田祥林二老的生活回归最简单的快乐满足。

三任驻外商务秘书，经历对外经贸风云

　　学好专业知识，服务党和国家，是田祥林终身的信念。1965 年，田祥林从北京大学西语系毕业后被分配到外贸部五局（今西亚非洲司），带着外文方面与生俱来的自信，田祥林壮志满怀，欲大施拳脚，可很快便感受到了单位工作与校园学习的不同。有一次参加一场业务通气会，局长提及的"商品贷款""当地费用""清算账户"……一系列专业名词弄得田祥林如堕五里雾中，让他领悟到"学习好不等于工作好"的道理。刚参加工作的田祥林经历了"滑铁卢"之痛，开始更努力地加强学习，在商务部贸研所潜心翻译各类经贸杂志，阅读法文版《北京周报》《中国建设》等刊物，认真做笔记，

不断背诵，不懂的地方虚心请教所里的学者、研究员。每次陪同领导参加外事活动，田祥林也总要抽时间将当天翻译的内容在脑海中不断回放，总结提高。经过多年的努力，田祥林的外贸知识和翻译水平有了长足进步，不仅给部领导当翻译，也曾给荣毅仁副主席、康世恩副总理、耿飚副委员长等国家领导人当过翻译。

经过多年摸爬滚打，田祥林对翻译事业有了更深的体会："翻译实在是一项道德职业，它实实在在，掺不了假也注不了水。在谈判现场，如果你听不懂、翻不下去，就有可能被当场撤换。作为译员是学无止境的，翻译工作没有最好，只有更好，要不停地学，不断地用，在学与用中不断地丰富词汇，积累知识，提高翻译技巧。要有高度自信，在强手面前也要毫不气馁，敢于'班门弄斧'，只有这样才能激励自己做好工作，更好地为党、为国家服务。"2011年，田祥林获得我国"资深翻译家"荣誉称号，以表彰他在我国法语翻译事业中作出的杰出贡献。

1967年，外贸部部长李强会见扎伊尔政府代表团，田祥林做翻译

田祥林的职业生涯中共有三段任职驻外使馆商参处经历：1979 年 1 月至 1984 年年底赴刚果（布）布拉柴维尔，任期 6 年；1988 年至 1992 年赴喀麦隆，任期 4 年；1993 年至 1996 年年底赴比利时布鲁塞尔，任期 4 年。

刚果（布）逸事——直面艰苦条件，差点飞机失事

刚果共和国 [以下简称"刚果（布）"] 位于非洲中西部，赤道横贯中部，国土总面积 34.2 万平方公里。中国与刚果（布）自 1964 年建交以来，双边关系稳步发展，并建立了全面战略合作伙伴关系。

1979 年 1 月，田祥林作为随员被派往中国驻刚果（布）大使馆商参处常驻。刚果（布）气候炎热，环境较差。田祥林的薪资只有每月 56 美元。一年后，田祥林升为三等秘书，薪资调为每月 66 美元。虽然薪资微薄、环境恶劣，但是田祥林坚决服从组织安排，从无怨言。

布拉柴维尔位于非洲中西部，气温高，雨量多，湿度大。来到布拉柴维尔，田祥林很快患上疟疾，高热不退，拉肚子拉到双腿发软。还有一种被大家称为"小咬"的虫子肆虐，一到傍晚，到处都是这种吸人血的小飞虫，躲都躲不开。

使馆经参处同志因主管援外项目常下基层，他们的艰苦经历更让人咋舌。经、商两处虽无业务交集，但人员交往相对频繁，田祥林不时光顾刚果（布）国家造船厂、人民宫、金松迪纺织厂和援刚（天津）医疗队。刚果（布）国家造船厂有田祥林的大学同学在那里当翻译；人民宫常有庆典和演出；金松迪纺织厂有田祥林熟悉和深交的黑人兄弟；援刚（天津）医疗队更是他求医问药的地方……更重要的是，这些项目流淌着多任经参处工作人员，特别是我国援刚专家组的汗水。看看他们当时的工作环境，听听他们讲述过去的事情：创业艰辛、物资匮乏、疟虫叮咬、小咬袭击，加之烈日酷暑……既让人感动，又令人振奋。田祥林曾访问过西非马里，还专程拜谒了因公牺牲的中国专家墓地。"念先人，忆旧事，不能忘却离妻别子，援非一线专家组！要永远缅

1981 年，田祥林夫妇在驻刚果（布）使馆大门口

怀为中非友谊捐躯的年轻同胞！"

　　所有困难都挡不住田祥林的工作热情和为党、为祖国的外贸事业奋斗的决心。田祥林在使馆除处理商务处日常工作外，还当翻译、搞调研、写材料等。有时驻刚大使翻译回国休假或因疟疾病倒，田祥林则陪同李连璧大使既当翻译又写活动简报，深得李连璧大使的赏识。李连璧大使破例将田祥林的爱人胡美玲借调来使馆工作，使得年轻夫妻得以在异国他乡团聚。在当时，使馆随员夫人能调入使馆，实属凤毛麟角。

　　黑角是刚果（布）第二大城市，是经济中心，也是重要港口，坐落在黑角湾和大西洋之间的一个海角上，西临大西洋。有一次，田祥林应客户之邀，乘火车到黑角谈业务。商业洽谈很顺利，为了感谢田祥林，客户为他买了回程机票。田祥林乘飞机从黑角飞往布拉柴维尔，突遇大风天气，地面好多大树都被连根拔起。田祥林所乘坐的飞机受强气流影响从空中直线往下掉，被

1982 年 5 月，中国驻刚果（布）使馆商务处参赞会见经济界人士，田祥林做翻译

飞行员强行拉起，拉起之后又往下掉，如此重复了三次，情况十分危急。田祥林看到飞机上的好多外国乘客都在胸前画十字，下意识认为自己今天凶多吉少了。最后飞机在布拉柴维尔平稳降落，有惊无险，但给田祥林留下了极为深刻的印象。

1984 年年底，田祥林在结束驻刚果（布）使馆工作后，回到国内。1988 年年中，田祥林被派往中国驻喀麦隆使馆商参处工作，担任一秘，二赴非洲。

喀麦隆逸事——解救华庆轮

在中国驻喀麦隆使馆商参处，参赞领导的五人班底在首都雅温得与官方保持联系，田祥林则带领四人组在喀麦隆经济首都、海空中心、海空港口枢纽杜阿拉负责与喀工商会、港务局以及喀海关总署打交道。田祥林团队在杜阿拉曾接待过国内来访的重要代表团，如人大常委会副主任王汉斌率领的人

1989 年，田祥林在喀麦隆使馆出席招待会

1989 年，田祥林在喀麦隆使馆与外方谈判

大代表团;政协副主席马文瑞率领的政协代表团;由安徽省副省长率领的安徽省政府代表团等。

1990 年年底,田祥林在杜阿拉接待了中国轻工业品对外经济技术合作公司(中轻对外公司)考察组。该公司与新加坡某公司在杜阿拉有合作项目。考察组此行就项目安排、市场容量、客户资信以及中新合作项目办公地点的选择进行了深入调研。在访问期间,田祥林陪同考察组会见了喀工商会会长、港务局局长、海关总署等主管领导,也考察了喀麦隆海运、空运、陆路运输情况,掌握了中国远洋运输公司货轮抵杜港的规律,敲定了中心合作项目杜阿拉的办公地点。在机场告别时,考察组的陈生组长一再感谢田祥林的帮助和推荐,也间接说明了使馆商务处在中国企业国外投资和跨国经贸合作中发挥的重要作用。

在喀麦隆 4 年的时间里,让田祥林印象最深刻的是发生在 1991 年年初的解救华庆轮事件。

华庆轮是我国华润集团(香港)下属华夏船运公司的一艘万吨货轮,在杜阿拉港口被扣留一年之久。起因是韩国一家公司的法人代表在杜阿拉收购了一批废钢材,租用华庆轮运回韩国。钢材全部装入华庆轮后,才发现韩国商人的货款并未付清。售卖钢材的黑人商贩集中在港口,阻止华庆轮开走,并把韩国商人告到法院。法院一道命令,把钢材扣在港口,不让运走。因为钢材已经全部装入华庆轮,所以华庆轮作为钢材载体就被扣在了港口。此时韩国商人已经失踪,找不到人卸货,华庆轮始终无法离港,长此以往面临港口的各项费用,致使该轮几近报废。我国驻喀麦隆大使申连瑞向常驻杜阿拉的田祥林致电,要求在其进入外交斡旋前,商务处杜阿拉办事处能够在一个月内通过法律程序解救华庆轮。

田祥林接手此事,联系法务,准备打官司。官司打赢后,利托拉省高级法院(以下简称"高法院")下令放船,放船令刚一到手,利托拉省高级检察院(以下简称"高检院")就下令扣船。每打赢一场官司,高法院前脚下令放船，高检院后脚就下令扣船。如此反复了三次，田祥林觉得还得另辟蹊径。他紧急约见并宴请了相识多年的喀麦隆工商会主席羌盖先生，请求指点和帮助。羌盖先生向他推荐了杜阿拉港务局局长，让他拿着法院判决书直接找港务局局长签发放船令。

晚上，田祥林携爱人拜访港务局局长和夫人，并赠送了中国传统手工艺术品——贝雕画。港务局局长倾听了事情的来龙去脉，认为"这不是华庆轮的过错，华庆轮只是受害者"，随即答应只要有了高法院新的放船令，他就会设法让中方走船。所幸田祥林和律师事务所在第三天上午收到了高法院放船令，当即找到港务局局长，凭借高法院"令牌"收到了局长放船的手谕。

此时，香港华润集团也派人来杜处理华庆轮事宜，为了顺利开走华庆轮，还派来一位有经验的老船长。田祥林即着手部署，为了不被高检院扣船，机敏地把华庆轮离岗时间定在周日的早上。

一切都在秘密进行中，星期天一大早，田祥林带着大家来到港口，通知港务人员，要对华庆轮进行试航，随着华庆轮发动机缓缓启动，跟随离港的

1991 年 5 月，田祥林夫妇在被解救的华庆轮前合影

1992 年 9 月，田祥林夫妇在法国驻杜阿拉总领事官邸做客

人全部登船，所有悬梯吊上去，开始起锚。这时驻守港口的黑人商贩围拢过来，不让华庆轮开走。港口黑人员工向商贩出具了港务局局长签批的放船令，并大声喊着："我们在按规定办事，你们不让放船，就是在砸我们的饭碗，后果你们自负！"黑人商贩又打电话给高检院，希望得到扣船令，可是高检院正值周日休息，无人接电话。就这样，无人阻拦的华庆轮缓缓驶出了杜阿拉港口。

华庆轮顶着朝阳光辉驶出公海，驶至好望角，向田祥林发来传真："田秘书，华庆轮已经平安绕过好望角，正全速驶向目的港。我们很安全，很感谢您对我们的帮助。"后来，田祥林从华润集团华夏船运公司得知，华庆轮上的废钢材出售后，扣除喀麦隆港口各项费用还略有结余。这真是一个完美的结局，受到驻喀大使申连瑞的表彰。

比利时逸事（一）——解救中国商人

在非洲常驻 10 年后，1993 年年初，田祥林被派往中国驻比利时使馆商参

1992 年 10 月，田祥林夫妇与德国驻杜阿拉总领事夫妇合影

1992 年年初，田祥林夫妇宴请各国驻杜阿拉部分总领事

处工作。这里的住房条件、商务活动与非洲大相径庭。住房没有非洲整洁宽敞，也没有像在非洲时应接不暇的客商走访，接听不完的业务咨询……田祥林就利用较多的空余时间多看多学，自我充电。田祥林经过长达近一年的时间往返考察、选址、洽谈、报批，帮助上海电力局在比利时首都布鲁塞尔设立了办事处。"这是使馆商务处分内工作，只要在商务处任职，谁都会尽心尽力予以促成。"但在此工作近4年，令田祥林最难忘的是通过他的努力交涉，解救了中国同胞。

那时候，所有在比利时投资的中资企业如五金、粮油、工艺等外贸公司均设在距离布鲁塞尔40分钟车程的港口城市安特卫普。一天深夜，田祥林突然接到来自安特卫普的一通电话，被告知山东工艺（安特卫普）法人代表梁伟被安市警察带走，关在黑室，不给吃喝，希望得到使馆的帮助解救。

原来梁先生的居住证过期，因非法居留被安市警方逮捕，而且一夜过去，不知道梁先生情况如何，事态比较紧急。因外事授权所限，田祥林上报参赞后，于次日清晨紧急请示大使丁元洪。丁大使得知消息也很急切，责令他们尽快督办交涉此事，解救梁先生。

因司机外出参加活动，田祥林让妻子胡美玲开车，紧急奔赴安特卫普。到了安警署，田祥林找到署长确认此事，质问警方为什么扣留梁先生。警方表示："梁先生居住证到期没有延长时效，属于违法逗留在安特卫普，我们执法强制扣留。"已经将事情的来龙去脉了解清楚的田祥林据理力争："这不对！没有合法居住证不是梁先生的问题，梁先生把即将到期的居住证早就交到比方经济事务部了，经济事务部因为休假，无人签字处理此事，以致梁先生的证件一直压在经济事务部，拖到过期仍未办理。这不是梁先生的错，你们不了解情况就扣人已属不对；再者，中资企业都由中国使馆商务处管辖，中资企业出现问题，应第一时间通知中国使馆商务处，你们在未打招呼的情况下，私自扣人，行为恶劣，请尽快放人！"

面对田祥林铿锵有力的陈词，安警署署长回复要去问一问情况，当即致电经济事务部详询此事，得到了肯定的回复，无奈把梁先生放了出来。田祥林随后向安警署提出要求："你把我们的人扣了一个晚上，并且拒绝提供食物，这是你们的错误，你们必须向梁先生道歉！"对方不肯，田祥林又强硬地表示："如果你们拒不道歉，回到使馆，我们将照会你们外交部，由外交部出面干预此事。孰好孰劣，请您深思。"安警署署长面对田祥林强硬的态度，最后妥协，向梁先生深深鞠了一躬。这不仅仅是一个道歉，这是西方几十年对中国傲慢态度的一个思考与审视。在此次事件中，我驻外中资企业的尊严得到了捍卫。田祥林表现出了中国人在国外抱团取暖、互相扶持的民族精神以及属于中国人的智慧与风骨。

比利时逸事（二）——烟花盛开奥斯坦德

由于比利时国土面积较小，人口不足 1000 万人（1993 年），市场体量很小，中国在比投资的商户很少，但是布鲁塞尔也有比籍华商，田祥林帮助他们促成了与中国的进出口贸易，成功举办了中国烟花在比利时奥斯坦德演示观赏活动，打开了中国烟花在比利时的销售市场。

有一次，比籍华商孙先生找到田祥林，表示对中国的烟花，尤其是空中烟花非常向往，想做中国烟花的进口生意，希望通过田祥林的联系帮助，在比搞一个烟花展示会，让更多的人看到中国烟花的美丽和震撼，从而挖掘商机。

对于促进我国烟花爆竹在比的出口销售，田祥林欣然应允，遂积极联系国内的土产公司，通过考察公司资质、洽谈合作内容、报批相关部门、物流运输等环节，给孙先生找来大量空中烟花，并顺利运抵比利时。

烟花有了，在哪里举办展示会是一个问题，好的选址能够让中国烟花被更多人看到，进而达到一炮走红的展示目的。经过再三选择比对和多方沟通，田祥林和孙先生选定了奥斯坦德。

奥斯坦德是比利时西佛兰德省的一座海滨小城，毗邻北海，被大西洋温和湿润的空气包裹，冬暖夏凉，是比利时有名的旅游城市。从布鲁塞尔去奥斯坦德，有一个半小时的车程，沿路有碧绿的玉米田、低矮浅色木篱笆围住的牧场。马儿悠闲吃草，牛羊成群结队。在牵连着内陆和海岸两头的天空，时而多云，时而晴朗，时而雨珠飘洒，处处彰显欧洲的浪漫时光。

田祥林通过比工商会，组织了很多人前去观看位于奥斯坦德海边的烟花表演。活动大获成功，当地人和欧洲人对中国的烟花赞不绝口。此后，中国的烟花在比利时打开了市场，随之远销欧洲多国，且多年畅销。

在非洲常驻 10 年，在欧罗巴常驻 4 年，虽然各有千秋，但田祥林深感非、欧文化差异："在非洲，无论常驻或短暂出访，黑人兄弟见到我们总是竖着大拇指，嘴里喊着 Chinois（中国人）！中国人的车在路上出了问题，黑人兄弟会围上来争相施以援助，让人心里暖暖的！在比利时，欧洲人在外交场合表现得彬彬有礼、谈吐风雅，但骨子里透着傲慢和冷漠，让人心生距离感。"田祥林满怀笑意地说："这一生让我欣慰和自豪的就是我能外派到非洲常驻，曾为黑人兄弟姐妹家国振兴发展，为中非永恒友谊添砖加瓦，尽微薄之力！"

1996 年 10 月，田祥林夫妇在驻比利时使馆商务处

退休发挥余热，任职商务部老干部局 20 年

1996 年年底，田祥林结束在比利时的任期回国，结束了驻外商务秘书生涯，圆满完成了党和祖国交给他的各项任务。2001 年，田祥林从商务部退休，任职商务部离退休干部局下属的党支部委员、副书记、书记 20 余年。

党支部有离退休老同志 30 余人，田祥林组织支部老同志学习讨论、参观旅游，帮助部离退休干部局通知组织老同志参加局或国家机关组织的学习班、培训班、健康游以及各类老同志爱好的麻将赛、象棋赛、扑克赛等，使老同志真正体会到老有所乐，老有所学，老有所为，老有所养。

2018 年国庆期间，田祥林和爱人胡美玲就选定了在燕达养护中心安享晚年，但由于老干部局的工作烦冗，直到 2019 年才和妻子正式入住燕达养护中心。入住燕达养护中心后，田祥林对这里的养老生活比较满意，还积极推荐并帮助老同志们入住燕达。入住之后，在园区里碰面，大家都热情地喊他"田书记"，每到这个时候，田祥林心里都甜滋滋的。

2021 年，中央和国家机关工委为庆祝建党百年向所有国家机关、离退休党员干部发起征文活动。每个部分别派出代表撰稿歌颂党的丰功伟绩，表达自己作为党员的心得体会。商务部推荐田祥林执笔撰稿。田祥林接受任务，为了不辜负部里的期望认真完稿，按时呈报。该作品不负众望，在此次比赛中获得优秀奖。这个奖是对田祥林作为老党员、老干部兢兢业业、辛勤付出的嘉奖和肯定，更是党和祖国永远不忘开创各项事业先锋前辈的真实写照。

田祥林经常想起他早年常说的心里话："有人说，人生经历是'苦难的历程'，我并不认同。我倾向'人生如戏'，而且是连台本戏。在这个大戏舞台上，有众多角色，你的天赋、秉性以及个人的努力将决定你扮演的角色。也有人说，'人生如盐，有点苦涩！'可是没有它还不行，关键看你如何调配，怎样品尝。还有人说，'人生如路'，有荒漠，有荆棘，行走不易！可别忘了，路上还有繁华风景，关键看你怎么走。人生的释义，是见仁见智的话题。

我赞成心平气和，百福自集；心浮气躁，则一事无成。"

田祥林真诚希望老同志们要调整心态，守住自己内心，活出自身快乐，留住童心伴晚年！要牢牢记住"初始日子不可追，继往岁月应把持"。要随时整理记忆的碎片，取其精华，塑造自己，让余生活得更出彩！

冯昭奎，男，1940年8月出生于上海，祖籍浙江慈溪。1965年毕业于清华大学无线电电子学系半导体专业。1965—1983年从事半导体技术工作，曾任技术员、工程师。1983—2000年在中国社会科学院日本研究所工作，曾任研究员、副所长。现为中国社会科学院荣誉学部委员、中国人民外交学会理事。学术专长为科技问题与日本经济。独著书12种，合著书10余种，主要代表作有《21世纪的日本：战略的贫困》（独著，2002年）、《日本·世界·时代——值得我们关注的若干问题》（独著，2012年）、《日本经济》（编著，2015年第三版）、《能源安全与科技发展——以日本为案例》（独著，2015年）、《科技革命与世界》（独著，2018年）、《气候问题的辩证法》（论文，2004年）、《别忘了技能奥林匹克》（评论，2008年）等。自1981年以来已发表有关国际问题、科技问题、日本经济等方面的论文百余篇，研究报告、评论约1500篇。

冯昭奎

从工程师走向社科研究者的
人生之路

冯昭奎是清华大学无线电电子学系半导体专业 1965 届毕业生，毕业后被分配到一家微电子研究所工作。但冯昭奎在自然科技工作岗位干了 18 年之后，却在 1983 年 6 月被调到中国社会科学院，改行搞日本研究，从一名搞工程技术的工程师转变为社会科学战线的研究人员。本文详细记载了家庭对冯昭奎的影响，描述了一个理工科大学出身的技术人员如何经历"多重偶然"转行到社会科学领域，记录了冯昭奎从事日本问题研究的主要过程和成果。

父亲的书房成了他的"第二个人生课堂"

冯昭奎 1940 年 8 月出生在上海的一个知识分子家庭。1950 年 3 月，因为父亲冯宾符奉命调往北京重建世界知识出版社（《世界知识》由中国著名出版家胡愈之于 1934 年创刊，其历届领导可谓人才济济：金仲华、乔冠华、冯宾符、郑森禹、沈国放、罗洁等），阖家迁往北京，这使冯昭奎的少年时代发生了转折，从上海的弄堂生活转变为北京的四合院生活。

　　冯昭奎跟随家人在北京搬了三四次家，都是住四合院，最后搬到无量大人胡同 6 号外交部宿舍大院，才算安定下来。无量大人胡同 6 号里外共有 4 个院子，据冯昭奎回忆，20 世纪 20 年代，这个大院的原主人梅兰芳曾在里院的二层小楼里接待过瑞典皇室贵宾，还在二层小楼的阳台上练过嗓子。冯昭奎家住在那座二层小楼的一层，有四间互连的房间，其中最大一间是父亲的书房兼父母的卧室。

　　父亲的书桌上总是堆满了各种文件，其中每天放在案头的是新华社的《参考资料》，有上午版和下午版，两种版本的厚度都不逊于杂志。冯昭奎在上高中乃至进大学后，总喜欢进父亲的书房转悠，翻翻这儿看看那儿，尤其感兴趣的是那摞《参考资料》，然而父亲却不让冯昭奎看："专心学你的理工科吧，国际上的事儿一天一变，风云莫测，不像牛顿定律，能管几百年。"

　　书桌的后面有几个大书柜，其中世界知识出版社出版的"内部图书"占了相当大的空间。当时出版社除了出版《世界知识》等国际问题杂志外，还出版有关国际问题的图书，而出版供高级干部阅读的"内部图书"更是一项重要任务。翻开"内部图书"的封面，首页大都醒目地印着限制读者范围的规定，如"本书供部级以上干部阅读"或"供局级以上干部阅读"等。冯昭奎有时忍不住"偷偷"地翻阅这些书，"不经意间享受了局级乃至部级以上干部的待遇。后来回想起来不禁有点诚惶诚恐"。

　　主雅客来勤。紧连书房的客厅经常宾朋满座，特别是到了周末，母亲总要摆一大桌菜肴酒水招待客人（几乎每接近月底母亲就对父亲说"这个月的工资快花光了"），而父亲与来客谈笑风生，主要谈论国际形势，以至父亲去世后，赵朴初在悼念父亲的诗词中有"每忆高谈惊四筵"之句。

　　但进父亲书房的人不多，常见的一位是当过中宣部副部长的姚溱，当时主管国际宣传。他给冯昭奎留下的印象是一个非常精干、年轻有为的干部。另一位是在新华社参编部工作的堂兄冯彬，他经常来向父亲讨教或"吹风"，父亲也乐意跟他聊，叔侄俩都爱抽烟，一边吞云吐雾一边谈笑神侃，阳光透过窗子照射进来，暖融融的，在一旁静听他们交谈的冯昭奎则感到"一并吸进了精神养料和'二手烟'"。

有一次，清华大学请冯宾符先生做国际形势报告。冯昭奎和同学们排队进入清华大礼堂就座，来得迟的学生只好在后面站着听，或者在阶梯教室听拉线广播。当时冯昭奎就有一种幸运感："吸引全校万余名师生的报告，我却可以经常在家里听到。"

在大学二年级时，由于在天津实习期间参加挖海河劳动，得了严重的关节炎，冯昭奎住进了医院治疗，后来不得不休学回家养病，母亲就把冯昭奎的病床安在父亲的书房里。在养病期间，冯昭奎在父亲的书房里"博览群书"，重点是自学马克思主义哲学，读了《资本论》《政治经济学》《自然辩证法》等多部马克思主义经典著作。父亲的书房似乎成了冯昭奎的"第二课堂"。"正是从父亲身上我感受到思想殿堂之美、写书作文之趣，虽然需要为之付出极大艰辛，但是一旦能将有新意、有创见的东西奉献给社会大众，你会觉得自己活得非常充实和幸福。"其实，当时冯昭奎只是出于自己的兴趣（因为清华大学的哲学老师讲课非常精彩，使哲学课成了冯昭奎的"最爱"），根本没想自学哲学是为了将来改行，"弃工从文"。那一代青年很少会考虑"设计"自己的人生，一切听组织安排，所以休学两年后冯昭奎回清华大学继续学业，这时，冯昭奎因为"留级"两年，从"无三（1957—1963 年）"降到"无五（1959—1965 年）"，遇到了新班级的团支书黄爱英，她对冯昭奎这个"病号"十分照顾，为日后二人的携手一生打开了缘分的大门。冯昭奎在 1965 年毕业后又做了 18 年的技术工作，1983 年改行搞社会科学研究时，20 多年前在大学里学的哲学课以及在 1958—1959 年休学期间的大量阅读，深深地影响了冯昭奎的国际问题研究，在长期的社科研究中注意运用"两论"（马克思主义的辩证唯物论和历史唯物论）。

1986 年 11 月 30 日——冯宾符先生逝世 20 周年纪念日，世界知识出版社在北京八宝山革命公墓举行了冯宾符等三位出版社领导人的隆重纪念仪式，《人民日报》为此发表了较详细的消息。世界知识出版社的老同事们没有忘记他们真诚、慈祥的老领导，冯昭奎也永远忘不了父亲对他的教诲。

公共汽车早到 20 分钟改变了他的后半生

　　大学毕业前，全班同学都要参加为期一年的农村"四清"活动。黄爱英因为住宿环境太潮湿，得了全身水肿病，后迅速转成风湿性心脏病。1968年，冯昭奎与黄爱英草草结婚。1969年七机部知识分子统统下放到安徽省的军垦农场。黄爱英在插秧劳动中因心脏病发作被提前调回原单位，冯昭奎则等到1973年才被调回原单位，在特殊时期的纷扰中断断续续

1974 年，冯昭奎一家三口合影

地做些技术工作，后升任工程师。20 世纪 70 年代末他到日本静冈大学的电子工学研究所留学（进修）两年，后再回到原单位。这就是冯昭奎改行前的简要经历。

　　冯昭奎怎么会在中年之时忽然从自然科技领域"大跨度"地跳到了社会科学领域呢？其原因纯粹是出于偶然，而且是"多重偶然"，而这些偶然的根源就在于中国的改革开放。

　　第一个"偶然"说来话长。

　　1978 年 6 月 23 日，邓小平在听取清华大学的工作汇报时明确指出："我赞成留学生的数量要增大……要成千成万地派，不是只派十个八个……这是

五年内快见成效，提高我国水平的重要方法之一。要千方百计加快步伐，路子要越走越宽。"

随着邓小平关于派遣留学生指示的落实，高教部决定于 1978 年 9 月 1 日举行选拔出国留学生的外语考试。这个决定早在 1978 年年初就下发到各个单位。研究所的一些同事得知可以申请出国留学，十分兴奋，都早早地准备预定在 9 月 1 日举行的选拔出国留学生的外语考试。当时，冯昭奎对出国留学的事儿懵懵懂懂，毫不关心。

冯昭奎从中学到大学，共学了 10 年俄语，而当时的留学考试只考英、日等国语言，将俄语排除在外。冯昭奎尽管在大学五年级（尖端技术专业多为六年制）选修第二外语时学了点英语，但因为专业课学习极为繁忙，根本没把学外语放在心上。"几乎可以说只记得 ABC 到 WYZ 那些字母了。"毕业后走上工作岗位，冯昭奎很快感到英文对从事技术工作的重要性，开始自学英语。1969 年冯昭奎被下放到军垦农场，不得不中断英语自学，但又有些不甘心，就带了一本英文版的《毛泽东语录》。每当政治学习时间，人人都捧着红宝书念，冯昭奎总是将红宝书捧得很高，为的就是避免被人发现他一心二用：一边读英文版的语录，一边利用英文语录"反求"中文词汇。到了晚上熄灯以后，虽然几十人睡一排大通铺，冯昭奎也能在被窝里开着手电筒学英语，但得时时注意军人连长有没有进来查房。

1973 年下放结束回到工作单位，冯昭奎有了更多的自由时间，经常到第二研究院的图书馆去看进口的英文科技期刊（少数单位能够进口这些期刊也是对外开放的一种特殊成果）。他发现进口期刊的一些彩页往往被人用墨笔涂成大黑脸，一开始以为有人恶搞，后来才知道那是图书馆为了防止"精神污染"安排专职人员对刚到的进口期刊进行"身体检查"，每当发现有穿着稍微暴露的大美人，就毫不留情地将整个彩页涂黑。这个举措虽然有防止精神污染之效，但也损失了不少有用的信息，因为外国技术期刊总用这些"花瓶"形象为重要的科技机构信息做宣传，而不懂技术的管理员经常将重要的科技机构信息一并抹掉了。

除借助词典阅读英文期刊外，冯昭奎还结合自学英语，为《计算机世界》翻译一些英文资料。当时，无论翻译多少字都是没有稿费的，但看到自己翻译的文章发表，发现有些长篇译文最后的括号里署有自己的名字，冯昭奎就很满足了。

到了1978年8月下旬，爱人黄爱英对冯昭奎说："人家都在准备考英语，你何不去试试，也好检验一下你自学英语达到了什么程度。"第二天，冯昭奎在办公楼走廊里偶然遇见单位领导，随口说了一句"我也想参加英语考试"。领导马上转告负责选拔出国留学生的人事部门，在报名期限已过的情况下，把他补报上了。

第二个"偶然"可以长话短说。就是当时的高等教育部通知，原定于9月1日举行的外语考试延期到9月15日举行，这使冯昭奎在金秋季节有了半个多月的准备时间。"说老实话，如果没有这半个月时间用来复习英语语法，我肯定会考不及格的。"

第三个"偶然"发生在考试那天。冯昭奎的一位邻居兼同事尽管不是学英语专业的，但他从中学到大学的外语课都学的英语，而且从1978年年初就开始全力以赴地进行复习。与他相比，冯昭奎英语基本靠自学，而且迎接这场考试也是临阵磨枪，只花了半个月的业余时间复习，因而觉得自己在英语水平上低人一头，比不过他。就在出发去考场之前，冯昭奎跟他在院子里聊天，突然他甩出几句流利的英语，一下子就把冯昭奎"镇"住了。"我一赌气说：'算了，凭咱这水平还去考什么英语？不去了！'"于是，看着邻居一个人急匆匆地赶赴考场，冯昭奎独自在院子里徘徊。周围邻居得知此事后，都来劝他说："去吧去吧，准备了一阵子，别白费了！"几个哥们儿推推搡搡地把冯昭奎送往附近的公共汽车站。

冯昭奎的住处位于北京西郊（现在由于城区扩大，早已不算郊区了），离位于虎坊桥附近的考场很远，乘公交车需一个多小时，加之郊区的公共汽车间隔时间很长，兴许四五十分钟也不来车，因此，几个哥们儿推搡着他走出院子，冯昭奎心里就想："你们推我去考场也没用，公共汽车半个多小时才一趟，反正是赶不上考试时间了。"不料，他们刚刚来到车站，一辆破旧的公共汽车正好吱呀吱呀地缓缓驶抵车站，这可真是赶巧。以后回想起来，正是这及时驶来的公共汽车为冯昭奎争取到的二三十分钟，改变了他的后半生。

第四个"偶然"发生在考试结果公布以后，可谓"歪打正着"。冯昭奎那没自信的英语，偏偏考出了一个不错的成绩：笔试 67 分，口试"5⁻"（最高分的低档）。按照高教部的规定，笔试超过 70 分者不必到长沙培训一年即可以直接出国。冯昭奎的笔试成绩虽不够70分，但是口试成绩勉强达到最高分，因此人事部门通知他可以列入不经培训直接出国的批次。这下子可把冯昭奎惹急了，因为他参加外语考试就是为了检验一下自学英语的水平，压根儿就没想要出国。"特别是去欧美留学，去那么远又那么陌生的地方，我实在没有这个兴趣，也没有这个胆。"

得知冯昭奎不愿出国，人事部门犯了难，因为在那次考试中，不少人笔试仅得二三十分，口试仅得一二分，由于考试合格人数不够，人事部门担心完不成出国人数指标。于是，在一个周末，冯昭奎被请到人事干部家里，动员说服他改去日本留学，其理由是，日本离得近，"一衣带水"，去了之后如果实在不习惯可以立马回国。此外，人事干部还说据高教部掌握的情况，日本人都会讲英语。实际上普通日本人都不会讲英语，即便是日本的一般科技人员，那讲得蹩脚的英语会让英美人听了哭笑不得。这反映了在当时，即便是高教部对外国的情况也不甚了解。

日本曾经凶残地侵略过我国的那段永远抹不去的历史记忆，使冯昭奎对去日本做访问学者心存芥蒂。在那段"国仇"历史中有一段冯昭奎自己的"家恨"，因为在抗日战争期间，冯宾符先生曾积极参加抗日组织，进行抗日活动。1944 年，日本宪兵突然闯进冯昭奎家里，要父亲冯宾符说出进步作家楼适夷在什么地方。父亲巧妙地让母亲通知楼适夷迅速转移，父亲自己却遭到逮捕。在狱中，父亲遭到严刑拷打，百般恫吓，日本宪兵甚至扬言要把他推入爬满毒虫、蝎子的池子里。但是，父亲始终坚贞不屈，绝不出卖同志，表现出了一个革命志士的崇高品质和民族气节。最后是地下党组织和周建人（鲁迅的弟弟）同志设法营救父亲出狱。那一段惊心动魄的记忆在冯昭奎心中难以忘怀。

后来，经过人事部门的一再说服教育（诸如"要把日本人民与日本军国主义侵略者区分开来"等），冯昭奎最终勉强同意去日本试试。之后，就一边继续工作，一边在业余时间里通过收音机自学日语。那时，出国之路是很漫长的，像冯昭奎这样"不经培训即可直接出国"的人，为了联系日方接待单位和办理各种出国手续，前前后后总共花费了大约一年的时间，至于那批接受培训的人，有可能两三年也出不了国。1981年秋，冯昭奎留学归国之后，就碰到1978年一起参加考试的同事，说"您都回来了，我们还不知道猴年马月能出国呢"？

1979年9月，冯昭奎这批准备出国的"留学生"都到北京外国语学院集合，参加出国前的培训，去欧美的和去日本的分开进行。负责培训赴日留学生的领导，请来了在日本常驻多年的记者刘德有先生，给大家介绍日本的情况。在三天的培训中，冯昭奎记得有一条很古怪的"注意事项"：到了日本之后，无论是乘地铁还是乘公共汽车，眼睛都不要"平视"坐在对面座位上的日本人，特别是不要看异性日本人。但是，乘坐地铁或电车，也不能总是在座位上取抬头仰视姿态（这种姿势显然会让别人觉得你"有毛病"），因此，冯昭奎到日本后养成了一个习惯：凡乘坐公共交通工具的场合，都采取"低头俯视"的姿势，不是读书就是看报。其实，利用坐地铁的时间读书看报也是很多日本人的习惯。

第五个"偶然"发生在冯昭奎结束两年留学生活之后。

冯昭奎联系的日方单位是位于滨松市的静冈大学工学部电子工学研究所，在安藤隆男教授的指导下进行电子摄像器件的研究，主要工作是做实验，每周还在安藤老师的指导下举行讨论会。冯昭奎开始有些担心，因为大学毕业后就被下放到农村，进入工作单位后也没扎扎实实地做过研究工作，荒废了将近10年的岁月，稍微可圈可点的工作就是在贵州搞的"三线建设"，冯昭奎独立承担了半导体生产线某个环节的厂房工艺设计，但由于"三线建设"的很多工程下马，那个设计成果也成了一堆废纸，所以他非常害怕自己无法适应在静冈大学研究所的学习和工作。

但是，由于在清华大学经历了多次实习，特别是六年级毕业设计的实践，锻炼了冯昭奎较强的动手做实验的能力，加上来到日本以后比较刻苦，每天工作十几个小时，因而他的工作基本上能让安藤老师满意。"后来安藤老师和我的研究成果联名发表在美国IEEE学刊上，并在日本的电视学会全国大会上做了发表。"每周的讨论会上，安藤经常让大家"轮读"（轮流阅读并讨论，这是日本科技人员喜爱的一种集体学习方式）他所遴选的美国学术期刊上的论文，参加者是安藤研究班的研究生。多亏在清华大学打下了比较扎实的半导体理论基础，加上冯昭奎的英文阅读能力似乎比日本的研究生强一些，因此他在讨论会上应付自如，有时还能帮老师解答同学们的一些问题。

在冯昭奎留学生活的第二年，中国科学院电子学研究所的一位室主任来到静冈大学工学部电子研究所访问。"那位胖乎乎的主任了解到我的学习情况后，表示欢迎我回国后到他那里工作。"主任的鼓励，更使冯昭奎增强了不负国家对留学生所寄托的厚望，运用自己在日本学到的知识报效祖国的决心。

1981年秋，冯昭奎结束留学生活回到原单位，很快发现他在日本学的那一套在原单位用不上，于是要求调到中国科学院电子学研究所去，以便使他在日本学到的东西发挥作用。但当时"人才流动"还没有放开，出国留学人员必须回到原派出单位，即使所学专业与原单位需求不对口，也不能随便调动。为此，冯昭奎只好在原单位慢慢熬着，做一些从美国引进大型计算机的英文资料的翻译工作。渐渐地，冯昭奎对资料翻译工作产生了很大的兴趣。此外，在业余时间，冯昭奎利用自己在日本的见闻和所收集的资料写些介绍最新科技进展的科普文章，在《人民日报》《光明日报》《世界知识》《解放军报》《知识就是力量》等报刊上"转着圈儿地发表"（主要文章收录入冯昭奎的第一本书——1985 年由科学普及出版社出版的《电子风云录》）。

冯昭奎写这些科普文章时似乎有一种无法抑制的冲动。清华大学长达六年的教育培养了他对科学技术的热爱。清华的老师总是想方设法地收集最新科技理论教给学生（他们讲授的很多内容都因为没有现成的教科书，只好自己编写临时教材），这培养了冯昭奎对高精尖技术的敏锐嗅觉，就像无线电的天线在空中捕捉电波信号那样，清华的教育也让冯昭奎的头脑中长了一根专门捕捉最新科技信息的"天线"。

国家科委催着要人，他却调到了日本研究所

时间来到 1983 年，"人才流动"不再是"禁区"，冯昭奎再一次萌生"跳槽"的念头。恰在这时，国家科委（现科学技术部）的有关领导从报纸上读到他发表的科普文章，十分欣赏，决意要调冯昭奎到国家科委，同事们觉得这就是调去给领导充当"笔杆子"。冯昭奎与同事们商量，大家都说"你这个书虫不适合去领导机关工作，更不适合当官"。冯昭奎觉得他们讲得很有道理，对国家科委的盛情召请未作反应，谁知国家科委领导越催越紧，想通过他所在研究所的上级（七机部）直接调派，这让冯昭奎感到必须尽快另找出路。恰好，当时成立不久的中国专利局（现国家知识产权局）也在"招兵买马"，冯昭奎想象那里的工作就是成天关在屋子里翻译和查阅外文资料，正好与自己的兴趣符合，因为当时已"人到中年"的冯昭奎，感到自己既适合，也有兴趣做些技术资料的翻译、整理、分析工作，期待得到一张"平静的书桌"，与人无涉地查查资料，审查专利，或追踪国外最新科技发展，写写报告，于是就急急忙忙跑到专利局应聘，填写了申请表后，回到原单位等待答复。

等了一个多月，专利局的答复未见踪影。恰好在那年初夏，冯昭奎来到花团锦簇的中山公园，参加外交部下属的《世界知识》杂志编辑部召开的作者座谈会。在会上，冯昭奎碰到了一位笑眯眯的老者，他自我介绍说自己是中国社会科学院日本研究所政治研究室的主任，名叫何倩。在与何先生的聊天中，冯昭奎初次得知居然有一个不必每天上班的单位。何倩先生对他说："日本研究所正需要人，你在日本留过学，对日本比较了解，就到日本所来吧。"在冯昭奎的想象中，这又是一个可以成天关在屋子里翻译和查阅外文资料的好去处。他的理想就是但求一张"平静的书桌"，至于理工科和文科"隔行如隔山"的区别，在他看来都不是重要的。于是，他马上给日本研究所写了信，表示愿意去该所工作。信发出后不到一个礼拜，日本研究所管人事的史华女士回复了一封热情洋溢的信，表示热烈欢迎冯昭奎去该所工作，并亲自到他的原单位办理调职手续。

2003 年，冯昭奎与同事们看望老所长何方及其夫人

经过十来天，所有的调职手续均已搞定，在冯昭奎一边准备去日本研究所上班，一边心中还在疑惑"自己这一步是不是跨得太大了"的时候，国家专利局的回音也来了，也是"热烈欢迎"，但是去日本研究所的事儿已成定局，再反悔想去国家专利局已经来不及了，冯昭奎曾向往的工作机会竟然因为十来天的时间差而失之交臂。"可以说当时在我头脑中连什么是'社会科学'的概念都不清楚，也没有想到自己从一个技术人员'大跨度'改行，迈进了'社会科学殿堂'。有朋友逗我说，你进日本所纯粹是'瞎猫碰上了死耗子'，一点没错。"

于是，又一次"时间差"，专利局迟到的回复根本性地改变了冯昭奎"后半生"的人生之路。显然，包括这次"偶然"在内的五次"偶然"只要缺一环他就不会有从自然科学领域跳到社会科学领域的人生转折，而冯昭奎的这个人生转折使千百万国家公务员的名单上，少了一个工程师或专利审查员，却多了一个日本问题和国际问题研究者。

进日本所两个月后，写了第一篇研究报告

1983 年 6 月的一天，冯昭奎到中国社会科学院日本研究所（以下简称"日本所"）报到。

日本所位于地安门东大街（现名张自忠路）3 号，据说这里是昔日清朝陆军部和海军部、段祺瑞执政府、日本华北派遣军司令部所在地，也是 1926 年3 月 18 日段祺瑞执政府开枪镇压抗议帝国主义侵犯中国主权的学生游行队伍，造成死 47 人、伤 200 余人的震惊全国的"三一八"惨案的发生地。来到此地的冯昭奎立即想起中学语文课的一篇课文——鲁迅先生所写的《记念刘和珍君》，仿佛觉得那射杀刘和珍和她的同学们的机关枪就架在大门口正前方的那座二层小楼的回廊里。

调到日本研究所之后，冯昭奎与和自己"出身"迥异的文科同事打交道，

最初确实有些不适应，特别是感到与占研究人员半数以上的日语专业出身的同事相比，自己的日语水平太差，只要一听到同事们哇啦哇啦地说日语，就心里发慌。入所三个月后，冯昭奎被调到经济研究室，又感到需要急补经济学方面的知识。在 20 世纪 90 年代后期开始关注中日关系问题之后，则感到需要急补国际关系理论方面的知识。总之，中年弃工从文让冯昭奎在学习之路上步履不停。

理工科出身、长期从事电子技术工作的冯昭奎，突然进入一个完全陌生的领域，从哪里下手？冯昭奎很快选择了与自己"专业出身"相关的研究方向——从社会科学角度研究日本科技，利用自己在清华大学打下的科技知识基础，将研究日本的"技术立国"作为他的第一个课题。

1983 年 8 月，就在调到日本所的第二个月，冯昭奎通过天天翻看日本报纸，发现作为世界军事技术大国的美国居然需要擅长民生技术的日本提供"军事技术"。这个疑问促使冯昭奎写了一份题为"美国为什么要日本提供军事技术"的长篇报告，发表在新华社的《参考资料》上，又被七机部二院的学术期刊转载。

该报告通过对美国在 1983 年要求日本提供的 16 项技术逐项进行分析，发现这些技术完全是日本民间企业为民生应用目的而开发的民用技术，但是，只需适当改造，就完全可用于当时美国正在开发的军事技术，甚至可以用于开发重大战略武器。同时，冯昭奎还发现，日本的一些所谓民用技术，究其根源也是出自美国用于军事目的的原创技术。例如，某种半导体芯片（集成电路）是美国为战斗机、导弹的小型化、轻量化而研发出来的。日本千方百计从美国搞到集成电路，用来制造家庭主妇用于到超市买菜、回家计算"家计"的小型电子计算器，由于这类大众化的小电器销量极大，日本的集成电路技术在激烈的市场竞争刺激下取得了极大进步，反过来又被集成电路的原创者美国军方奉为至宝。

鉴于以上分析，冯昭奎提出了"军民两用（转用）技术"概念，同时阐述了"军

1994 年，冯昭奎做工作报告

民两用（转用）技术"成为美日军事同盟的长期性纽带的政治意义。

　　这篇报告在《参考资料》上发表后，冯昭奎立即受到当时其所在的日本所文化研究室领导的严厉批评，原因之一是投稿给《参考资料》没有经过室领导的批准；之二是研究科技问题与文化研究室的宗旨格格不入。但是当时的所领导却支持了冯昭奎的做法，认为他有向《参考资料》投稿的自由，并将此报告报送给中国社会科学院且得到奖励。

　　这件事恰恰使冯昭奎找到了自己独特的，甚至是终身的研究方向：将科技问题与国际问题结合起来。1983 年 9 月，冯昭奎从文化研究室调到了经济研究室。

亲历日本芯片业的盛与衰

　　1984 年，日本所派冯昭奎到日本考察。在考察期间，冯昭奎应日本九州通商局的邀请，赴东京、九州等地考察了日本芯片制造基地和中小企业，对处于赶超美国的鼎盛时期的日本芯片产业留下了深刻印象。

作为清华大学半导体（芯片）专业的毕业生，冯昭奎通过这次考察首先认识到集成电路（芯片）工厂必须拥有优秀的技术团队。通过对"硅岛"的芯片工厂进行深入考察，冯昭奎认识到芯片生产的最大关键在于提高成品率，为此必须千方百计地在 200 多道芯片生产工序中抓住各种可能导致产生废品的负面因素。只要 200 多道工序中有一道出了问题，就可能使整个生产过程的努力前功尽弃，为此，各个芯片厂从管理者、专家到工人都人人尽责，力求做到最好。比如，当时大批女工（多是中学毕业生）进厂不久就主动参加质量管理小组活动，经常以"如何防止污染""产生废品的原因何在"为题，在工作之余展开热烈讨论，提出各种合理化建议。

如今，芯片厂的生产规模、技术水平与建厂成本不断扩大和提高，然而，"芯片厂必须拥有优秀的技术团队"这个道理依然适用。因为当今芯片业已发展成为超高技术（芯片线宽只有几纳米）、超高投资（建一座 12 英寸芯片厂的花费高达数十亿美元）、超多工艺（2000—5000 道工序）的行业，为此一定要实行极为精准的投资，把数以十亿计的资金投给真正有能力承担如此巨额投资的优秀技术团队。对于一个动辄耗资数十亿美元的芯片厂，如"边干边学""干中学""交学费"等其他普通行业采用的培训员工的做法并不适用。同时，那些没有足够经验、技术积累和人才的企业不宜加入芯片行业，更要防止一些地方对芯片发展的规律认识不够，盲目上项目，搞同质化竞争，低水平重复建设，造成严重的资源浪费。

此外，冯昭奎感到日本遴选优秀半导体企业组成攻克基础研究的"国家队"的经验值得借鉴。1976—1980 年，日本通商产业省（现经济产业省，以下简称通产省）所属的电子技术综合研究所与 5 家计算机 / 半导体优秀企业——富士通、NEC（日本电气股份有限公司）、日立、东芝和三菱电机组成"共同研究所"，由通产省权威技术专家垂井康夫从 5 家公司中选调 20 名技术骨干建立"超大规模集成电路技术研究组合"（以下简称"组合"），政府和成员企业共同为"组合"出资并提供免税、低息贷款等支持。"组合"的主要课题是开展平时相互竞争的成员企业共同需要的，其所需人力、财力难度之大是这些成员企业各自无力单扛的基础性研究。

作为一个临时性组织，"组合"在开展共同研究的4年里，共发明1200多项专利、提出300多项商业机密技术等，最终突破1微米加工精度大关，使日本制造当时最高水平的集成电路——超大规模集成电路成为可能。

冯昭奎在东京时访问了"组合"的行政负责人根桥正人。他说，"组合"是日本攻克超大规模集成电路这个技术堡垒的"国家队"，参加"组合"研究工作的各企业技术人员都意识到他们是被选来从事世界一流研究的"国家队员"，"全世界都在看着我们"。根桥正人还特别提到，在"组合"开始工作时，日本芯片业主要依靠从美欧进口制造设备，随着研究活动的展开，"组合"与国内相关设备生产企业密切配合，共同开发出原来国内企业不能制造的新设备。4年间，"组合"带动了50多家原来各自为政的企业致力于一个共同目标——开发超大规模集成电路，形成一次国产技术大动员，成功开发出多种原来需要进口的高端制造设备。

冯昭奎还注意到，众多各有所长的中小制造企业构成"日本制造金字塔"的基础。拥有众多各有所长的中小制造企业是日本制造业的一大特色，它们数十年如一日地发展看似"狭小"却不可或缺的专门技术，然后在某个具体技术产品领域占据着不小的乃至大部分的世界市场份额。这些中小制造企业以及它们所组成的产业集群，正是日本制造技术实力的基础和底气所在，也是日本芯片业得以迅速赶超美国的一个重要原因。

随着日本的半导体等高技术产业的迅速发展，日美贸易摩擦越发激烈。20世纪80年代后期，美国通过贸易战迫使日本开放市场，让渡经济利益，从战略上遏制日本对美国的技术追赶，并利用市场武器重点培植"对手的对手"：20世纪90年代中后期，韩国和中国台湾地区的芯片与电子产品开始大规模涌进世界市场，对日本构成全面挑战。2021年，日本在全球半导体市场的份额仅剩6%，而美国为54%、韩国为22%。与此同时，美国对日本经济的全面打压，加之日本出现的一系列重大决策失误，如在"广场协议"后过度服从美国要求的"国际协调"等，致使日本经济在20世纪90年代陷入被称为"失去的十年"和"第二次战败"的1%增长率时代。

依靠集体力量开展日本经济研究

1984年夏天，冯昭奎从日本回国，在当年下半年至1985年第一季度，与经济室的同事们一起搞《新技术革命专刊》（共出了40期），在国家有关部门、大学和研究机构乃至媒体界征得了5000多订户，冯昭奎写了其中的十几期。1984年12月25日，中共中央办公厅内部文件第121期转发了冯昭奎在《新技术革命专刊》中发表的一篇报告——《"资源小国"的压力与活力》，并加上一段按语："这是中国社会科学院日本研究所冯昭奎同志写的赴日考察观感，有情况有观点，生动流畅，开动脑筋。遵照中央领导同志意见，摘要刊登。此件可翻印发至县、团级。"

冯昭奎在那篇报告中用很多生动的事例说明，日本是一个自然"资源小国"，却成了世界第二经济大国，并在许多技术领域实现了对欧美的赶超。可以说，正是缺乏自然资源的压力促使他们更加注意开发头脑资源，大力发展科学技术。拿日本与某些资源丰富的发展中国家相比，充分说明能够把缺乏资源的压力转化为技术发展动力的机制远比自然资源本身更宝贵。

在当时全国洋溢着重视"新产业革命"和"新科技革命"的社会氛围中，随着这篇报告被转发至全国县、团级后，有八九家报刊来函要求转载，还有多个省市的干部、学者来日本所经济室访问。与此同时，冯昭奎在《新技术革命专刊》中写的部分报告被摘载于《人民日报》《光明日报》《参考消息》《解放军报》《经济日报》《世界知识》《现代化》和日本的《朝日新闻》《日经产业新闻》《中国研究》等报纸杂志，达30多篇。这些成果的取得成为冯昭奎从一名工程师改行进入社会科学领域打下了一个良好开端，让冯昭奎慢慢有了自信，觉得自己似乎已经迈入了哲学社会科学的殿堂。

　　1985年，中国社会科学院日本研究所编的《日本的新技术革命》由湖南科学技术出版社出版。"日本的新技术革命"课题研究的成功，使冯昭奎感到作为一个出身于自然科技专业的人，也可以在社会科学领域有所作为。因为在20世纪80年代，从政府到学界再到媒体，人们普遍认为无论是对国家发展还是对国际关系而言，科技因素的重要性日益提升；围绕很多重大国内国际问题，人们高度重视开展跨越社会科学与自然科技的"学际研究"，甚至强调"倘若缺乏现代科技知识，是研究不好国际问题、国际关系乃至国家战略的"，这种背景使中年改行的冯昭奎产生了一种"如鱼得水"的感觉。其后，冯昭奎撰写和出版了一系列有关日本科技发展的专著与合著，如《日本的高技术发展问题》（1989年）、《高技术与日本的国家战略》（1991年）、《技术立国之路—科学技术与日本社会》（1997年）以及有关日本科技政策的多篇论文和报告。

1998年，冯昭奎参加社科院研究生论文答辩会

寻求"长生不老药"，研究日本经验

1978 年邓小平访日时曾说："听说日本有长生不老药，这次访问的目的是：第一交换批准书；第二对日本的老朋友所做的努力表示感谢；第三寻找长生不老药。"话音一落，在座之人就哄堂大笑。之后，他又愉快地补充说："也就是为寻求日本丰富的经验而来的。"邓小平幽默风趣的谈话成了冯昭奎与同事们认真研究日本经济发展经验的动力。20 世纪 80 年代初期，在设有政治、经济、文化等研究室的综合性日本研究所，对第二次世界大战后日本经济的研究成了全所研究工作中最活跃、最受重视的领域。冯昭奎不是经济学专业出身，一方面感到需要努力做好经济学理论的"补课"，另一方面他感到在科技和生产第一线摸爬滚打 18 年的经历，对自己搞日本经济研究有所帮助，因为有没有亲身体验过百姓民生的疾苦和生产第一线的艰辛，对许多问题的看法会有所不同。

尽管冯昭奎花了很多时间阅读经济学方面的重要著作，"急补"经济学方面的知识，但仍然感到研究日本经济仅靠一个人的力量是远远不够的，于是就发动经济室乃至其他室的集体力量，组织大家搞集体课题，出版了一系列介绍日本经济发展经验的研究成果，如《日本经济的活力》（航空工业出版社 1988 年版）、《日本的经验与中国的改革》（经济科学出版社 1994 年版）等。

从 1984 年到 1990 年，冯昭奎和经济室的其他同志经常参加党政部门召开的有关世界经济、日本经济的座谈会，经常被要求写报告，介绍在某个经济领域或某项经济政策方面"日本是怎么做的"。一些领导人和党政部门派代表团访日之前，也常让他们去介绍日本的有关情况。与此同时，他们还经常请日本经济学者来华交流。

作为一项集中反映自己在经济学知识方面补课的成果，在做了大量学习笔记的基础上，冯昭奎应高等教育出版社之约，编著了《日本经济》一书。

此书在 1998 年出第一版后两次加印，2000 年获得了中国社会科学院优秀研究成果三等奖，2005 年出了第二版，2008 年第二版增印，2015 年出了第三版。由于这本书是按照冯昭奎自己的学习过程、从经济学基础知识入手写日本经济，对于广大学生来说比较实用，受到一些高校相关专业学生的喜爱，因而出了三版并三次加印。

冯昭奎不仅写文著书笔耕不辍，还积极组织大家搞集体课题研究并取得了一连串成果，引起了上级机关的注意。1990 年社科院人事局找冯昭奎谈话，要他担任日本所副所长，被冯昭奎婉拒。不料过了不久，院机关党委书记突然前来日本所宣布任命一位从外单位调来的干部当所长，让冯昭奎当日本所副所长，冯昭奎作为党员，只得硬着头皮从命。后来，那位所长离开了，冯昭奎又当了几年主管科研工作的副所长。由于行政管理牵扯大量精力，使冯昭奎失去了"平静的书桌"，这对他来说简直是一种"煎熬"。

2002 年，冯昭奎参加并主持亚太地区国际零售学术报告会

直到 1996 年，从来不麻烦顶头上司的冯昭奎第一次去找了主管"国际片"的副院长滕藤，提出辞职并得到批准，然后调到对外关系研究室待了几年，于 2000 年退休。

建议举办技能奥林匹克，提倡"工匠精神"

2008 年北京举办奥林匹克运动会后，冯昭奎给某市政府写了一个报告，建议在该市主办一届"技能奥林匹克"。所谓"技能奥林匹克"，是指 1950 年在西班牙开始举办的每两年一次的"世界技能大赛"（世界技术大赛），迄今已经举办了 46 届，约有 40 多个国家主办过该大赛。冯昭奎在报告中指出，高度重视发展生产技术和技能的日本与韩国已主办了两届技能奥林匹克，处在工业化途中的中国也应主办一次"技能奥林匹克"。报告递上去后，很快受到时任该市市委书记的重视，他在报告上亲自批示并指示该市的其他主要领导"这件事很有意义，要抓紧落实"，并让冯昭奎出具更详细的报告。这令冯昭奎感到这个建议有望实现。

冯昭奎调查得知，世界各国争办"技能奥林匹克"的热情很高，主办 2011 年第 41 届"技能奥林匹克"的机会已被英国伦敦抢走。主办 2013 年第 42 届"技能奥林匹克"的争夺战已经展开，德国莱比锡势在必得。因此，中国的"某市"可能争取到的机会只能是七年后的 2015 年第 43 届世界技能大赛。冯昭奎撰写的第二篇详细报告递上去之后，迟迟未等到结果。但之后，上海成功申办了第 46 届世界技能大赛，系中国首次举办该赛事。

冯昭奎随即投书《环球时报》，先后发表了《别忘了技能奥林匹克》《为什么会出现"技工荒"》《"创客"当学"匠人精神"》《"脱理工"，要不得》《可举办"一带一路"技能大赛》等建议和文章，宣传自己的观点和理念，大力呼吁要重视工匠精神。

2010 年，中国的 GDP（国内生产总值）超过日本，国内出现了"日本技术不行了""中国技术已全面超日"的声音。冯昭奎认为对于中国人来说，在为祖国取得的伟大成就感到自豪的同时，还应该保持冷静谦虚的态度，对日本的民生技术、武器技术、军民两用技术的真正实力应进行实事求是的评估，既不应夸大也不宜低估，对日本在科技发展方面的长处和强项仍然要注意学习和借鉴。正如鲁迅先生所说的："哪怕是敌人，对其长处也仍然要学习。"

冯昭奎感到在日本科技发展中，最值得中国借鉴的是不浮躁、不见异思迁、能数十年如一日地（甚至几代人传承）专注于磨炼"一技之长"的"中小企业精神"和日本人普遍具有的"工匠精神"。一个国家的技术体系就如同金字塔，"九层之台，起于累土"，那些由能够数十年如一日，甚至代代相传地锤炼一技之长的中小制造企业所组成的产业集群和千千万万脚踏实地钻研技术的工程师、技术工人，正是日本技术实力的基础和底气所在。

冯昭奎曾经考察过日本一家做刀片的中小企业，该企业在 20 世纪 30 年代末创业时，曾制作用于切金属钢笔笔尖中缝的刀片，后来他们仿佛迷上了这个"切"字，把刀片做得越来越薄、越来越硬，居然可以做出比纸张还薄得多的刀刃，排成一排的几十片刀刃在每分钟 3 万转的旋转状态下，能迅速而准确地把坚硬的硅单晶片切成数以百计的小芯片，留下宽度仅为头发丝的几分之一的切缝，而这些"小芯片"正是手机、电脑、光伏电池乃至导弹武器所不可或缺的半导体芯片。

钱学森曾说过，要对付日本，就要注意日本人的长处和短处。他说："一个中国人往往比一个日本人强，但三个中国人就往往比不上三个日本人。"这就是日本人普遍具有的"团队精神"，日本人的"工匠精神"往往与"团队精神"紧密结合，相辅相成。

"日本研究"就是研究"如何对付日本"

因为工作需要，冯昭奎曾去国防科工委（现工业和信息化部）大楼就如何搞好日本研究请教钱学森主任。在与钱老的交谈中，留给冯昭奎印象最深刻的一句话就是："日本研究"就是研究"如何对付日本"。

冯昭奎多年来不断琢磨究竟应该如何理解"对付"这个词，它究竟有什么含义呢？结合多年的研究实践，冯昭奎逐渐认识到，"对付"既含有"斗争"又含有"合作"，在斗争中合作，在合作中斗争；"对付"既含有"中日"双边关系的意义又含有"中日＋"多边关系的意义，这个"＋"最重要的就是美国因素。

由于日本的民用技术大都具有"军民两用性"，日本逐步放宽对武器出口限制，这无异于"放虎出笼"，使日本的技术强项与美欧的技术强项得以相互补充。半导体技术的军民两用性显而易见（美国的精确制导武器往往使用日本制造的半导体芯片），如美国 F-35 战斗机可望利用日本制造一部分关键的高技术零部件克服其研发过程中遇到的问题；美国反导系统的拦截器弹头防护罩原来采用熔点 3000 多度的钨合金作为耐热材料，耐热性能仍显不足，而且较重，而通过采用日本东丽公司生产的耐高温、耐烧蚀、抗热震、密度仅为钨合金 1/10 的碳／碳复合材料，可大大提高弹头防护罩的性能。

冯昭奎总结，以上事例说明我们要"对付"的不仅是日本，而且是"日本＋"，更是在双方科技不断创新过程中的"对付"。应该说，"对付日本"或"日本＋"的基本逻辑就是"矛盾运动"，"有矛必有盾"，矛越锐，盾越坚；盾越坚，矛越锐。恩格斯说过："两个阵营都在准备决战，准备一场世界上从未见过的战争……只有两个情况至今阻碍着这场可怕的战争爆发：第一，军事技术空前迅速地发展，在这种情况下，每一种新发明的武器甚至还没有来得及在一支军队中使用，就被另外的新发明所超过；第二，绝对没有可能预料胜负，完全不知道谁将在这场大战中获得最后胜利。"

入住燕达九年，工作了八年

退休后，冯昭奎继续研究写作，发表了多篇学术论文，并参加了所内外的多场学术活动。在 2002 年出版了《21 世纪日本：战略的贫困》，获中国社会科学院优秀研究成果二等奖。

2011 年，冯昭奎在退休 10 年后被推选为"中国社会科学院荣誉学部委员"，证书中写道："中国社会科学院荣誉学部委员，是中国社会科学院的最高学术称号，为终身荣誉。"2015 年，冯昭奎出版了《能源安全与科技发展——以日本为案例》（近 40 万字），获中国社会科学院离退休干部优秀研究成果一等奖。

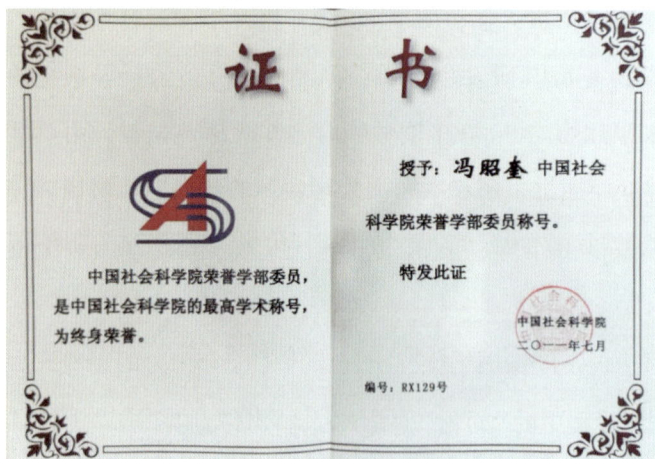

冯昭奎荣获"中国社会科学院荣誉学部委员"称号证书

2015 年底，冯昭奎和爱人——航天部工程师黄爱英入住位于北京东燕年郊的燕达养护中心。"主要是看上了养护中心附近有燕达三甲医院。而黄爱英自 1964 年患风湿性心脏病已 50 年有余，需经常去医院治病。"

入住养护中心大大减轻了冯昭奎的家务负担。"我在这里如鱼得水，既能照顾老伴，又能继续研究写作，还能坚持游泳。"进燕达前后，冯昭奎坚持游泳 10 多年，生活过得非常充实。

　　在燕达，冯昭奎利用一切可用的时间继续写作，完成了近 50 万字的《科技革命与世界》一书，以及《中美芯片之争：现实、逻辑与思考》等多篇半导体芯片与政治关系的论文。直到 2023 年 6 月，由于健康原因，冯昭奎停下了握了 40 多年的笔，共出版了 10 余部专著，发表了约 1500 篇论文、评论等文章和报告。

2016 年，冯昭奎与爱人在燕达养护中心合影

　　在一个初夏晴朗的午后，听着燕达老年大学合唱团飘来"我们都曾年轻过"的悠扬歌声，冯昭奎若有所思："作为老年人，我们都'曾经年轻过'，这是'共性'；至于我们'曾经怎样年轻过'，这属于'个性'。显然，我们每个老年人都有各不相同的'唯我独有'的经历和心曲。有一句名言'人最宝贵的是生命。生命属于人，只有一次。人的一生应当这样度过：当回忆往事的时候，他不会因为虚度年华而悔恨，也不会因为碌碌无为而羞愧'。我这一辈子虽然没有很'出彩'，但至少可以说没有'因为虚度年华而悔恨，因为碌碌无为而羞愧'。也许，我还能活些年，希望看到国家继续发展，变得更好。"

科研进步

王宪曾，1935 年出生于山东鄄城县。1955 年考入北京大学地质地理学系，1959 年随苏联专家进修孢粉学，1960 年毕业留校任教。其从事孢子、花粉教学及研究工作 40 余年，培养了一大批孢粉学方面的人才，为大学生、研究生先后开设"孢子花粉分析""古植物学""地史学""新生代孢粉学""考古孢粉学""环境考古学"等课程。主要著作有《孢粉学概论》《应用孢粉学》《花粉·环境·人类》《解读花粉》《山旺植物化石》等，并在国内外学术刊物上发表多篇论文。1983 年、1986 年两次参加在香港举行的"第三纪中期以来东亚古环境国际学术研讨会"，1991 年赴日本、2001 年赴中国台湾进行学术交流。1983 年至 1995 年当选为中国孢子花粉学会第二、第三、第四届理事。1982 年当选为中国蜂产品协会常务理事并兼任中国蜂协会花粉专业委员会副理事长。2001 年获联合国世界和平基金会自然医学金奖。

王宪曾

潜心孢粉学研究
一生与花粉为伴

走进王宪曾位于燕达金色年华健康养护中心的家，他正坐在写字台前看书。写字台正对房门，路过的人一定会被门框中的这个背影吸引。王宪曾正在翻看的是《孢粉研究览要》，一本他自己于2014年出版的孢子花粉学论文集。

作为中国著名的孢粉学家，怎么90岁了还在看自己的论文？

"怕忘了！"

眼前这位老人，是新中国第一批学习和研究孢子花粉的学子，和孢粉学打了近70年的交道。眼前这位老人，是中国著名的孢粉学家之一，人到耄耋之年，却依然对专业有着执着与不舍。

岁月虽在他的脸上刻下痕迹，却无法磨灭他对知识的渴望。他用行动诠释了"活到老，学到老"的真谛，诠释了对生命的热爱和对自我提升的不懈追求。

战乱中成长　逃难时险被丢弃

当看到"鄄"这个字时，你会想起什么？一些人似乎从未在任何地方见过或用过它，但如果把这个问题抛给长住鲁西南地区的人，他们多半会告诉你：鄄是一个地名，是一座历史悠久的古县城。

坐落在山东菏泽市北部的鄄城县，如同一部凝固的历史长卷，静静地沉淀着四千载岁月。王宪曾就出生在这里，出生于一个普普通通的农民之家。

鄄城县以农业为主，祖祖辈辈的农民勤勤恳恳地守着家乡的土地，栽种小麦、玉米、棉花等农作物。但是，由于连年战乱和自然灾害的影响，农业生产受到严重破坏，粮食产量不稳定，农民生活十分艰苦。王宪曾的家和绝大多数农民一样，也生活在贫困线上。

1937年7月7日，日军蓄意制造"七七"事变，悍然发动全面侵华战争，中华民族全面抗战由此爆发。1937年10月，日军侵入山东，山东人民从此陷入被日军烧杀蹂躏的境地，鄄城县人民也处在水深火热之中。

1938年5月12日，鄄城沦陷，日军兵临城下，数架飞机临空助战，狂轰滥炸。日军进入县城沿街烧杀，很多房屋付之一炬，毁之殆尽；城内狼烟四起，哭喊声、叫骂声不绝于耳；县城里极为混乱，百姓惊恐，乱跑躲藏。日寇进城首先在各处搜索，逢人就打，或用刺刀刺杀。藏匿在防空洞中的人们无一幸免，不论老幼，均被日军用刺刀穿死。他们肆意到村民家宰杀牲畜、抢掠粮食。日军的飞机还经常在上空盘旋，随时会向人群投下炸弹，其结果要么是血肉横飞，要么是引燃房屋或庄稼，让周边的一切淹没在火海之中。

当时只有两岁多的王宪曾，被家里人抱着东躲西藏。小小年纪，本该在无忧无虑中成长，却突然被战争的阴影笼罩，那种恐慌和不安如同乌云压顶，让人喘不过气来。有一次，日军又来村里"扫荡"，来不及给孩子穿衣服，父母就抱起小宪曾往屋外跑，来到了一片麦地。看着怀里被恐惧笼罩的孩子一直在哇哇大哭，父母突然有了一个主意：把孩子藏在麦子地里，二人躲避日军的追杀，等安全了再把孩子接回来。

在这个战火纷飞的岁月里，很多父母为了让孩子躲避战乱，不得不含泪将他们遗弃在安全的地方。一边是敌人的铁蹄，一边是孩子苟延残喘的机会，在万般无奈之下，他们只能忍着巨大的悲痛和无法相见的绝望，把孩子藏起来，就算是自己被敌人杀害，也希望自己的孩子能够逃过一劫。

被扔进麦子地的王宪曾不知道发生了什么，只顾自己哇哇大哭，哭累了就睡倒在地里。幸运的是，父母扔下他之后躲过了日军的追杀，等日军走了之后，他们赶紧跑回原来扔孩子的地方，把哭累了的王宪曾快速抱回了家，一家人再次团聚，抱头痛哭。

走上读书之路　坚信只有共产党才能救中国

王宪曾的童年就是在这战火纷飞的日子里度过的，而唯一让他感到欣慰的就是读书。这要感谢他的祖父，如果不是祖父引路，也许王宪曾的童年不仅一直被恐惧、颠沛流离笼罩，他长大后还可能会像村里的其他人一样，面朝黄土背朝天，过着耕田种地的日子。

王宪曾的祖父是当地的教书先生，6岁的小宪曾早早就开始接触书本。祖父在家中教他《百家姓》《三字经》《朱子家训》《千字文》等初级国学读物。他也很喜欢诗词，以至于在成年之后，还经常自创诗句，抒发情感。到了7岁，王宪曾正式去外村的学校上学。

日本侵略者在沦陷区实施军事占领、政治统治、经济掠夺的同时，极力推行奴化教育政策，试图通过教育来加强对中国儿童的思想控制和文化同化。一开始，王宪曾在日伪政府开办的小学读书，被灌输的都是日本文化和价值观，他们要学日语、向天皇的照片敬礼、参加奴化活动等。日伪政府对学生的教育内容使王宪曾感到疑惑：我是中国人，为什么要学日语，为什么要向日本天皇敬礼？

抗日战争后期，山东普遍实施新民主主义教育，发扬民众抗战精神，粉碎敌人奴化教育，改变日伪时期学校的课本知识，普及教育，减少文盲数量，奖励私人捐资兴学，免费帮助抗属、抗工属及贫苦儿童入学。王宪曾的家人是普通的农民，正因为这些好政策，学习成绩优秀的他一直都是免学费的。

　　根据战争和生产的需要，后来的课本里突出政治内容，重视对学生进行民族气节教育。比如，有的语文课文写道："大大大，大中华，中华民族真正大""中国大，日本小。中国人多，日本人少""人，中国人，我是中国人，爷爷奶奶都是中国人，中国人要打来侵略的日本人""国共两党是兄弟，兄弟有时闹脾气。一旦强盗临门时，同心合力去杀敌"。算术教学中常有这样的应用题：在一次战斗中，游击队打死 5 个敌人、打伤 8 个，这次战斗打死、打伤敌人共多少个？

　　战时环境险恶，有时候会遇到敌人"扫荡"，学生们便随群众转移，在山沟、树林中坚持上课。"敌来我去，敌去我来，以蓝天为教室，以大地为床铺，石头是吾枕，蓑衣为卧具，学习为抗日，不怕苦和累。"这首曾流行于当地的歌谣，就是抗战时期学生们的学习环境和生活环境的真实写照。

　　王宪曾说，当时还有一种"两面小学"，公开挂日伪小学的牌子，暗中监视敌人的活动；平日组织学生学习抗日文章，待日伪军进村时，教师、学生便摆上古书迷惑敌人。

　　在这样的教育中，学生的爱国主义精神被很好地激发出来。在当地，抗日小学普遍建立了儿童团，组织学生站岗放哨，使学生在实践中受到教育和锻炼。王宪曾在这种氛围中长大，他也参加过儿童团的工作，如宣传抗日、站岗放哨、送书信、侦察敌情……这些都深深地刻在了王宪曾幼小的心灵里，他无比坚定地相信：战争终将结束，和平的日子终会到来，只有共产党才能救中国。

发愤图强　从菏泽百年名校考上北京大学

1949 年 10 月 1 日，中华人民共和国成立。

14 岁的王宪曾激动无比，但他心里非常清楚，唯有刻苦学习才能为新中国贡献自己的力量。1950 年，他以优异的成绩考取了菏泽当地最有名的中学——菏泽一中。

对王宪曾来说，菏泽一中对他五年半的培养在他的人生中有着至关重要的作用，如今，他家中的茶几上，还摆放着菏泽一中赠送给老校友的奖章。

这是一所有着百年历史的中学。

清光绪二十九年（1903 年），在"废科举，兴学堂"的呼声中，鲁西南第一所官办中学曹州中学堂建立。1913 年，曹州中学堂改名为山东省立第十一中学，第二年又改称省立六中。别小看这所位于贫困落后的鲁西南偏僻小城菏泽的中学，当时省立六中的教师队伍会集了北大等众多知名大学的毕业生和欧美、日本留学生，大哲学家梁漱溟都曾辞去北大教职到此任教。

教师严格要求，学生发奋攻读，省立六中成为中国江北第一名校。1919 年毕业的 56 名学生中有 18 人考取了北京大学。这所学校还培养了大批优秀学子，如曾任国民政府山东省主席、北平市市长，为北平和平解放作出重要贡献的著名爱国民主人士何思源；享誉世界的水利专家、任共和国水利电力部副部长达 38 年的张含英；为中国石油工业奠定基础、号称"中国石油之父"的孙健初；中国科学院资深院士、昆虫学家张广学和土壤学家于天仁……

在这些前辈的感召下，王宪曾发愤图强，成绩始终名列前茅。在王宪曾的印象里，菏泽一中的校长都是参加革命多年的老干部。高年级的同学，有些也来自革命根据地，他们给菏泽一中带来了优良的革命传统和民主作风。学校对学生的管理非常严格，学生外出必须向教导处请假。但是，对犯错误的学生，学校却坚持说服教育，从不体罚。

菏泽一中的老师们在教育学生怎样做人时，不是刻板地说教，而是谆谆诱导，这也深深地影响了后来在北大任教的王宪曾。

语文老师的课讲得更是生动形象，引人入胜，老师从不要求学生死背课文。老师讲《诗经·关雎》的"关关雎鸠，在河之洲，窈窕淑女，君子好逑"时，情趣横生；讲《陌上桑》的"行者见罗敷，下担捋髭须，少年见罗敷，脱帽著哨头"时，边讲边表演，学生听得津津有味。因此有的高中时的课文内容王宪曾至今未忘。

语文老师把陶渊明的《桃花源记》讲得明明白白，大家都能背诵，结果1955年高考语文试题中的标点题就是《桃花源记》，大家一气呵成，准确标点；地理老师讲祖国的锦绣河山时总是满含激情，学生们深受感染，山脉河流的名称、铁路公路的走向，不知不觉便印入了大家的脑海；历史老师对历史事件、时间、地点及人物非常了解，讲起课来，如数家珍。有一次老师在讲第一次世界大战时，同学们犹如置身战场，下课铃响了，同学们还沉浸在当年的战争场景中。

学校还配合社会上发生的大事，经常组织学生上街宣传。那时，王宪曾和同学们虽然年龄尚小，对社会上发生的事情还不甚懂，但在那样一个充满激情的时代，谁也不甘落后。"抗美援朝"时政府号召大家捐款，尽管手中没钱，但同学们还是尽其所能，热情捐款。

在王宪曾的记忆里，菏泽一中的老师爱生如子，师生关系十分融洽。他记得读初中时，由于缺乏营养，许多同学患了夜盲症。校长十分着急，亲自找到上级领导，申请了一笔专款，为得病的同学购买了羊肝。当时全体学生住校，王宪曾和同学们朝夕相处，情同手足，生活上互相关心，学习上互相帮助。生活虽然艰苦，他们却其乐融融。王宪曾说，这个班的学生年龄较小，活泼顽皮，争强好胜，集体荣誉感较强，篮球、田径、小合唱、舞蹈比较好，当时全校运动会颁发的锦旗一直挂在他们的教室里。

1955年，王宪曾满怀信心地参加了全国统考，他们班有12人考取了北京大学，其中就包括他，还有7人分别考取了复旦、同济和上海交大，2人赴苏联和波兰留学，分别进入莫斯科石油学院和波兹南测绘学院学习。这在菏泽一中历史上是破了纪录的。当年的同学们都为国家的建设贡献了自己的力量，绝大多数同学都获得了高级职称，包括王宪曾在内的不少人成了著名教授、研究员、教授级高级工程师和副厅级领导干部。

王宪曾觉得，这样的成绩和同学们的主观努力是分不开的。艰苦的生活磨炼了同学们的意志，使他们具备刻苦学习的毅力。大家十分珍惜学习的机会。每天除上课外还有早、晚自习，没有老师监督，但同学们非常自觉，自习期间，没有打闹，没有喧哗；即便是星期天，住校同学在早晨也都会自觉来到教室学习。学习刻苦，但不死读书。这也为王宪曾未来在北大的学习、工作和对孢子花粉专业的研究打下了一定的基础。

考入北京大学 成为地质地理系首批学生

1955 年 7 月，王宪曾被北京大学地质地理系经济地理专业录取，他怀揣着录取通知书，用扁担挑着铺盖卷和日常生活用品，从菏泽风尘仆仆地来到了日夜向往的北京。

中华人民共和国成立时，我国地理学理论基础薄弱，地理教育更是全国高等教育中最薄弱的一环。1952 年，为适应国家建设，全国高校院系进行了调整，原清华大学的地学系调整到北京大学，与燕京大学历史系的少数教师一起成立地质地理系。当时，学校学习苏联培养人才的经验，地理学按二级学科成立专业，分别制订教学计划以培养专业人才。地质地理系 1952 年设立自然地理专业，1955 年又设立了经济地理与地貌专业，同时引进部分地质学教师，开始招收地质专业学生。所以，王宪曾是北京大学恢复地质地理系后招收的第一批学生。

师资力量是强系的保证，一批功底深厚、学有专攻、经验丰富的学者会聚于此，地质地理系首位系主任侯仁之就是其中一位。开学第一天，按照惯例，系主任要向全系新同学致欢迎词。侯仁之身着青灰色中山装走上讲台，在简短的欢迎词之后，开启第一课——北京。侯仁之从北京的起源讲到它的变迁，再说到它在城市规划建设上所取得的成就……他的讲解语言生动，充满激情，又深入浅出，王宪曾和同学们听得入神，生怕把哪一句话给落下了！

后来，开学后的第一课——"侯仁之先生讲北京"成了北大一道亮丽的风景线。只要一听说是侯仁之先生讲北京，外系的同学也要来听，连阶梯教室的过道和窗台上都挤满了人，教室前后的四扇门均无法关闭，许多同学站在门外听讲。后来教室容纳不下，学校就把场地搬到大饭厅，再后来"侯仁之先生讲北京"就干脆成了学校的一项活动，在学校的影响非常大。

之后，侯先生经常带着大家实地考察。他说："我们学地理的既要听好课、查阅文献、做好笔记，也要做实践考察，只有这样，做学问才会是承前启后、脚踏实地的。"王宪曾牢牢记住了侯先生的教诲：实地考察是地理学的重要手段，是须臾不可或缺的。在之后的学习和工作中，他也是这样践行的。

王宪曾入学时的北大地质地理系由"地质"（下设地质构造、地球化学、古生物地层三个专业）和"地理"（下设自然地理、经济地理两个专业）两大专业构成。王宪曾回忆，当时的专业是按苏联莫斯科大学的专业设置新开的，目标是培养国家经济发展和战略布局方面的研究人员与高校师资。五年的教学科目接近40个，门类众多。

根据当时的教学计划，为配合课堂教学，地质地理系的学生要在一、二年级放暑假前，进行为期两周的教学实习，包括测量学、地质学、地貌学、植物地理学、土壤地理学等；三、四年级还要进行生产实习。当时的授课老师大都是地理领域或某专业的名家、大师，即便是非专业的科目，学校也都邀请在该领域卓有成就的老师来校授课。这为日后学生们成就学业和开创新事业奠定了坚实的学科基础。不仅如此，王宪曾认为北大"崇尚知识，追求真理"的风骨、学术思想相对开放自由的优良传统和北大所拥有的光荣历史，给所有学生带来的潜移默化的熏陶都是终身受用不尽的。

邂逅小小孢粉　从零开始学习专业知识

新中国是在一穷二白的基础上开始建设与发展的，石油工业更是如此。1949年中华人民共和国成立之初，全国原油产量仅12万吨，不仅产量低、设备能力弱，而且资源情况不明。1953年，新中国开始了第一个五年计划，石油、农业、交通运输被列为"一五"计划发展的三大重点，石油工业也因此进入了一个新的建设时期。

当时，石油工业发展面临的首要问题就是地下石油资源状况不清。能不能找到大油田？大油田究竟在哪里？这成了首先需要解决的重大发展战略问题。但是，在1957年第一个五年计划结束时，全国的石油总产量为176万吨，其中90多万吨还是人造油，这远不能适应国民经济发展的需要。当时的科研人员就把目光锁定在了孢子花粉身上。

很多人不知道，藏在漂亮花朵里的花粉拥有别样的精彩。在显微镜的帮助下，人们可以一睹花粉的"庐山真面目"。

孢粉是什么？孢粉是植物孢子和花粉的总称，是植物繁衍的生殖细胞，它包含了每种植物的DNA信息。植物学家在对大量孢粉形态的观察中，发现不同植物的孢粉具有不同形态，根据孢粉的几何形状、萌发器官及表面纹饰特征，可以把植物种类与孢粉形态一一对应起来，通过鉴定每一粒孢粉的形态，就可以确认它是哪种植物产生的。

孢粉个体很小，人们需要借助显微镜才能对其进行鉴定，但孢粉很容易寻找，而且不管是相隔多久，依然能发现它的踪迹。这是因为花粉有一层由孢粉素组成的外壁，它是一种复杂的碳、氢、氧化合物，它耐酸、碱，极难氧化，在高温下也很难溶解在几百万年前的地层沉积物中依然能保存完整的外壁形态结构特性，为研究地质历史时期的古植被、古气候、古地理及古环境提供了极好的素材。

王宪曾说，孢粉粒的直径一般在10—200微米，体轻，有些还具有气囊，可以分布于较大范围，如松、云杉、椴等的花粉均可飘飞 1000 多公里。这就使得孢粉化石可以在较大范围内用于地层对比和古植被、古气候分析判断等。

通过孢粉信息，人们可以恢复古植被面貌、推测古气候演变、探讨古环境变迁。古河道的变迁、海平面的升降、冰期与间冰期温度的变化都会直接影响和改变古人的生活。根据遗址剖面沉积物中孢粉信息所反映的古植被特征，人们就可以推断出当时的古气候、古地理状况，从而了解古人类的生活环境。

在油气勘探方面，孢粉由于密度较高，可以帮助研究人员确定沉积环境，识别古气候信息，推断地层沉积物过程，为石油资源勘探提供关键数据支持，提高资源勘探的精准度和效率。这些孢粉都沉积在地层中，人们可通过打钻提取土样，再从土样中分离孢粉，确定它们属于哪类植物，也就能推测出这一地层曾有哪些植物属种生长，从而推测出当地的气候和环境特征。

孢粉学是研究植物的孢子、花粉（以下简称孢粉）的形态、分类及其在各个领域中应用的一门科学。孢粉学可以分为两个领域：现代孢粉学及古孢粉学。英国加的夫大学的海德和威廉斯于 1945 年最先创用"孢粉学"一词。整个植物界根据繁殖器官的性质可以分为两类：凡用孢子进行繁殖的植物，如菌、藻植物和蕨类植物，称为孢子植物；凡用种子进行繁殖的植物，称为种子植物。种子植物包括裸子植物和被子植物，而花粉是种子植物的繁殖器官。孢子和花粉在孢子囊和花药中成熟之后，借助风、水或者动物等动力飞离植物母体，大部分落在土壤中，经过漫长的地质年代，土壤变成了岩石，而这些保存在岩石中的孢子和花粉，即称为化石孢子和化石花粉。各类植物产生的孢子及花粉的形态构造各不相同，如樟科植物的外壁外层常具不同的雕纹，如颗粒状、刺状、疣状、网状、条纹状等。

孢粉学的应用则各有侧重，古孢粉学或称地质孢粉学主要为地层对比、寻找有关矿产，尤其是为煤和石油以及其他陆相沉积矿产服务；农业孢粉学

1959 年，苏联著名孢粉学家札克林斯卡娅（后右一）在乐森璕院士（后左三）的陪同下参观访问北京大学（前右一为王宪曾）

用于土壤、养蜂、动物粪便等方面的分析；医学孢粉学则用来寻找某些致病孢粉及其治疗方法和在法医学中作为寻找罪犯、判定犯罪现场等的线索……

因为成绩优秀，王宪曾大学四年级时，地质地理系领导决定包括他在内的十几位同学将留校任教，根据不同专业，分别送往各处进修。王宪曾被指定在北京跟随苏联专家学习孢粉学，为的是将他培养成为孢粉学方面的教师；在学校开辟孢粉学专业课程，为日后培养人才。

当时，孢粉学在中国是一门崭新的学科，授课老师是世界孢粉学联合会副主席、苏联科学院地质研究所研究员札克林斯卡娅。王宪曾回忆，每天，专家都会在课堂上教授跟孢粉学相关的内容，课下带着大家用显微镜观察孢子花粉形态。孢粉学专业既陌生又新鲜，王宪曾深知自己正在学习的学科责任重大，他努力记住每一个孢子花粉的名字、形态、特征，课上学习，课后复习，每一天都不敢松懈，力争用最短的时间获取最多的知识。

在实验室里观察孢粉标本只是学习的一部分，苏联专家还带领王宪曾和同学们赴南方实习，教他们如何进行孢粉野外采样。之后，专家还指导王宪曾在北大组建了第一个孢粉分析实验室，并亲自传授室内孢粉分析方法，这为王宪曾此后独立进行系统的孢粉学研究奠定了坚实的基础。在跟随苏联专家学习的短暂岁月中，王宪曾不但学到了系统的孢粉学知识，也初步掌握了孢粉学的研究方法，对于启蒙老师札克林斯卡娅教授送来的这把打开孢粉学术殿堂的金钥匙，王宪曾的感激之情铭记至今。

与花粉共舞　开启教学科研之路

1959年年末，王宪曾结业后返回学校，不久便走上讲台，其开设的课程"孢子花粉分析"得到了老师的认可和同学们的好评。此后，在完成教学任务的同时，他开始从事孢粉研究工作，迄今已历时几十载。王宪曾的科研历程大致可分为三个阶段，即古孢粉学研究、应用孢粉学研究和花粉与人类健康研究，其中有艰辛也有喜悦。

王宪曾说，孢粉产量大、体积小、比重较轻，容易被风或水搬运。绝大部分的孢粉都落在产生孢粉的植物体附近，由于各种木本植物产生花粉的能力不同，花粉结构存在差异，所以植物分布区以外的花粉传播的情况就不同。比如，松属花粉，这种花粉产量大，飞翔能力强，一般的松属花粉可以随气流搬运到950—1200公里外的地方。所以，在学习和研究孢粉的过程中，王宪曾经常出差，带着学生到各地考察孢粉情况，提取样本，开展研究。

野外考察是一项非常艰苦的工作，无论刮风下雨还是晴天暴晒，他大部分时间都要在野外采集样本，他的足迹遍及平原、草原、沼泽、高原，他经常深入荒无人烟、氧气稀薄、潮湿寒冷的地区，工作环境相当恶劣。有时，他在野外考察植被要耗时 1 个多月，吃住都在野外，不能洗澡，还要忍受潮湿和蚊虫叮咬。在这样艰苦的环境下，王宪曾战胜了各种困难，也战胜了自己，在艰苦的环境中找到了一条通往科学殿堂的大路，养成了无私奉献的科学精神。

孢粉标本的制作过程很有意思。从野外采集的样本必须制作成玻片标本才能进行花粉分析。回到实验室，他们要从采集的沉积物中将孢粉提取出来，经过物理和化学的方法处理，去掉矿物质及孢粉以外的其他有机物，使孢粉富集起来，富集后的孢粉保存于乙醇、叔丁醇、硅油或甘油等介质中。制片时取一滴置于载玻片上并加以硅油、甘油胶、中性树胶等折光率高的介质，覆以盖玻片即可观察。孢粉的观察通常在放大 200—1000 倍的光学显微镜下进行，也可将孢粉做超薄切片，用透射电镜研究外壁的结构，用扫描电镜研究孢粉表面纹饰及萌发孔的结构。

观察孢粉标本是十分枯燥的工作，虽然可以借助仪器，但还要靠一双肉眼，对一粒粒孢粉观察分辨，这是一项十分费眼的工作，但王宪曾从未有过怨言。在那个年代，国家仍一穷二白，却积极鼓励科技研发和创新，当时学校并没有特别先进的仪器来观察孢粉标本，国家就批经费，从外国进口设备支持科研。对于王宪曾来说，他唯有全身心投入到孢粉研究当中，才能回馈国家的这份支持。

1961 年，在当时的地质系教研室主任乐森璕院士的悉心指导下，王宪曾确定了孢粉学研究的第一个课题，即"山西天镇第三系褐煤中孢粉组合及其意义"，这奠定了他孢粉学研究的主攻方向——新生代孢粉学。

初出茅庐，王宪曾遇到的第一个问题便是研究方法，在广泛收集资料的基础上，王宪曾前往山西天镇采集第三纪褐煤中的孢粉样品。经过艰难的野外采集和室内实验室分析，以及显微镜下细致的系统鉴定，他终于完成了论文初稿。乐森璕院士审阅后于 1965 年推荐给《北京大学学报》（自然科学版），于 1978 年在该刊上发表，一篇论文经历 13 个春秋，可见其中的不易。

王宪曾回忆，这篇论文引用了国内外的文献资料，用孢粉学的证据进行了反复论证，证明富含第三纪褐煤的已经被巴尔博定为早第三纪的渐新世"汉诺坝玄武岩"的地层时代应该归属于晚第三纪的早中新世。这一观点同时被中国古生物学家李传夔先生对含有"汉诺坝玄武岩"的古脊椎动物化石——大河狸的研究所证明。中国古生物学会于 1982 年的全国第二届地层会议上，根据王宪曾和李先生对上述"汉诺坝玄武岩"中所含不同门类的古生物化石（孢粉化石和古脊椎动物化石）研究所得的同一结论，决定采用这一新观点，将"汉诺坝玄武岩"的时代由早第三纪渐新世改为晚第三纪早中新世。这一研究的新认识也随之得到了国际古生物学界的一致赞同。

深耕孢粉科研　小花粉做出大文章

在几十年的教学研究里，王宪曾注重自我的学术修养，他严谨求实的治学精神与敬业精神影响和感染了学生。他不仅"授之以鱼"，将专业知识传授给学生，更"授之以渔"，用人生哲理去启迪学生，既开阔学生的眼界，看问题要看得广，也培养学生的眼光，让他们看问题看得深。他更是以身作则，坚持野外调查与实验室相结合，取得了很多科研成果。

1970 年前后，王宪曾受江苏第六石油普查大队周山富先生之邀，对南黄海—苏中—苏北盆地的第三纪孢粉进行了长达八年的研究，分别在《地层古生物论文集》及《植物学报》上和周山富等联合发表了三篇论文。在此期间，他还和上海同济大学的王开发教授合作，先后出版了《孢粉学概论》和《应用孢粉学》两本著作。

在 20 世纪七八十年代，古生物学者们在对山东临朐山旺古生物化石宝库的各种古生物化石研究中发现了大量新的古生物化石，但是对孢粉化石的研究尚薄弱，除了早年个别专家对山旺组内的孢粉化石做了一般报道外，还未见有人对山旺孢粉化石进行深入研究。

20世纪80年代初，应山东博物馆馆长南伟君先生之邀，王宪曾首次考察山东山旺组地层中的孢粉化石，发现了大量保存精美的榆树果实的植物大化石，由此他对山旺组地层孢粉化石的研究产生了极大的兴趣。

第二年暑假，王宪曾带领大学生再次赴山东临朐考察。他们系统地采集了孢粉样品30余块及部分植物大化石。经过室内的初步分析，他们在其中25块样品中发现了极其丰富的孢粉化石，这些化石不但属种繁多，而且生态各异，对阐明当时的自然地理环境、了解山旺湖的形成及演变均能提供非常有意义的资料。王宪曾指导学生完成了多篇孢粉论文，取得了重要的研究成果。

到了20世纪80年代中期，在对山旺组中孢粉化石进一步研究的基础上，王宪曾开创了一个大胆的研究课题，即以孢粉化石为依据对山旺组硅藻页岩中的黑白层变化规律的机理做研究。

王宪曾将研究对象定为孢粉植物群。孢粉植物群（Palynofloras）以植物体上的孢子和花粉为对象，经过形态鉴定确立这些孢子和花粉在植物分类上的地位（鉴定出属种），用以恢复当时植物群的面貌。

王宪曾说，研究山旺组中孢粉植物群不仅可以用孢粉学的方法探知山旺组时期有哪些植物生长在山旺湖四周及湖水之中，进一步确立当时当地的植物群落，还可以再造当时的自然环境。另外，对山旺地层中的孢粉植物群进行研究可以为植物大化石（植物的叶茎、花、果实、种子等化石）的研究提供更全面的植物群资料。

题目确定之后，他便开始广泛收集资料。这是一场对脑力、体力、耐力、意志力的多重考验，更是一场通过孢粉穿越时空的与古代的"对话"。

王宪曾查阅资料发现，李四光教授早年曾研究冰川时对冰川沉积物中冰川纹泥沉积。经过详细研究，李四光认为冰川纹泥沉积的机理是由一年内冬、夏两季的气候变化造成的，每到夏季冰川融化时，冰水携带大量的粗粒泥沙顺流而下形成粗砂粒层，而到了冬季，冰川融化变缓，由冰川冲下来的泥沙层就变细变薄，因此，便形成一年之内冰川纹泥沉积呈现出粗砂层和细砂层相间的纹泥沉积特点。

那么，山旺组中黑色层和白色层的颜色变化是否也与一年内气候的变化有关呢？带着这个大胆的设想，王宪曾开始了细心求证。他再次查阅国内外资料时惊奇地发现，美国孢粉学家 R. Grey 教授用孢粉学对美国克里克湖的湖相沉积的黑白层变化的研究，证明了其的确是由一年内气候变化的影响造成的。这一发现坚定了他对山旺组中黑白层变化规律研究的信心。

他通过对黑白层中大量孢粉化石的研究发现，黑层中的孢粉化石是以夏季开花的植物所产生的孢粉为主，而白层中的大量孢粉化石则以春、冬季开花的植物所产生的孢粉为主。由此证明，黑层是在气温较高的季节形成，而白层则是在气温较低的冬、春季形成，由此证明了黑白层颜色的变化是一年内季节的变化造成的。

1988 年，日本花粉学会会长德永重元博士访问北京大学与地质学系教授合影（中为德永重元，左一为王宪曾）

这一科学的论断，把孢粉学的研究推向一个新高度，把用孢粉学的研究反映的精确度由几十万年、几万年精确到一年之内。这极大地提高了孢粉学反映古环境的精度，也为孢粉学反映古环境的研究提供了坚实的理论基础和十分精确的数据，由此开创了古环境研究从宏观走向微观的新纪元。

至今这一研究领域"微观古环境孢粉学"（Microscopic Paleo Environmental Pollenology）仍然处于国际领先地位，为高分辨率孢粉学（Fine Resolution Palynology）的研究作出了重要贡献。王宪曾至今回忆起来仍感欣慰，特赋诗感念：

> 受邀科研至骈州，来读石书万卷稠。
>
> 今有长缨孢粉在，掀开地史阅春秋。

创新科研思路　关注人类健康领域

很多人一过50岁，就觉得自己已年过半百，坐等退休安享后半生了，但王宪曾过了50岁，却还在孢粉学研究的路上一路狂奔，甚至闯出了新路。

1990年，应中国科学院植物研究所所长路安民之邀，已经55岁的王宪曾在"植物系统演化国家重点实验室"担任客座研究员。在此期间，他以古孢粉资料为基础，对被子植物主要类群的系统演化做了三年的研究，如"胡桃科起源及演化""山毛榉科起源及演化"等。特别是对金缕梅科的系统发育，他用古孢粉学的资料进行了深入的研究，撰写了《金缕梅科系统发育的古孢粉学证据》一文。这篇文章系统描述了现代金缕梅科中主要种属的花粉形态特征，并在此基础上运用古孢粉学的资料探讨了金缕梅科的系统分类及其演化规律，还详细记述了金缕梅科中化石花粉的形态及出现的地质时代、分布，探讨了金缕梅科的地质演进历史。

这篇文章认为，早白垩纪为金缕梅科的发生期，晚白垩纪为金缕梅科的发展期。在这一时期，金缕梅科的主要属种是金缕梅属（Hamamelis）、蜡瓣

1995 年，中美农业考古队在江西万年县进行水稻起源研究发掘工作（前排左二为王宪曾，左四为美国考古学会会长马尼士博士）

花属（Corylopsis）、弗特吉属（Fothergilla）。由此可以证明，此时为被子植物第一次在植物界中占优势。进入晚第三纪，金缕梅科进一步发展完善，此时的花粉形态由三孔型演化出散孔型。该文通过对金缕梅科花粉形态学和生物地层学的研究，提供了金缕梅科演化的古孢粉学证据。文中还根据孢粉形态学分析和孢粉生物地层学的研究，提出金缕梅科中的枫香属（Liquidambar）和金缕梅科中主要类型三沟型的花粉完全属于两个不同的类型。

　　王宪曾的这个研究，首次将古孢粉学系统演化的研究和生物地层学密切结合起来，促进了这两个学科的相互交叉，为新理论的研究提供了一个全新的方向。

　　1992 年，王宪曾出版了应用孢粉学的另一本专著《花粉·环境·人类》。该书首先系统总结了中国的花粉资源，同时详细地介绍了我国古代人对花粉的认识及应用历史，并提出了今后我国花粉资源开发利用的研究方向，并对花粉资源做了较全面的科学评价，从此开启了我国花粉资源研究的新阶段。

　　王宪曾并不满足，又将孢粉专业的研究方向转向花粉医学，因为他发现，很多专家在对现代植物的花粉进行生物化学成分的系统研究时，发现在小小的花粉粒中蕴藏着十分丰富的营养物质。王宪曾说，我国是用花粉作为中药的最早的国家，早在两千多年前的《神农本草经》里，就有将松树花粉入药的记载："松黄，气味甘平，无毒，主治心浮寒热邪气，利小便、消瘀血、益气力。"《神农本草经》中同样记载了香蒲植物的花粉——蒲黄。

　　王宪曾发现，预防医学是当代医学研究的重点，而花粉中各种营养成分是防病的物质基础，是人体免疫功能的增强剂。根据他几十年在孢粉学领域的研究，花粉中含有 13 大类、300 余种营养成分，是目前人类在自然界中所发现的最理想的人类营养源。花粉中的氨基酸、蛋白质是人体生命的物质基础，花粉中含有自然界中所有的常量元素（钙、镁、钾、磷等）和微量元素（硒、

2000 年，我国著名营养学家于若木先生到北京大学参加花粉合作项目发布会并题词（右一为王宪曾）

铜、锌、锗等），这些元素是人体不可缺少的组成成分。而且花粉中还含有全系列的维生素：维生素 A、维生素 B 族、维生素 C、维生素 D 以及维生素 E。维生素更是人体每天不可缺少的物质。花粉中的脂类物质含量丰富，品种齐全，特别是花粉中的各种多不饱和脂肪酸、亚麻酸、亚油酸、花生四烯酸，是防治心脑血管疾病的有效成分。花粉中的糖类包括单糖、双糖、多糖等，品种齐全，特别是其中的多糖对人体有益。另外，花粉中的核酸、黄酮类物质是防治各种疾病的有效成分。花粉中还含有 100 多种活性酶，它是人体消化吸收的催化剂。

　　国内外对花粉的研究资料表明，花粉中还含有具有多种功效的成分，它对人体健康均具有十分明显的促进效果。由于花粉中含有人体所必要的全部营养、功效成分，因而它可以防止多种疾病的发生，如常服用花粉，可有效防止感冒的发生。王宪曾还说，花粉在治疗神经系统的疾病及健脑益智方面，也有明显的疗效。最近国内外花粉专家在多不饱和脂肪酸中发现了一种新的

2010 年，天然健康食品分会第一届学术研讨会合影（前排居中为王宪曾）

多不饱和脂肪酸——神经酸，它具有恢复神经末梢活性、促进神经细胞发育的作用。另外，花粉在治疗便秘、消化系统疾病以及防癌、抗癌方面均具有十分明显的功效。在多年研究的基础上，王宪曾在2005年出版了《解读花粉》一书，自此开创了花粉在天然营养健康食品研究上的新领域，使花粉在人类健康事业上得到了广泛的应用。

王宪曾觉得，从事孢粉学研究的几十年时间，他持续钻研、持续创新的动力，来源于他的母校和工作单位——北京大学始终坚持的"百花齐放，百家争鸣"的办学理念：在学术上提倡自由，各抒己见，百家争鸣；在教学制度上，让学生自由选择发展方向；在教师聘请中，不计资历，唯才是举……是北大自由的学术氛围给了王宪曾科研创新的土壤和空间，让他在学术上有所成就。

在几十年的教学科研过程中，让王宪曾在国际上也享有盛誉，曾多次前往美国、加拿大、日本、中国台湾等地进行孢粉考察研究。他以英语、俄语、拉丁语等多种语言参与交流与翻译，发表中英文论文120余篇。他不仅出版了《应用孢粉学》《孢粉学概论》《花粉·环境·人类》以及《山旺植物化石（孢粉部分）》等众多学术著作，还获得《地质学报》优秀论文奖、联合国世界和平基金会"自然医学金奖"，为中国地质学培养了众多人才。

王宪曾著作——《孢粉研究览要》

一片片孢粉标本、一页页手写目录、一篇篇学术文章、一个个孢粉研究成果……不仅是王宪曾几十年科研工作的缩影，更是他不懈努力地追求科学精神的写照。如今，虽然王宪曾已是耄耋之年，但他依然关注孢粉学术界的最新研究，他愿意与孢粉共舞一生。

赵文波，1932 年出生于江西宜春市。1950 年 8 月考入上海复旦大学土木工程系，1951 年 8 月合并于上海交通大学土木工程系，1952 年 8 月全国院系调整至上海同济大学上下水道系。1953 年 8 月，提前一年完成本科学业毕业。由国家统一分配到北京，在原第二机械工业部设计局工作。1953 年 11 月，抽调参加第一个五年计划国家重点建设城市——成都市东郊工业区厂外工程建设。1955 年以后，一直在中国电子工程设计院工作。1982 年晋升为高级工程师，历任排水工程专业组长、工程师等职务。1976—1980 年，任北京市给排水专业协作组副组长，负责编制《电解法处理含铬废水国家标准图》，1984 年获得全国建筑设计优秀奖。1983 年担任中国海水淡化与水再利用学会理事。参加工作几十年来，一直从事电子工业工厂设计工作，并对纯水处理、电镀废水处理及电子工业环境保护等工作有专门研究。

赵文波

回首工业人的奋斗人生
为祖国跳动的赤子之心

"为什么我的眼里常含泪水？因为我对这土地爱得深沉。"这是诗人艾青植根心底的对祖国的无限热爱，也是赵文波对祖国的告白。

他出生于江西，经历过 1949 年前的战火纷飞和动荡不安；他高分考到上海读书，经历过大学时代的艰苦奋斗和激情飞扬；他被分配到北京工作，经历过中华人民共和国成立后工业建设的艰难奠基与蓬勃发展……在赵文波至今 90 多年的人生旅途中，他始终步履不停。唯一不变的，是他那颗忠于祖国的赤子之心。

忆往昔，勤学习，奋斗终身。

颂今朝，建祖国，强盛中华。

这是赵文波对自己 90 多年人生旅途的总结，也是对祖国未来的美好期许。赵文波说，人生在世，时光是短暂的，在宇宙的长河中，仅是一个瞬间。人们都要经历幼年、少年、青年、壮年和老年，每个阶段均在不断学习和提高自己的过程中度过。

这不，就算住进了燕达金色年华健康养护中心，92 岁高龄的他也没闲着，每天练书法、学画画，把晚年生活过得丰富多彩。他也用他独特的方式，活出了自己人生的精彩。

生于布艺世家　幼时母亲不幸离世

1932 年，江西宜春，经营布匹生意的赵氏家族迎来了一个男孩，起名"赵文波"。

1949 年前的江西宜春，气候温和，物产丰富，人民生活安定，布匹生意在当地经济中占有重要地位，这也是赵文波家的重要经济来源。赵文波的祖父祖籍吉安，在清朝末年，为了生计，来到宜春跟着当地布店老板学习技艺。他凭借自己的勤奋和努力，逐渐熟悉了布匹原料供应、制造生产、销售流通的全过程，在亲戚朋友的支持下，与人在当地集资开了一个布店，做起了小本生意。

赵文波的出生给这个富裕的大家庭带来了欢乐，遗憾的是好景不长，他的母亲因病离世，留下了这个还没有断奶的孩子。整个家庭瞬间陷入了深深的悲痛之中，尤其是赵文波的父亲，他失去了生命中的挚爱，同时面临着一个巨大的挑战——独自抚养这个尚在襁褓中的孩子。家族生意实在太忙，父亲无暇照顾赵文波，无奈只能把他送到乡下一家刚生了孩子的人家，寄养在那里。奶妈是个慈祥的农妇，她用温暖的怀抱和甘甜的乳汁抚养赵文波长大。在奶妈的呵护下，他度过了人生中最初的岁月。

一次小意外　提前入学堂

刚满 3 岁，赵文波被接回了宜春的家。家中的一切都显得那么新鲜而陌生，父亲和家里的亲戚对他宠爱有加，为的是尽力弥补他失去母爱的遗憾。有一天，一位亲戚拉着 4 岁的小文波去看戏，想让这个在乡下生活了 3 年多的孩子感受一下县城里热闹的氛围。赵文波也很高兴，眼睛里闪烁着好奇和兴奋，被五彩缤纷的戏服和生动的表演深深吸引。亲戚一时疏忽，没能紧紧拉住孩子的手，他们在看戏的过程中走散了。

这个亲戚意识到赵文波不见时，心中顿时涌上一股恐慌，赶紧跑回家报信。赵文波的父亲和其他亲戚都急坏了，放下手头的事情，纷纷涌出家门，焦急地寻找着孩子的身影。他们询问路人，查看每一个角落，希望能找到那个小小的身影。幸好聪明的小文波认得自家大门，最后自己回了家，才让全家人的心放下。

这次经历给赵文波的父亲敲响了警钟，他意识到，家里实在太忙，根本无暇照顾一天天长大的孩子，干脆提前把他送到学校去读书吧，既能学知识，又有老师看管、同学陪伴。

于是，只有4岁多的赵文波懵懵懂懂地闯进了"四书""五经"的"海洋"，早早开启了他的学习生涯。1949年前的中国，小学教育的内容和形式因地区、时代背景以及社会经济条件的不同而有所差异，但总体上都很注重传统道德教育和基础学科知识的学习，设置了国文、体育、美术、音乐等科目。

从那时开始，小文波跟着先生摇头晃脑地背诵《百家姓》《三字经》《道德经》，小小的心灵也埋下了崇尚知识、热爱文化的种子，即便是后来到了90多岁，依然热爱文学和艺术，偶尔赋诗一首，或者学习绘画技法。

一场大病　与"死神"交手

安稳日子没过多久，1937年，日本帝国主义发动全面侵华战争，中国人民陷入了巨大的苦难，赵文波的生活也越发动荡了。江西宜春虽然在抗战时期没有沦陷，但作为国统区的一部分，也因日军轰炸机的频繁入侵和周边重大战役的进行，遭受了深重的灾难。为了家人的安全，赵文波的父亲决定把老人和孩子送去乡下，一方面躲避战争，另一方面让孩子继续学业。

乡下的学校十分简陋，很多校舍都是破旧的民房或庙宇改造而来，空间狭小，光线昏暗；教学内容也比较单一，只能学到比较简单的语文、算术等方面的知识。即便这样，赵文波也能沉浸在学习当中，享受知识带给他的快乐。

这简单的快乐被一场突如其来的疾病打破了。由于气候温暖湿润，蚊虫易滋生，1949 年前，江西乡下地区的疟疾流行非常严重，甚至曾是当地最主要的传染病之一，一些地区的疟疾年发病率高达 50% 以上。当时，乡下医疗条件落后，缺医少药，群众缺乏防病意识，导致疟疾得不到及时、有效的控制，病情容易恶化。赵文波就不幸染上了疟疾。

一个只有几岁大的孩子哪儿知道疟疾的威力？赵文波先是浑身发冷发抖，面色苍白，之后又迅速高热，持续几小时不退。好不容易等高热退去，又开始全身发冷，这样的症状反反复复，把年幼的赵文波折磨得痛苦不堪。

1949 年前，由于医疗条件有限，疟疾对儿童的身体健康造成极大威胁，病死率非常高，病情严重的也可能出现身体器官损害。病情最严重的时候，赵文波幼小的身躯躺在竹床上，陷入了昏迷，不省人事。家人以为他撑不过去了，甚至开始为他准备后事。幸运的是，一位中医的出现让他重获新生，针灸和中药的慢慢调理让他的身体渐渐好了起来。在那个医疗条件落后的年代，中医药的神奇疗效甚至让赵文波后来对传统医学也产生了浓厚的兴趣。

除了疟疾，血吸虫病也曾经是江西的流行病之一，赵文波也没有幸免，发热、拉肚子、咳嗽等症状再度折磨他原本就瘦弱的身体，好在后来渐渐康复，没有给身体造成太大的伤害。在乡下读了几年小学后，赵文波被家人安排返回县城，继续完成中学学业。

幼小心灵埋下红色种子

抗战时期，宜春人民在日军的空袭轰炸下，生命财产遭受了重大损失。回到县城的赵文波也经常被迫暂停学习，跟着家人临时逃到乡下，躲避战乱。

1945 年，日军投降，从中国陆续撤退，但是他们在撤退过程中还要负隅顽抗。有日本降军从长沙撤离行至南昌的时候，在宜春县城的边界与国民党军队发生了交火。

经历了 14 年抗战的老百姓哪里知道这是日军的残余部队，听着四起的枪声和炮声，还以为战争又要开始了，于是关门的关门，逃跑的逃跑。13 岁的赵文波脚踩着一双布鞋、背了一个简单的包袱，忙跟着人群往乡下逃，一个上午一走就是 20 多公里。一路上要眼观六路，耳听八方，一旦听到枪声和炮声，就要赶紧跳进路边的农田躲避，稍感安全，就赶紧赶路。就这样，赵文波惶惶恐恐地从天亮走到了天黑，才躲到了乡下寄居的家中。

这一经历在他幼小的心灵里留下了深深的烙印和问号：国家贫穷落后，民众生活困苦，这样的战争和动荡何时是个头？如何才能摆脱落后就要挨打的局面？

最开始帮助赵文波找到答案的，是家里的一位亲戚。

抗战时期，日本帝国主义的侵略激起了广大人民群众的反抗运动。中共地下党组织积极组织抗日救亡活动，举办培训班、组织演出团……用各种方式宣传抗日，把抗日救国的精神深入传递到群众身边。同时，中共地下党还组织敌后游击队，不断打击和干扰日军后方，为巩固和发展抗日民族统一战线、开展抗日救亡运动发挥了重要作用。

虽然抗战胜利了，但国民党政府的无能表现也让民众生活在困苦之中。比如，通货膨胀严重，物价飞涨，人民的生活水平非常低；权贵阶层和地主阶级掌握着大量的土地和财富，广大农民和工人则徘徊在贫困线上；国民党政府内部也存在严重的腐败问题，导致政府失去民心。

在这样的背景下，民众对国民党政府的不满情绪日益高涨，对改变现状的渴望也越来越强烈，已经是一名中学生的赵文波也是一样。最先领着他看到希望的，是身为中共地下党的姑父，而且在姑父的带动下，赵文波和同学们也参与了一些学生运动。

赵文波的姑父段之奇是江西赣州的一名地下党，在一次回宜春探亲的时候，和赵文波聊起了地下党工作，也希望通过向赵文波这样的进步青年宣传共产党的主张、揭露国民党反动派的罪行，来提高他们的革命觉悟，培养革命力量。

当时，赵文波的姑父在朋友的介绍下，担任《宜春晚报》的副刊编辑，揭露国民党统治下社会的黑暗面，老百姓对现实社会的不满被激发出来。抗战胜利后，组织上安排姑父去广州继续开展地下工作，担任《每日论坛报》的副刊编辑，揭露国民党反动派的罪行，报道有关解放战争的进程及学生运动等内容，使其成为反抗国民党的反动统治、揭露社会黑暗、支持学生运动的重要阵地。

在南昌上高中期间，赵文波经常会收到姑父从广州寄来的一些学生运动进步刊物。寄送刊物的方式让赵文波至今记忆犹新。为了防止特务追查，邮寄刊物的信封上只会写"南昌某中学几年级几班赵文波收"，而寄信的落款空白。只要学校通知赵文波收信，看到信封上是空白落款，赵文波就会按捺不住地兴奋。对寄来的刊物他更是如获至宝，暗地里如饥似渴地读着。

那时，赵文波读了赵树理的小说《李家庄的变迁》，觉得大家都如书中的主人公铁锁那样，明明安分守己地过日子，却要受到地主的压迫、军阀的欺负。只有在共产党的带领下，人民才能提高觉悟，与敌人展开正面斗争；只要一个人有勇气反抗，就能积极带动周围的人，真正走向革命之路。

后来，过了些日子，姑父的地下工作可能引起了国民党特务机关的注意，组织便把他转送到香港达德学院学习经济专业。赵文波后来听家里人说，姑父在香港工作生活上有经济困难时，父亲还从家里拿了一些金子寄过去，以支持姑父度过暂时的困难时期。中华人民共和国成立后，姑父曾南下到江西赣州任共青团组织部部长。后来，组织上调他到北京的新华社国际部，常驻秘鲁、巴西等国。

可以说，姑父既是赵文波心中的榜样，也给他未来的人生路指明了方向。

赵文波深深明白，国家正处于动荡变革的时代，在国家面临内忧外患的严峻形势下，每个人都肩负着挽救国家危亡的责任。"解放战争胜利前夕，国民党统治垂死挣扎，镇压广大人民的反抗。为了揭露其反动统治黑暗，我和少数同学暗中参加了一次南昌望城岗中正大学（现南昌大学）的一次集会。广大群众和国民党特务的斗争，声张支援全国学生反压迫、反饥饿的运动，我受到了一次很好的爱国主义教育。"赵文波愿意为了国家的独立、民族的解放和社会的进步奉献自己的青春。同时，他也深刻意识到，只有通过学习和自我提升，才能在未来的国家建设中发挥更大的作用。

1949 年 5 月 22 日，正在南昌读高中的赵文波迎来了一个让他终生难忘的日子：南昌解放了。由于早早接受了来自姑父的革命洗礼，赵文波对政治局势十分关注。渡江战役后，国民党当局自知大势已去，仓皇撤逃，只有桂系部队的一支兵团还留在南昌负隅顽抗，甚至对南昌人民进行镇压和恐吓。为保卫城市、迎接解放，中共南昌地下组织、民主党派地方组织及南昌各界人民积极行动起来，组织应变活动，防止敌特破坏，与国民党反动派展开了一场反搬迁、反破坏的斗争。人民解放军第二野战军第四兵团渡过长江进入江西后，势如破竹，所向披靡，一举解放赣东北地区，控制浙赣铁路玉山至贵溪段。接着，又挥戈西指，沿浙赣铁路直取南昌。

5 月 22 日，南昌获得解放。在万众欢腾的氛围中，欢喜的人们走向街头，奔走相告我军胜利的消息，传递人民解放军即将入城的喜讯。满怀激情的年轻学生们纷纷走向街头，张贴欢迎解放军入城的标语，传发南昌解放的快报。赵文波也在队伍当中，他和同学们来到当时的中正大桥，打算把标语贴到桥头两侧，当时有解放军战士上来劝说，提醒他们桥上可能还有国民党的残余部队，让他们赶紧撤离，防止敌特乘隙破坏和伤害。"当时真是既兴奋又紧张，贴了标语就赶紧跑回来了。"赵文波说。

在赵文波的记忆里，解放军入城的那天，南昌全城一片欢腾。人们会集在中山路、象山路、叠山路的两旁，高楼上、大街上，鞭炮声和"共产党万岁""毛主席万岁"的欢呼声融成一片，千万杆红绿色的小纸旗在空中飞舞……

刚刚解放的南昌满目疮痍，百废待兴，解放军迅速恢复城市的秩序，着手进行战后重建工作。他们清除战争留下的废墟，修复受损的基础设施，恢复生产和生活秩序。同时，解放军还积极宣传新政权的政策，鼓励民众参与到新中国的建设中来。这些场景让赵文波备受鼓舞，即将成立的中华人民共和国让这个年轻人心中充满了激动和自豪，决心积极参与新中国建设，以实际行动书写新中国的历史篇章。

考大学　没退路

赵文波高中毕业的那个暑假，几乎所有的同学都要面临选择。

当时的中华人民共和国正处于成立初期，社会制度和教育体系正在经历重大变革。对于当时的高中毕业生来说，未来道路的选择面临着多重因素的考量。家里有门路的，可以到县城或者乡下当小学教师，这在当时看来是非常好的一个选择；要是能跟着家人经商或者被安排在当地政府当一个小公务员，也是好的；实在没有出路的那些人，就只能回家了。选择考大学的是很少的一部分人，因为考大学不仅需要学习好，还需要家里有一定的经济实力。

对于赵文波来说，家里的布料生意非常稳定，选择回家继承家业，是最轻松的选择。然而，为了将来能够更好地参加祖国的社会主义建设事业，他坚定地选择参加高考，通过高考来获得进入高等学府的机会，选择国家建设急需领域的专业，为新中国的建设作出贡献。

考大学，不给自己留退路。赵文波决心已下。

中华人民共和国成立之初，我国的高等教育和高考制度经历了一系列的变革，赵文波也有幸成为中华人民共和国成立初期高考制度和教育改革的亲历者。在优质高校林立的上海，他一个人就拥有过辗转复旦、交大和同济三所著名大学的三年神奇求学经历。

　　1949 年中华人民共和国成立后，为稳定全国政局，使高等教育平稳过渡，各高校沿袭民国时期多数时间的做法，实行单独招考。

　　1950 年 5 月，中央人民政府教育部颁发了新中国第一份高等学校招生文件《关于高等学校一九五〇年度暑期招考新生的规定》（以下简称《规定》），开始有计划、有步骤地培养新中国的各种专业人才和建设干部，逐步地纠正过去高等学校招生上的不合理状态，并减少学生的投考困难，而且要求各公立大学、独立学院与专科学校均须遵照执行。《规定》要求各大行政区分别在适当地点定期实行全部或部分高等学校联合或统一招生。

　　华东地区的公立高等学校统一招生工作在上海进行。高中毕业后，赵文波的中学校友帮忙联系好高考住宿、报考等相关事宜后，赵文波立刻赶往上海，开启了长达一两个月的紧张备考。虽然是第一次来到上海，但好在有已入住交通大学的校友的帮助和安排，在交大安顿好后他便备战考试。赵文波记得，当时学长安排他们住在腾空的教室里，将带来的铺盖卷打开，即可住宿休息。为了安静复习功课，大家各自找地方学习，安心备考，为此节约了许多住宿的费用。同时，大家在学校食堂用餐，也节约了许多时间，真可谓一举两得。

　　参加完华东地区高校统一招生考试后，赵文波又赶回南昌参加了江西的高校招生考试，以便多一次高校录取的机会。不过在赵文波的内心，他还是希望能到外面去求学，因为可以开阔眼界、丰富知识。

　　同年 8 月份，终于到了发榜的日期，赵文波迫不及待地在《解放日报》上翻找复旦大学的录取名单。令他万分雀跃的是，他在复旦大学土木工程系的名单中找到了自己的名字，他以优异的考试成绩，正式成为一名大学生，实现了自己的梦想。

　　历史资料显示，1950 年，复旦大学、交通大学、同济大学、南京大学、浙江大学、山东大学、厦门大学、上海医学院、上海商学院、江苏医学院、吴淞商船专科学校、华东药学专科学校（原国立药学专科学校）、上海市立工业专科学校，九院八十三系科组共招男、女一年级新生 5232 名，赵文波则考取了复旦大学宝贵的入学名额。

在中华人民共和国成立之初，上大学是许多中学生的追求与梦想。当追求实现、梦想成真，大学校园里的学子们最渴望的是能在专业方面很好地充实自己。更何况 20 世纪 50 年代的报刊上，充斥着各种令人动心的远景规划和国家建设的喜人成绩，这群风华正茂的大学生为这些规划与成绩深深鼓舞着、激动着，胸中充满着对国家未来的信心和责任感。他们个个摩拳擦掌，意欲学好专业，以自己的本领为祖国的建设添砖加瓦。

正如考入复旦大学土木工程系的赵文波在开学之初心中所涌动着的情怀：我的祖国，让我用知识把你建造得更美好吧！那个年代的大学校园里，弥漫着一种如饥似渴的求学气氛。随意走在校园幽静处，都能看到同学们读书学习的身影。每天早上用完早饭，上千名学生就会往教室、图书馆匆匆赶去，生怕没有座位。大小图书馆和各阅览室座无虚席，日夜灯火通明的场景更是家常便饭。学校有时还会请校外《大公报》的总编王芸生来校做时事报告。赵文波的回忆中，大学生活是在紧张、平静而愉快的氛围中度过的。大家都将精力集中在学习上，甚至寒暑假期间有不少同学选择不回家，留在学校读书。因为平时功课较紧，老师讲课时布置的课外阅读书目是读不完的，只好利用寒暑假的时间来多读些书。进入复旦大学之后，赵文波也是一样，如同跳进知识的海洋，如饥似渴地学习着。

1950 年冬，复旦大学校风活跃，并应上海电影制片厂的邀请参与拍摄了由白杨主演的《团结起来到明天》这一电影。作为群众演员，赵文波对此记忆犹新，当时拍摄的地点是在上海市外滩南京路口，描绘的是解放战争胜利前夕纺织工人与国民党军警、宪兵激烈斗争的场面。通过参与此次演出，赵文波又一次受到了爱国主义的教育。

中华人民共和国成立初期，赵文波在大学里，不仅要念书、完成作业，还要参加当时的许多社会运动，如参加镇压反革命运动、抗美援朝和军事干校运动等，这在思想上对当时大学的教授和学生有了很大的影响。1952 年春，赵文波加入了共青团，得到组织的信任和肯定，承担了一定的社会工作。

经历院系调整　连上三所名校

20 世纪 50 年代初，我国国民经济处于全面恢复和发展时期，1953 年起执行发展国民经济的第一个五年计划，开始了大规模的经济建设。为了改变我国高等教育中存在的布局不合理、办学小而全、系科庞杂、师资不足等问题，使高等教育能够适应社会发展和建设的需要，中央人民政府教育部统一部署，参照苏联高等教育的模式，对全国高校有计划、有步骤地进行院系调整。

根据当时的安排，1951 年 9 月，复旦大学的土木工程系合并到上海交通大学的土木工程系。刚上大二的赵文波和同学们也就从复旦大学搬到了交通大学。然而没过多久，他们这个系又并入了同济大学，专业被调整为上下水道系。新建的上下水道系由著名市政工程专家并兼同济大学副校长、教务长的杨钦教授任系主任，谢光华教授任副系主任，设置上下水道专业，为给排水专业的前身。1953 年，包括赵文波在内的 28 名上下水道专业学生作为第一届本科生毕业，成为国内首批上下水道专业人才。

短短三年的时间就辗转上海三所著名高校，能有这样经历的人恐怕不多，赵文波实属幸运。三所高校都是名校，校园文化、学科建设、校园环境等方面却各有特色，他深有体会。复旦大学注重学术研究与文化建设，校园文化丰富多彩，学术氛围浓厚；交通大学同样强调学术研究与技术创新，学生活动更注重科技竞赛和实践；同济大学的校园文化独具特色，传承着专业特长和文体技能齐头并进的教育模式，创造了具有同济特色的校园文化传统。

但不管是哪所大学，大学生活都简单朴素，大家穿的衣服普遍是蓝色或黑色的，经常是同年级几个系的学生都挤在一间大教室里，乌泱乌泱的，一两百人一起听讲。每所大学的师资力量都很强大，学生只要不怕吃苦，愿意读书，就一定能学到知识。

　　大学的学习与中学不同之处就是各班级没有固定教室了，有的专业还要合并上课。主要课程的讲课老师一般都由学识渊博的教授担任，多数是优秀的学者，讲学经验丰富，善于启发学生思维，使同学们易于接受课程的内容。

　　赵文波还记得，母校当年的宿舍多数已较陈旧，但住宿条件和多数兄弟院校一样，也是随着年级升高逐步改善的。大一时，他吃的是粗米饭和没有油水的青菜，生活是艰苦的。大一下学期，学校开展了"三反五反运动"，打击了管理部门的贪污浪费，整顿了风气。

　　在中华人民共和国成立初期的上海大学生中间，还有一个现象比较普遍，就是患肺结核。结核病也称"痨病"，是一种主要经呼吸道传播的慢性传染病。那时的大学生们功课重，学习"开夜车"，久而久之就落下了病根儿。当时还流传着一种说法：一年级买蜡烛，二年级买眼镜，三年级买痰盂。如今的大学生听了一定觉得很奇怪：生了肺病哪能带病留校学习？而那时确实如此。

　　在当时的历史条件下，党和政府对高校中患了肺结核的学生倍加关怀、爱护，不是将他们推向社会或返回家庭，而是在学校里设立一个专门区域让学生留校安心养病，于是大多数病情较轻者则边学习边养病。学校会为患病的同学安排单独的宿舍、单独的营养食堂，有的学校每人每天还供应一瓶牛奶，还请了工友到宿舍里照顾学生们的日常生活。患病的学生群体甚至设置了正、副主席和学习宣传、卫生保健、文化娱乐等委员，他们有单独的党、团支部。同学们提出的努力目标是：既要读好书，也要养好病。这也是党和政府对

1965 年，赵文波在北京留影

大家的期待。当时大家的精神面貌都很好，不少同学还决心以实际行动积极争取入团、入党。同学们在学习之余谈笑风生，有的玩桥牌，有的打康乐球、乒乓球；晚饭后，夜自修前，他们三五成群或在校园内，或到五角场散散步，这种边学习边养病的生活倒也另有一番情趣。

虽然赵文波没有得过肺结核，但在大学期间他也曾经一度生病，甚至辞去了学生干部的身份安心养病。同学之间相互照顾，不因为生病而放弃学业的精神至今让他感动。

1953 年 8 月，赵文波和同学们完成了三年学习课程，同时教育部下达新规：大学工科原定在 1953 年和 1954 年毕业的学生，一律提前一年毕业，以满足我国第一个五年计划的人才需求。毕业后的赵文波被国家分配到第二机械工业部设计局工作，他带着简单的行李，和另外一位同学踏上了北上的火车，从上海来到了首都北京。

初出茅庐　肩负重任参与"156 工程"

中华人民共和国成立初期，面临以美国为首的西方国家的孤立和封锁。当时，新中国的工业基础特别是重工业基础十分薄弱，现代工业不到国民经济的 10%，钢产量只有 15.8 万吨，且相关人才匮乏。如何在短时间内改变贫穷落后的面貌，把中国建设成为一个富强的工业化的社会主义国家，是新中国领导人急切需要思考和解决的主要问题。

1951 年 2 月，正值抗美援朝战争期间，中共中央已开始谋划大规模经济建设问题。2 月 14 日，毛泽东在中央政治局扩大会议上提出了"三年准备、十年计划经济建设"的思想，首次明确提出了编制国民经济发展计划的设想。会议决定，自 1953 年起实行发展国民经济的第一个五年计划，并要求立即开始编制第一个五年计划的准备工作。

1953—1957 年，中国开始实施第一个五年计划，简称"一五"计划。这是我国第一个国家经济和社会发展计划，是中华人民共和国成立后为了加快国家经济建设，实现工业化和现代化以及改善人民生活而制订的。主要目标是集中力量发展重工业，如钢铁、煤炭、电力、机械等基础工业，特别是国防军事工业重点建设。同时，注重农业、轻工业和交通运输业的发展，以提高国民经济的整体水平。

"一五"计划的实施，标志着中国开始了有计划、有步骤地进行社会主义建设的新阶段。

但是，"一五"计划的实施过程需要大量的人才支撑，尤其是工业、科研、管理、教育、农业、规划、基础建设、医疗卫生等方方面面，所以像赵文波这样的大学毕业生，只要一毕业就要赶紧上岗，快速进入角色，开展工作。

初到北京，去第二机械工业部设计局报到之后，赵文波就被拉到北京通州北大街附近的旅馆里安顿下来。原因是，当时单位住房太紧张，城里安排不开，只能住在郊区。人生地不熟的赵文波适应能力很强，北方的干冷气候、馒头面条的饮食习惯他都能很快适应。最重要的是，他得抓紧时间学习俄语，因为他接下来的工作事关国家重点"156工程"。

1954年4月上旬，为了加速新工业区的建设，单位领导派赵文波和7位来自建筑工程部给水排水设计院工作组的工程师，一起前往成都市工业区建设现场配合工作。到了现场他才知道，这里是"156工程"之一。

"156项"重点工程简称"156工程"，指的是中国第一个五年计划时期从苏联与东欧国家引进的156项重点工矿业和国防工业基本建设项目。"156工程"奠定了中国初步工业化的经济和理论基础。中国以这些项目为核心，以900余个限额以上大中型项目配套为重点，初步建起了工业经济体系。苏联对中国的援助不仅仅是提供资金和物资，苏联还拿出了核心技术和生产设备，并派出大批专家和工程师，手把手地帮助一穷二白的中国建立了一个完整的工业体系。

经过短期的俄语培训，赵文波被派往成都，参与成都东郊工业区厂外工程的相关工作，这也是他毕业后的第一个项目。

那次成都出差是他生平首次长时间出差，令他印象深刻。当时，新中国的交通状况还很落后，如果从陆路去成都，仅能在北京乘坐火车先到西安，再转车到宝鸡，然后再乘长途公共汽车沿着抗战前修建的川陕公路继续行驶，穿越秦岭高山，才能最终进入四川到达成都。路上就需要整整五天的时间，中途还得在旅店住宿，真是经历千辛万苦才到达。

赵文波记得，长途车在川陕公路上会经过渭河大桥和姜城堡，然后进入丘陵山区。"我们当时坐的还是 1949 年前留下的美国道奇汽车改装而成的长途汽车，轮胎轧在沾满碎石头的公路上，总会发出响声，车厢也摇摆不定，经常把乘客摇到心惊胆战。"

不过，赵文波在崎岖的盘山路上看到的是不一样的风景。从车窗向外观望，青山绿树，溪水潺潺，风景非常优美。沿途能看到悬崖峭壁，残壁之上还有古时的栈道。当地人说，这些栈道还是汉朝时期萧何月下追韩信的遗迹。当汽车进入四川境内，穿越高山峻岭时，他心中又涌出了唐朝诗人李白的著名诗句"蜀道之难，难于上青天"。

赵文波就是这样一个人，虽然环境艰险，但永远能保持一颗简单纯粹的心，去欣赏真、善、美，而不是被眼前的困难吓退、吓跑。

经过四天的长途跋涉，赵文波一行八人抵达绵阳县城。当时绵阳到成都的火车已经修通。稍作休息之后，赵文波和同事登上了前往成都的火车。到达成都后，当地相关部门安排他们入驻招待所，随后他们被成都市领导接见并了解有关情况，翌日有专人接待他们到成都东郊新工业区现场踏勘，由此开始了"156 工程"的有关工作。

在国家重点的"156 工程"中，电子工业占的比重较大，其中多个项目集中布局在成都东郊，这里被确定为全国重点建设的三个电子工业基地之一。当时，经中央批准，成都东郊离城 2.5 公里处划为工业区，以电子、机械、仪表等为主体，面积约 16 公顷，在沙河岸边布局国防工业。

赵文波记得，成都东郊原来是没有路的，他刚到那儿的时候，眼前都是广阔的水稻田野。田野上点缀着竹林茅舍，沙河静静地流淌。他们的到来改变了这里的现状。大批的建设者陆续抵达，逐渐修起了道路和工厂。

赵文波和同事们的主要任务是熟悉成都地区相关的自然环境情况、城市规划和厂外市政工程等情况，以便配合苏联援华专家，为其提供开展工作时所需要的基础设计资料，并提供建厂周围的有关情况和相应的设计数据，确保这项国家重点工程能按照预定计划进行。

成都是川西平原上的一片富裕沃土，农田自流灌溉，水稻年年高产。故称"天府之国"。因此，对于建设工业用地来说，必须重视用地节省。当时的城市规划已经开始对工厂用地做了许多严格的用地规定和要求，其中一条就是必须遵守节约使用土地的原则。

当时，根据城市的条件，赵文波和同事在沙河城市的上游羊子山地区，选择了新工业区的自来水厂和沙河城市下游的污水处理厂，并确定了具体的厂址位置。同时，当地政府还安排赵文波所在的工作组，到都江堰去参观战国时期李冰父子修建的古老水利工程，拓展设计思路，以满足成都新工业区给水和防洪建设的需要。

在工业区的设计推进阶段，苏联专家来了。赵文波一方面要协助他们开展工作，另一方面还要给他们提供资料、沟通施工等。赵文波的专业是上下水道，所以他主要负责工业区的污水处理等问题。"当时规划的厂房周边还都是农田和老百姓的住房，我的重点工作是考察周边水源，改扩展工厂用水设施等。"赵文波说，中华人民共和国刚刚成立不久，所有人在工业建设方面都缺乏实践经验。好在苏联专家非常专业，拥有丰富的实践经验，对工业区做了统一的规划。既要从河道取水，又要考虑工厂的污水处理以及河道行洪安全问题，闸门、堤坝护坡加固等也都需要周全考虑。

苏联专家为这些初出茅庐的大学生提供了很多帮助，他们在规划、选址、基础建设等方面经验相对丰富，给了赵文波和他的同事们很大的启发。在日后的项目设计当中，这些知识和经验也都能派上用场。

经过近一年的现场工作，赵文波和同事们为成都市新工业区的工厂厂址、住宅区、电力、电讯、城市道路、学校、医院和铁路专用线等工程的规划设计做了翔实和妥善的安排。赵文波觉得，虽然这些看上去都是一些前期的规划设计工作，但这是社会主义建设中重要的开拓工作，自己摸索了一些基本建设的经验，相当于做了一个社会主义建设中的侦察兵，并且在这次考验中，基本上完成了组织上交给的任务。

祖国利益高于一切

1955 年以后，赵文波在第二机械工业部下属的中国电子工程设计院工作，主要负责设计国内新建与改建的电子工厂。1956 年，他出差到河南新乡，参与新乡市北郊工业区的工厂选址工作。此后，他配合苏联专家开展第三批援华项目工作，陪同来华的专家组参与工厂选址和其他事务，为我国电子工业的合理布局和产业发展作出了一定的贡献。

20 世纪 60 年代，党中央提出"备战、备荒、为人民"的方针，要求在内地搞"三线建设"，将沿海一带的重要工厂搬迁到四川、贵州等地。"为了响应党中央的号召，我们这些搞工厂设计的人员深入山区选择厂址，并随行携带行李、设计资料、绘图工具到山区进行现场设计，以符合国防工厂'山、散、隐'的选址方针。因此，设计人员需要长年在外工作，条件非常艰苦，但为了国家安全，大家均主动克服各种困难，顺利完成了有关任务。"

1973—1980 年，赵文波曾担任北京市给水排水专业协作组副组长，与第三机械工业部四院、第七机械工业部七院和北京市政设计院共同合作，用电解法进行含铬废水的处理这一试验工作，并共同到三机部武汉仪表厂电镀车间进行大量试验，取得了较好的处理效果，并编制完成了《电解法处理含铬废水国家标准图》，1984 年获得"全国建筑标准设计优秀奖"。

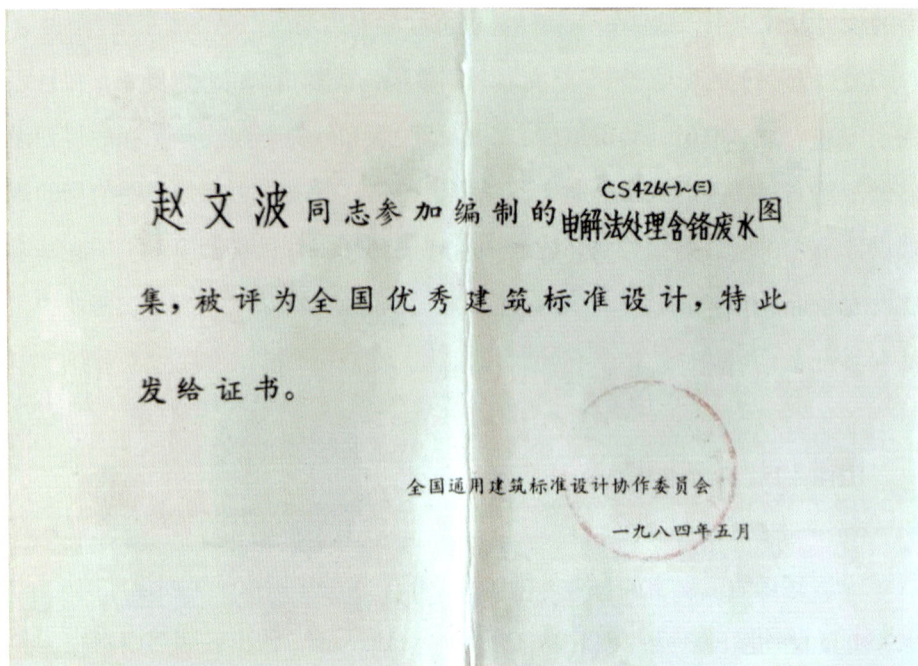

1984 年，赵文波获得"全国建筑标准设计优秀奖"

改革开放以后，国家经济蓬勃发展，社会主义建设事业呈现一片蒸蒸日上的景象。20 世纪 80 年代，电视机正流行，国家为了提高人民生活水平，要大力发展电视机生产，电子工业部组织电视机考察团到国外进行引进考察工作。于是赵文波被单位派到意大利，考察当地的彩色电视机工厂所需的消气剂产品，了解他们的生产工艺，计划为国内的电视机生产厂家引进彩色显像管消气剂生产线项目。

消气剂在生产过程中，会产生有毒的含汞废水，如果其随工业废水排出，会造成环境污染，所以需要设置专用的废水处理设备，让废水达到排放标准。直接从国外引进现成的处理设备是最简单的选择，但是每套设备要花费十多万美元，为了节约国家的外汇，赵文波考虑自行在国内解决。

经学习技术资料、现场考察与洽谈，赵文波觉得国内有类似的材料，通过自主设计可以解决含汞废水的处理难题。于是回国后，经考察团研究同意，赵文波研究设计了一套国产活性炭吸附处理工艺图纸。经过测试，赵文波用自己设计出来的处理工艺，令污水排放达标，后来还得到了国内环境保护部门的认可。更重要的是，这为国家节省了一大笔外汇开支。

"当时国家百废待兴，经济处于起步阶段，国家的外汇大多是用农副产品换来的，非常不容易，能省就省。作为新中国第一代大学生，我们的使命就是为国家的繁荣富强竭尽全力。"赵文波说。

1979 年，赵文波于意大利米兰市 SAES 公司留影

在设计院工作期间，赵文波经常要跟着项目出差，特别是在搞"三线建设"现场设计时，自己的小家就很难顾及。赵文波和他的爱人在设计院相识，但各自工作都很忙，孩子只能托单位同事帮忙照顾。那个年代，大部分职工的房子都是单位分配的，一套单元房往往是两三家一起住，虽然生活空间狭小，但相互照应的优势十分明显。赵文波和爱人常年出差在外，几乎都是请邻居、同事帮忙照顾孩子。平时，大家相互关照，自家钥匙放在哪里，同事门儿清；前脚出差，后脚邻居就相互帮着把家里的事儿安顿好了。

在赵文波看来，自己小家的事儿怎么都是小事儿，国家的事儿是大事儿。在出国考察的过程中，他经常会遵照王尧院长的指示意见，与外国友人接触和沟通，在韩国，他发现大多数韩国人开的汽车都是韩国产的，这对于韩国本土汽车工业的发展是极为有利的。他觉得，尽量维护国家的经济利益，保

1990 年，赵文波于韩国汉城奥运会体育中心留影

护自己国家的工业经济发展，这种意识是非常值得学习的，因为国家的利益高于一切。

1994 年，赵文波正式退休。退休后的赵文波，一方面休养身体，另一方面还关心社会新闻，偶尔参与社会工作。在他看来，自己虽然在人生中经历了长期工作的劳累，也遇到过不顺心的人和事，还患过大病住院治疗，自感非常不易，但好在最后都顺利过关了。如今，他已经到了人生的暮年，常会有伤感和惆怅的心情，对往事产生怀念和遗憾，但他觉得这种心情并不可怕：人生在世，如同春天的嫩芽到了秋天当然要凋零，夏天的鲜花到了冬天自然要枯萎，只要心不老，夕阳会更红。

2020 年 5 月，赵文波和老伴住进燕达金色年华健康养护中心，新环境、新邻居让他们有了新体验，丰富的活动和学习、专业的养生和医疗服务让他们享受晚年的美好时光。赵文波说，人老是自然规律，人总是会有生老病死的历程，应当尽量坦然面对，宽容豁达。

人到晚年，回忆往事，赵文波深有感触。他表示，人这一生能在事业上取得一定的成果是必然的，尽管每个人的贡献大小不一，重要的是，不能忘记我们生活在一个充满机遇的美好时代。在中国共产党的长期领导和祖国建

赵文波与老伴在燕达金色年华健康养护中心留影

设事业的蓬勃发展中，党和国家为我们提供了展现个人才能的广阔舞台。因此，我们要衷心感谢中国共产党的英明领导与国家的悉心栽培，能够让我们有机会为祖国的社会主义事业贡献力量，共同推动祖国更加繁荣昌盛，努力实现民富国强的伟大目标。

国家建设

　　朱甫晓，女，出生于 1938 年，祖籍江西南昌，1962 年毕业于北京大学西语系德语专业，退休前为原第一机械工业部翻译，从事科技口译、笔译工作，参与了多项德国、奥地利、瑞士等德语国家技术引进的技术谈判、合同执行及技术培训等翻译工作，获国家外文局颁发的技术职称译审（相当于教授职称）。改革开放以来，朱甫晓奋战在我国技术引进工作的第一线，无论是沈阳矿山机械厂引进的带式输送机、内蒙古露天煤矿使用的斗轮式挖掘机，还是武汉钢铁厂里的连铸设备，背后都有她工作的身影。那时，大量国外先进技术的引进离不开她精准高效的翻译。她用自己扎实的翻译功底，为中国与世界的沟通服好务。那些年，她每年平均有 200 多天工作在谈判桌上。退休后，朱甫晓与同事合作创建中德合资企业，成为"中国滑道建设第一人"，实现了她与同龄人"为祖国健康工作五十年"的承诺。

朱甫晓

德语翻译助力技术引进
甘当"配角中的配角"

　　回望 20 世纪我国改革开放初期，正值大力引进外国先进技术、发展经济的起步阶段，而精通外语的翻译人员更是为中外交流架起了一座座沟通的桥梁。当时，德国正是我国机械冶金行业技术引进的首选国家。朱甫晓毕业于北京大学西语系德语专业，作为第一机械工业部起重运输机械研究所的"金牌首席翻译"，承担了从技术谈判、合同执行，到技术培训等各类翻译工作，她无数次用自己过硬的翻译能力令外国人折服，为我国顺利引进多项先进技术尽责尽力。在改革开放的大潮中，她将自己比作大潮中的一滴水，随着大潮起伏、在大潮中摔打，从一名普通翻译逐步成长为译审，并享誉业界。朱甫晓总说："我是一个很普通的德语翻译，没做什么了不起的事情。"可长期以来，她始终在幕后为我国的机械工业发展默默做着贡献。人生短短几十年，她把自己最美好的年华献给了国家发展所亟须的翻译事业。

学习成绩始终名列前茅
求学北大打下坚实的德语基础

1938 年，朱甫晓出生在江西南昌。她的父亲朱企霞是我国著名的文学家，母亲是柳培温，二人育有 6 个儿女，朱甫晓是家中长女。1937 年，日本发动"七七"事变，开始了全面的侵华战争。出生在动荡的岁月，还在襁褓中的朱甫晓跟着父母到处逃难。抗战时期，他们一家子从江西逃到贵州，1945 年抗日战争取得胜利，1947 年夏天，她才跟着父母一同回到江西南昌。

儿时的朱甫晓天资聪颖，曾就读于南昌实验小学、江西第一高级中学。她的学习成绩一直名列前茅，从小到大，始终优秀。她每次把考试成绩单拿回家，总能让父母骄傲一番。按照当时的政策，考第一名可以全免学费，第二名则可以免去一半。在这件事上，朱甫晓总能帮助父母"减轻负担"。

1957 年，朱甫晓高考前，父亲朱企霞对女儿的成绩信心满满，选了当时几所最好的大学。她还清楚地记得当年父亲给她填的学校和志愿，北京大学的德语、英语、法语专业，中山大学的德语、英语专业，南京大学的德语、英语、法语专业，一共 8 个志愿。

"当时我还犯嘀咕，你至少选个稍微差点的学校保底，万一都考不上，岂不是没学上了？"不过，朱甫晓依旧没有令父亲失望，顺利考上了北京大学德语专业，成为当年江西省唯一一个考上北大外语系的学生。朱甫晓认为自己打小就是个"文科坯子"，她一直喜欢外语，高考令她如愿以偿。背上行囊，她孤身一人来到北京，踏上了求学之旅。

在北大，朱甫晓接受了专业而严格的科班训练。当时，给他们上课的都是国内顶尖的德语老师，有德语泰斗冯至先生、杨业治先生、田德望先生等。在校期间，课程安排也是满满当当，她还记得当时上过德国古典诗歌、欧洲文学史、德国文学史、德国文学名著选读等课程，使她对德国文学产生了浓厚的兴趣。此外，德语语法、口语等基本训练对她来说更是不在话下。在班上，朱甫晓的德语口语水平突出，她练就了十分流利的德语对话能力。

朱甫晓的优异成绩除了归功于课堂上的扎实学习之外，她的父亲朱企霞功不可没。尽管身处两地，在北大求学的日子里，朱甫晓的父亲还是平均每周给她写一封信，除了关心她的冷暖和日常生活之外，大部分文字都是告诉她怎样学习、怎样做人、怎样与人交往。父亲的提点让朱甫晓在北大的日子过得充实而有意义。

一封封珍贵的家书，全是父亲对女儿满满的爱意和严格的要求：

大学上课，常常课间有空堂，因此必须善于利用这些空堂抓紧学习。否则不但虚度光阴，还会弄得心绪不安，对学习是不利的。现在，你最重要的事是把德语基础打好，同时，不可放弃俄语：每日要安排一定的时间从事复习，并在已有的基础上求得不断提高。这样，将来把俄语当第二外语来学习才有更便利的条件。欧洲文学课外阅读要做读书笔记，不可以走马看花，读过就完事。必须从现在就养成习惯于欧洲文学作品原著的风格，为将来直接读原版著作铺平道路。（1957 年 10 月 4 日）

当朱甫晓在学习上出现焦躁情绪时，父亲也总在信中安慰鼓励她：

在德语方面，我看你由最初的骄傲情绪转入了最近的焦躁情绪，这是很不好的。起初由于易，你成绩还好，便骄傲；现在学习深入了，你前面学过的东西积累较多，不能全部消化、全部记牢，便感到负担较重，成绩渐渐差了，便焦躁。由于焦躁，便对先生的"教学有意见"，要求改进这样，改进那样……既然参加学习的是全班同学，不是你一个人，无论教法如何、进度如何，别人吃得消，你也应该吃得消。记住好好、耐心地学习，不要带头提这提那。这对于学习、对于自己，都是毫无益处的！（1957 年 12 月 13 日）

关于如何学习外语，朱企霞还专门写过一封长信，教女儿如何更好地掌握学习方法：

任何语言的学习，要做到看得快、听得明白、说得流利、写得自如又合乎语法和修辞规律，都不能专靠理解，而要更多地依靠各方面习惯的养成。

要养成习惯，别无巧法，只有下足功夫。第一，多朗读。朗读不但是练口，使口舌习惯于说那些本不习惯的话，目的也是练耳，使耳朵习惯于听那些不习惯的话。第二，多抄写。抄写就是照书誊写，不厌其烦。一个外国字，写熟了（习惯了），那么，刚写完第一个字母，第二个字母就跟着到笔尖下来了，用不着思索，这便和强记生字大有区别。第三，多看。多看便于认熟字的面貌。认一个外国字，特别是字母较多的字，不是在认它时仔细一个字母一个字母地去看它有些什么字母，而是要一眼就看清它的面貌，知道它是一个什么字……第四，多做。多做就是多造句子，多写文章，使成习惯，而不是临文先凭语法、修辞法去硬做。第五，多说。这是多朗读及多做的综合，是最难做的功夫。无论在课堂或课外（如在寝室内），应多找机会和人用外语会话，以期有成。当然，这有一个困难，可能被人讥讽为"洋"或"爱放洋屁"；要找愿意和你练习的人合作，不可不择对象，否则易出偏差。这五"多"，是养成习惯的主要实践。朗读最好在清晨。多抄写，可特备抄写用的本子。有时可默写，那就可以不要纸，如在桌上、被子上、散步时在自己巴掌上，等等。其余各"多"，可斟酌进行。这样，还要持之以恒，一年、三年、五年，在你年龄还不算大的现阶段，可望把一种外国语学精通，即很好地掌握它。寒假考试来了，现在即可用此方法准备期考。

　　朱企霞在信中提到的这些学习方法不仅对于学习德语有利，对于学习任何一门外语都十分受用。

　　求学时期，好强的朱甫晓总有一种不服输的精神，浑身都是冲劲儿："我觉得女孩子必须争气，不能说要去依附于哪个男人。人凭本事吃饭，我德语一定要学好，上学的时候就要扎扎实实的，工作之后也一样。"来自师长的严格要求、父亲的谆谆教诲，再加上自己的不懈努力，让朱甫晓的德语水平不断提升，也为后来她的成就打下了坚实的基础。大学时，由于下乡劳动时间较多，她们没有时间学习第二外语，朱甫晓认为这是自己业务能力的不足，因此退休后自费在北京华尔街英语学院学习英语，取得了优异成绩，可承接英语文秘工作。

曾在景山学校担任德语教师
满腔热血自己编写德语教材

　　大学毕业后，朱甫晓曾在北京景山学校教过几年小学德语。虽然在常人看来，这营生似乎有点"大材小用"，但朱甫晓一点也不这么认为。"我的父亲一辈子教书，我也从小热爱教师工作，对别人的议论我不以为意。父亲当然支持我的工作，我喜欢我的小学教师工作，在我的工作岗位上干得津津有味。"

　　在改革开放以前，北京景山学校是直属中宣部的一所教育改革试点学校，要开展十年一贯制试点。当时的中宣部部长陆定一是学校的最高领导，直接指导教学改革实施的是当时的中宣部秘书长童大林。当年，与朱甫晓一同来到景山学校的还有不少"高才生"，包括来自北京大学、北京外国语学院（现北京外国语大学）、北京师范大学、上海复旦大学、上海华东师范大学的应届毕业生。学生们刚到分配的学校报到时，童大林对这些年轻人说："同志们，你们到景山学校教中小学外语，似乎是大材小用，其实不然。你们是在受命帮助中央实现教育革命的伟大理想。你们要拿出十年的时间干这件事情。希望你们努力工作，在未来十年的时间内，在中国走出一条教育革命的新路。到了那个时候，你们无论想深造，还是想留学，还是想继续在这里教书，通通都可以考虑。"

　　当年，朱甫晓和她的同事们心怀理想、满腔热情，全心全意投入伟大的教育革命热潮中。学校试行十年一贯制，以语文、数学、外语为教学重点，从小学一年级起便开设外语教学，在当时开设了英语、俄语、法语、德语、日语、西班牙语六种语言课程。朱甫晓被分配到五年级教德语。

　　在景山学校，朱甫晓意气风发，干得风生水起，自己编写、印制德语教材，教学生们认德文、背德语诗、写德语短文、唱德语歌。她一门心思想着如何在有限的时间内，把学生培养成精通德语的可用之才。从 1962 年毕业进入景山学校，到 1965 年的三年时间里，朱甫晓的学生从零开始学习德语，已经学会了好几百个单词，掌握了简单的德语会话，能够背诵一些小诗，还会唱不少德语歌。

1964 年，应朱甫晓德籍教授赵林克悌女士的邀请，朱甫晓把全班学生带到母校北京大学，在学校办公楼的舞台上表演了一个多小时的德语节目，包括德语会话、诗歌朗诵等。最后，学生们还用德语唱了《国际歌》，博得了赵林克悌教授的夸奖。朱甫晓犹记当年，学生们一个个大方地与她交谈，争先恐后地向她提问。赵林克悌教授对朱甫晓的工作很是满意，说朱甫晓做了一件很有意义的事。她勉励朱甫晓继续好好地教书，还送了学生们一些书籍和其他礼物。老师的鼓励令朱甫晓更加信心满满，她下决心大干一场。

但是，这场教育改革还未完成。一纸调令，朱甫晓调到了她丈夫工作的原第一机械工业部起重运输机械研究情报室。从那时起，朱甫晓不舍地告别了自己的教学岗位，离开了她深爱的学生，当上了一名科技翻译。

第一次翻译差点被赶出谈判室
两小时记数百单词折服外国人

告别讲台，来到一个并不熟悉的领域，朱甫晓的内心有过挣扎。朱甫晓学的是德语，她深爱德国文学，毕业时一心想当一名文学翻译，但命运的阴差阳错让她成为一名科技翻译。

1978 年前后，正值改革开放初期。为了赶上世界先进水平，中国开启了从国外引进先进技术的"引进高潮"。20 世纪 80 年代以来，我国大量引进国外先进的技术，而德国正是我国机械冶金行业技术引进的首选国家。因为朱甫晓所学的专业是德语，所以她在研究所一直从事德语笔译和口译的工作，而她正是在这样的时代背景下找到了自己的价值所在。

20 世纪 70 年代末，国际上先进的高压铸钢造型技术是我国技术引进的项目之一，这是一种汽车后桥零件铸造生产技术。当时，第一机械工业部和外贸部决定责成机械部矿山局和外贸部技术公司在山东推土机厂引进此项技术。经过有关单位周密详尽的可行性分析和技术论证，与国外公司的技术引进谈判将于 1978 年下半年开始。被我国主管单位选中的参与技术引进谈判的国外厂家有两家德国公司、一家瑞士公司。其中，一家德国公司名叫 Hülle Hille，参与谈判的是该公司负责中国事务的高级商务和技术代表，中方参与谈判的是一机部、外贸部的项目负责人和山东推土机厂的厂长和总工程师。

得知部里有一位北大德语专业毕业的翻译人员，上级便指定朱甫晓担任全程口译。上级认为，既然朱甫晓是德语科班出身，理所应当能胜任这项任务，而朱甫晓也觉得自己"责无旁贷"，带着几分"初生牛犊不怕虎"的"愣劲头"，毫不犹豫地接受了这项任务。

回想起那次翻译经历，朱甫晓依然心潮涌动，用她现在的感觉来说，那是她一生命运的"转折点"，也是她今后将近 40 年翻译生涯的起点：仿佛随着一声"芝麻开门"，懵懂的朱甫晓闯进了一个她从未见过的陌生世界，里面的景象绚丽多彩。对于年轻的她来说，这个世界里的一切都是陌生的、奇特的，对出现在她眼前的德语单词她竟然全"不认识"，她眼花缭乱、不知所措。她说，不知等着自己的是噩梦，还是"幸运之门"。

技术引进谈判在 1978 年的秋天举行。周末朱甫晓接到了上级下派的谈判任务，周一就要谈判。高压铸钢？造型线？面对这些专业的词汇，年轻的朱甫晓不知所云，这完全是她陌生的领域。于是，她利用了整个周六和周日的时间去做准备。着急的她先是到图书馆查资料，但当时研究所并没有铸造方面的书可供参考。没办法，朱甫晓只好把那本《德汉冶金字典》从第一页翻到了最后一页，从中找到了一些有关铸造、冶金的单词。就这样，在没有任何技术资料，甚至在没有拿到任何外方产品样本的情况下，朱甫晓仓促地上了"战场"。

星期一，上午九点，朱甫晓所参与的人生第一场技术引进谈判在二里沟中国科学技术引进公司正式开始。在谈判桌两侧坐定的是中方和德方人员。谈判桌对面坐的是德国高压铸钢造型厂的技术谈判负责人，而朱甫晓所承担的任务，就是要将双方交谈的全部内容准确无误地口译出来，将中文译成德文，将德文译成中文，帮助双方进行谈判交流。

一番简短寒暄后，德方开始介绍他们的产品及其生产规模。除了翻译了一些一般的内容以外，朱甫晓对其他的技术细节一概不知，糊里糊涂地，根本不知德方到底说了些什么内容。一段时间下来，中德两方的人员都云里雾里。德方工程师更是气不打一处来，毫不留情地说："你们派来的是什么层次的翻译？我们很不满意！请立即更换翻译！"此时，中方领导也很尴尬，没有直接回答，只说："到午饭时间了，我们中午稍事休息，下午接着谈。"在那之后，德国人生气地吃饭去了，我方人员对朱甫晓也没有多说一句话。

场面十分尴尬，朱甫晓一个人站在那里，内心无比受伤，自尊心也受到了巨大的伤害，她从来没有遭受过这样的羞辱。强忍住内心的伤痛，她意识到，这样下去不是办法，可不能因为自己毁了这场关键的谈判，她觉得自己必须做点什么。于是，她壮着胆子对即将离开谈判室的德方负责人说："请把你们带来的资料给我一份。"虽然翻译过程令对方很不满意，但德方人员很友好，从公文包中取出了一份完整的公司资料样本交给了朱甫晓。

拿着这份资料，她如获至宝。中午吃饭加休息的时间一共是两个半小时，从十一点到下午一点半，朱甫晓后来回忆说，自己像极了一只"饿狼"，把德方的样本仔仔细细地看了一遍，用飞快的速度查阅了她不熟悉的单词，并在样本图片旁记下了自己的中文解释。她根本顾不上吃饭和喝水，全身心投入到这份样本资料中，也根本不知道这两个半小时的时间是怎么飞快过去的。通过一个中午的突击，朱甫晓对德方的设备和一些技术专业词汇有了起码的概念和认知。

　　到了下午一点半，双方人员陆续回到谈判室。看着朱甫晓还在原地坐着，德国人满脸不高兴地说："我们要求换一个翻译！"这时，我方一机部矿山局的项目负责人韩学松先生说话了："不换！她是我们最好的翻译！"朱甫晓和韩学松不相识，更谈不上深交，他并不知道朱甫晓的翻译水平到底如何，他只知道朱甫晓是起重机研究所的德文翻译。"他的话，我想是基于对我的基本信任，也代表了中方的立场，我们不能迎合德国人的要求，随便更换翻译。"朱甫晓回忆说。

　　下午的谈判准时开始了，在谈判室内，墙上挂满了各种图纸，德方继续介绍他们的产品，细致地讲解了高压铸钢的工艺流程，重点介绍了他们产品的优越性。幸运的是，他们下午所介绍的全部内容都包含在提前拿到手的样本资料里。这些正是朱甫晓当日中午准备的重点内容，她心中踏实了不少。

　　为了争取时间，下午没有中场休息，加上翻译的时间，德国人一口气说到了下午四点多。对方一边说，朱甫晓一边翻译。德国人拿着带灯光头的教鞭指着投影仪放出的照片、表格、数字、流程图，从谈判室的左边走到右边，细致地讲解着每一个细节，朱甫晓将其全部翻译了出来，谈判桌两侧的人聚精会神地听着，直到德国专家介绍完毕，谈判室的灯光重新亮起，在场的所有人才从刚才的精彩介绍中回过神来。

　　讲解完毕，这名德国专家突然一把抱起了朱甫晓，激动地在台前转了一个圈。当时，朱甫晓惊愕得不知所措。他对朱甫晓大加赞叹："你简直是一个女巫！一个中午，你怎么就变成了另外一个人！"此时，朱甫晓刚从翻译的兴奋状态中苏醒过来，一句话都说不出，只是怔怔地看着他，眼泪瞬间流了下来。过了半晌，她才回答说："我不是女巫，也不是什么天才，我不知道什么是高压铸钢造型线，我怎么能在没有任何资料的情况下进行翻译呢？非常感谢你把资料给了我，让我能够顺利地翻译出来。"事情过后，朱甫晓看了看自己当时中午做的笔记，那短短的两个半小时，她记住了不下五百个单词。

　　谈判的结果自然是皆大欢喜。当晚举行的欢迎晚宴上，德方对朱甫晓的翻译赞不绝口，中方的各位与会人员也给朱甫晓投去赞许的目光。这是朱甫晓第一次承担大型技术引进项目谈判现场的口译工作，是她科技翻译生涯经历的第一场"洗礼"，令她终生难忘。

回想起来，朱甫晓说，"洗礼"就这么在充满不定数的状态中开始，在"皆大欢喜"中结束了。"有人说我像一只'涅槃'的凤凰，其实，我哪里是'凤凰'，只是一只经过'惊弓'考验的雏鸟而已，我摆脱了几乎被德国专家轰下讲台的屈辱心情，怀着对今后工作的坚定决心和满满信心，开始了我'浴火重生'后的工作历程。但是，这第一场翻译是我在这条路上的第一节课，是我永生不忘的第一节课。感谢命运，向我打开了一扇宽阔的门——一扇通向科技翻译的大门，为我国改革开放的伟大事业添砖加瓦。"

和朱女士说话要小心，她可能知道得比你多

第一堂"翻译实践课"给朱甫晓带来的"教训"十分深刻，这促使朱甫晓对今后几十年的翻译工作兢兢业业，从不敢掉以轻心。"当我在谈判桌旁为中国和外国技术人员翻译，或者在台上为德国专家翻译报告时，我想到的是如何把中国人讲话的意思理解透彻之后，翻译成正确的德语，把外国人讲话的内容，特别是把他们的技术讲述翻译成中国技术人员能够理解的通俗的中文。"在后续的谈判过程中，为了取得令中外双方满意的效果，事前，无论对自己将要面临的题目知道与否、或知道多少，朱甫晓必定做好充分准备。

大量的技术引进谈判需要的翻译特别是德语翻译的量是很大的，这给了朱甫晓极多的锻炼提高机会，她每一次都要认真准备、出色完成。朱甫晓说，前期的准备工作包括对谈判对象（公司、协会或个人）的背景做一番深入了解，对会谈内容，特别是技术内容做尽可能充分的理解。如果可能，她要提前看看中方人员的谈判提纲，力求弄懂技术内容。如果有不懂的地方，她必定要向有关技术人员请教，请他们讲解技术原理。力求理解透彻的朱甫晓不敢掉

以轻心，常常因为一个技术问题请有关工程师给她"讲课"，那可是真正意义上的"讲课"，技术老师拿着笔在纸上给朱甫晓挨个画图、讲解，直到朱甫晓完全明白，直到她有把握能用汉语把德国人的表述介绍给中方人员。

"我记得当时机械部邀请了一个德国技术专家来中国做讲座，主题是关于 DIN 15018 起重机结构标准的，这场讲座翻译是我印象中时间最长、难度最大的一次。我完全不懂，我马上去找了中国的工程师老宋，让他给我讲解这个标准到底是什么意思，讲明白了，我心里也就清楚了。后来德国专家在讲解这个标准的时候，我一边听一边翻译，在场的中国工程师一直在做笔记，结果组长直接跟他们说，别做笔记了，把朱甫晓的翻译录下来回去整理成文字就行了。多亏当时我提前了解了这项内容，让这场翻译变得轻松一些。"朱甫晓说，"还有一次，有个外国技术专家谈到了热处理技术，我也不懂，我爱人胡誉济就帮我找了一个教授，听他这么一讲解，我还真弄明白了，翻译也便不难了。"

奥地利索道公司电器总设计师培训中方技术人员现场

1983 年德国斯图加特 R.STAHL（斯泰尔电动葫芦公司）和中方代表合影

　　功夫不负有心人，凭着顽强的毅力和自己坚持不懈的努力，朱甫晓也学到了不少科技知识。她十分庆幸，自己在中学时代学到的数学、物理、化学知识居然派上了用场，而且对她理解这些技术术语大有裨益。在中学时，朱甫晓总能拿到"三好学生"的荣誉，可自从大学学了文科后，有一段时间她还觉得自己在中学时花那么多时间学数理化"不合算"，还不如多看几部文学名著呢，如今想来，当年学到的数理化知识并不是没有用的。

　　渐渐地，朱甫晓发现自己在科学技术这个迷宫里不那么迷茫了，她不但逐渐找到了从迷宫走出去的途径，甚至可以像欣赏音乐、绘画作品那样徜徉在绚丽多彩的科学技术花园里，她欣喜地发现，自己似乎逐渐由科学技术的"必然王国"进入它的"自由王国"了。德方 DIN（德国标准化学会）标准起重机组组长、同济大学教授在给起重运输机械研究所总师的信函中这样评价朱甫晓："经过在北京和杭州不同翻译的比较，我才知道了应该如何评价朱女士的翻译水平。"

后来，面对新进入到科技翻译领域的年轻同行，朱甫晓甚至积攒了不少可以向别人传授的实践经验："根据我自己的经历，要想做一个合格称职的翻译，扎实的外语基础当然是第一位的，此外，针对每一个特定的专业，除了一些必须掌握的基本科技词汇之外，如电机、减速机、速度、连线等，仅仅用于本次技术谈判的核心词汇一般不会超过几百个。在工作中，如果能熟练掌握这些词汇和相应的科技基本知识，再加上扎实的语言基础，是可以胜任所承担的任务的，也能很好地为我国科技翻译事业尽到自己应尽的义务。"随着在实践中的摸爬滚打，朱甫晓的翻译水平飞速提升，也越来越自信，在各种谈判场景下，她都游刃有余，成长为一名出色的科技翻译。

曾经，有一家奥地利公司的一位年轻工程师向朱甫晓"泄露"了他的领导对他说过的话。当时，领导派这位工程师到维也纳机场接待朱甫晓，临行前，这位工程师的领导嘱咐他："你和朱女士说话要小心，不要觉得自己什么都懂，她可能知道得比你多！"

对于这话，朱甫晓谦虚地表达了自己的理解："他的领导之所以对他这么说，只是因为这位工程师刚参加工作不久，在我面前可能有些羞涩，而且他只是单个方面的技术干部，只对于他负责的那部分技术了解较多；而我是个老翻译，是整个项目的翻译，了解各个专业的细节比较多一些，领导怕他在我面前'露怯'，才说了那样的客气话而已。其实，我哪能知道得比那位小伙子多？不过这情景和我30年前差一点被轰下台的情景形成了鲜明的对比，我听了这番话内心还是很受触动的，说实在的，我深感受宠若惊而不敢当啊！"

当时，技术引进的过程并不简单，往往需要多方来回沟通、协调，从最初的寻找国外供应商、货比三家、来回谈判、签订合同、赴国外实地考察、交货安装、技术培训、产品生产到最后的验收，整个过程需要持续很长时间。那时，朱甫晓始终活跃在最前方，一年365天，平均200多天都在谈判桌上，到各个国家出差，用自己的翻译专业服务技术引进工作。

朱甫晓的翻译工作任务重，压力也不小。有一次，在液力耦合器的技术谈判中，因为缺少德语翻译，德国技术人员的英语又不大好，朱甫晓奉命一天要承担两个公司的翻译：上午8点到下午5点在一个公司；晚上7点到半夜三四点在另一个公司，谈判结束时，她直接把自己累垮了，拖着疲惫的身躯回到家里。

又因为她所在的起重所地处北京，在部机关的"鼻子底下"，因工作需要被上级机关和北京市借到外单位工作是常有的事。朱甫晓说，从改革开放以来直到自己退休的30多年间，承担的所里、部里以及北京市有关单位的翻译工作到底有多少，自己数也数不过来。她只感到，很少能在家待两周以上。当时，朱甫晓所在的情报室情报组内，每个同志每天都有写《效率手册》的习惯，把每天的工作记录下来，如翻译了多少字、做了多少条文摘、承担了哪些项目的翻译任务等。

在她手头偶尔保存的一本《效率手册》中，2003年，朱甫晓承担的口译时间竟有270天。据初步统计，她先后承担的与起重运输机械研究所业务直接有关的国外技术引进项目有沈矿德国带式输送机托辊技术、天津德国电动葫芦技术、安徽德国液力耦合器技术、四川奥地利载客架空索道技术、内蒙古元宝山德国露天矿斗轮式挖掘机、秦皇岛德国料场斗轮式堆取料机等。她承担的机械部和冶金部主管的技术引进项目就更多了，其中重要的有山东推土机后桥高压铸钢造型线、武汉钢铁厂的连铸线、上海宝钢薄板冷轧线、山东高密度板、中密度板和刨花板的压制成型设备等。她还参与了北京对外经委主持的北京电炉厂离子氮化设备的合资企业的谈判、建设及考核验收全过程。她参与的技术讲座项目就更多了，如宝钢的热轧板材、线材、电控的技术讲座等。

对于自己的翻译工作，朱甫晓有着极高的要求，求快、求准、求雅。熟能生巧，且拥有一套工作方法，朱甫晓总能比别人翻译得更快，同样的内容，或许别人需要翻译两天，但到了朱甫晓这里，一天就能拿下。德国人说的笑话，

奥地利索道公司代表和西门子公司因斯布鲁克经理访问引进先进客运索道技术的四川矿山机器厂

朱甫晓也能在第一时间把内容连同神态、语气准确地翻译过来，惹得在场人员哄堂大笑，调节了谈判气氛。

朱甫晓的工作总能令中德双方都满意。时任国务委员邹家华、机械部唐仲文副部长、矿山局相关领导，以及凡是她承担过翻译工作的单位都高度称赞她的翻译质量。有一次在人民大会堂举行外事活动，朱甫晓担任翻译，结束后，邹家华都已经走下楼梯了，又专程折返回来，向朱甫晓表达感谢："翻译得很好，谢谢你！"

不过，无论是朱甫晓自己所理解的工作中的成绩，还是我国厂方和外国专家对她的称赞，都没有使她变得满足或骄傲。"我深知，学海无涯，我只是做了一个传递者的工作，只是我国技术人员因种种原因外语尚不过关时的一种过渡措施。综合我所有的翻译工作，就是要为'他人'服好务。"

科技翻译真正做到"学以致用"
引进技术还增进中外友谊

朱甫晓说，她十分惊讶于自己最终干了一件起初最不愿意干的工作，但一切都是最好的安排，现在回想起来，竟没有一点抱怨，也从不后悔。"实践是检验真理的唯一标准，几十年的实践和理智告诉我，自己原来的看法太情绪化、太偏激，我深切体会到，科技翻译并不简单，它也是一门科学。记得上中学时，有一种观点是'学好数理化，走遍天下都不怕'，认为学文科的人都是学习不好的人，但是这种观点已逐渐被实践认定是错误的了；同时又有另外一种观点，认为学理工的人都是些'干面包'，他们只会死读书、没情趣，可实践也证明，这种观点同样是错误的。所以，我才会有这样的'转变'，我深知，当一名好的、称职的科技翻译是一件很不容易的事。只要有了真才实学，无论是学理工学科还是人文学科，都能'走遍天下都不怕'。"

在朱甫晓看来，科技翻译本身包含了许多学问，要求翻译本人不仅要具备扎实的语言基础，还要懂得基本的理工知识。科技翻译其实也是一门艺术，甚至是一门有复杂技术内涵的艺术。她有个非常形象的比喻：语言基础扎实，只能说明给一栋建筑打好了坚实的基础、搭好了屋架。至于要盖起来的高楼大厦是个音乐厅还是个科技馆，取决于接踵而来的添砖加瓦和内装修等一系列工作。要建造音乐厅还是科技馆，其所用的建筑材料、内装修等都是有很大区别的。我在大学学到的知识，只能表示我有能力参与一个建筑物的屋架搭建工作。工作后，我参与搭建的"大厦"属于"科技馆"，谁又能把北京音乐厅和北京科技馆去比较孰优孰劣呢？它们都是我国不可或缺的建筑。而我就好比在科技大厦里工作的一个成员。这颇有哲理的一番思量，是朱甫晓对自己工作的最好认知。

随着时间的推移，朱甫晓逐渐感悟到，语言的本质是一种工具。小说、研究文艺用得着它，翻译一篇科技文献也同样用得着。它如同雕刻家手中的

朱甫晓参加奥地利索道公司固定抱索器总设计师对中方技术人员的培训

刻刀、翻译家作家手中的笔、作曲家手下的钢琴。语言是中性的，一切美妙的成果全来自使用这工具的人的水平，一切传世经典全来自使用者创作的作品的高度。

　　朱甫晓的德语启蒙先生——北京大学的邱崇仁教授就曾批评过她不愿当科技翻译的观点。邱教授说："你想想，文学对于你就那么唯一重要吗？有多少人会去翻看你翻译的小说、散文？翻译一篇有价值的科技论文则不然，它可以帮助许多不懂德语的技术人员去了解德语国家某门技术的发展现状和趋势，有时甚至可以对某项技术的研究起到意想不到的启发作用。你当科技翻译，是真正地为国家出力，而且翻译人才这么紧缺，你在祖国最需要的地方发光发热，帮助引进的都是实打实的技术，给国家带来的是最直接的获益。"

　　诚然，朱甫晓参与搭建的"大厦"的"内装修"材料，不是歌德、席勒、贝多芬，而是"高压铸钢造型线""载人架空索道""离子氮化工艺"。她三十几年的科技翻译实践证明了邱教授的话是正确的。在事实面前、在工作实践中，朱甫晓不再抱怨没能研究文学，反之，她为自己成为一名不错的、称职的科技翻译工作者而自豪，是真正做到了"学以致用"。朱甫晓说："如今细细想来，我真要感谢命运，感谢'组织安排'，使我最终成了一名科技翻译。我甚至还认为，幸亏我成了一名科技翻译，否则，我哪里会是今天的我？

朱甫晓（左二）参加奥地利索道公司总体设计工程师对中方技术人员的培训

我的德语、我的知识面哪里会有今天的水准？"

在翻译工作之余，朱甫晓还把自己对德语的热情传递给了更多人。因为自己出色的德语背景，以及出于所在工作单位科学研究的需要，在起重所工作的三十几年里，朱甫晓为所里的技术人员先后开设了三次德语速成班，参加学习的人加起来有好几十人。在这些人当中，不少都初步掌握了德语的入门知识，有的可以借助字典看懂参考文献，有的把德语作为职称考核中的第二外语，更有的在相关国际组织中可以同时用英语和德语作为工作语言。为了鼓励朱甫晓的工作，邱崇仁先生还特地应朱甫晓的请求来所里帮助她，为她的德语短训班做了一次精彩的德语语法总结报告，受到大家的欢迎和感谢。

此外，只要德国、瑞士、奥地利等说德语的国家有人来华，中方总会派朱甫晓担任翻译去接待。她接触的外方人员有政府官员、厂长、高级管理人员、总工程师，也有一般工程技术人员，不同的人关注的重点不一样，如工程师会问很多细致的技术问题，一些官员则会问比较宏观的问题，如城市怎么发展、地方的历史如何等。不管是大小官员或工程技术人员问出哪类问题，基于在北大学习的功底和自己的积累，朱甫晓总能应对自如。

通过工作，朱甫晓逐渐了解到，这些人都不是枯燥无味的"官僚""干面包"式的人物。除了工作，他们每个人都有不同的性格，且拥有多方面的文艺爱好，有的是业余乐团的手风琴、小提琴等乐器演奏员；有的是合唱队的男高音；有的甚至能自己制作小提琴、大提琴；有的则对德国历史、文学以及主要文学家有深刻的理解，再加上自己也喜欢德国文学、艺术，她总能用自己的知识积累和涵养与外国朋友畅通无阻地交流。朱甫晓发现，有的人的文学水平远在自己之上。因此，除了在谈判桌上为他们当翻译外，工作之余，朱甫晓也会与这些外国友人开展许多有趣的交流。他们告诉朱甫晓许多德国文学史上没有提及的史实；告诉她许多民间故事传说，还给她背诵民间诗歌；教她唱德语歌曲，甚至在开车的途中哼唱德国民歌，他们一同探讨音乐、交流历史。

渐渐地，这些非技术层面的话题不仅帮助谈话调节气氛、进一步沟通思想，更是一下子拉近了她与外国友人的距离。朱甫晓同其中不少外国友人处成了好朋友，且长期保持着密切的联系。这令朱甫晓觉得，她的收获并不比专业从事文艺工作来得差。

这或许也是非正式外交的一部分。朱甫晓觉得，通过自己的工作，她也用实际行动实践了周总理对外事工作的谆谆教导，使自己对周总理关于外交工作的一系列指示有了更加深刻的感性认识。周总理曾说："外事无小事。"一机部的有关领导也常常对翻译说："一个好的翻译在一个团队里就相当于副团长，他（她）应该了解外事工作的意义，要在涉外工作中帮助团长把好关、服好务，做好国与国之间的友好工作。"朱甫晓十分乐于见到技术引进工作使中外双方的技术人员结成朋友、增加友谊，也为日后的进一步交往打下良好的基础。

朱甫晓说，综合她一生所做的翻译工作，始终都是在"为他人作嫁衣裳"，在整个为人民服务的过程中，她把自己比作"配角中的配角"，比作"一颗螺丝钉"。诚然，随着一项又一项先进的外国技术引进中国，造出各种丰富的产品，人们第一反应会想到是工程师的努力，谁又会想到这背后一名翻译的功劳，但朱甫晓在这复杂的技术翻译中找到了自己的价值："我对于自己所从事的翻译工作是很满意的，甚至因此消除了心中没有从事文学翻译工作的遗憾，决心做一个好的技术翻译。随着我国众多引进项目的进展和频繁的出国访问、技术培训活动，我感到技术翻译是一项比文学翻译更有意义的工作，因为它是直接为国家的经济基础服务的，是不可或缺的桥梁。"

朱甫晓悟出了一个非常朴素的道理："从个人的角度来说，你可以不看翻译小说，但作为一个国家，却不能没有机器。我热爱科技翻译这个工作，甘愿终身当'配角中的配角'而不悔。"

成立中德合资公司建设滑道
她是"中国滑道建设第一人"

长期奋战在翻译工作一线，朱甫晓始终是为他人做好服务的"配角"，但后来，同样以德语为工具，朱甫晓决心当一回"主角"，勇敢地引进和应用了德国的滑道技术，甚至成为"中国滑道建设第一人"。

事情的起因纯属偶然。1995 年，朱甫晓随团在奥地利考察索道时，发现了当地一种名叫"滑道"的游乐设备，它和索道结合起来，可以充分发挥两者的优势，创造可观的游乐和经济效益。那时，北京的八大处已经有一条客运索道，但经济效益并不理想。当时，朱甫晓便同几个同志商量，建议沿着索道的线路建一条滑道，该建议很快得到了八大处索道负责方的响应。

朱甫晓自受委托开始就与德国滑道的生产厂家沟通，并约请德方厂长实地勘察八大处索道沿线的地形。最终，中方决定购买德方设备。当时，受双方委托，朱甫晓参与了中国第一条滑道，即八大处滑道建设的全过程，从地形勘测、技术考察、合同签署、土建施工、设备安装直至考核验收，朱甫晓全程参与。在她的协调和我方人员的努力下，中德双方的合作非常愉快。1994 年 10 月，国内第一条长约 1680 米的滑道在北京八大处正式落成，这条滑道是当时世界上最长的滑道，设有 50 多个弯道，最高速度为 80 公里 / 小时，高低落差为 240 米，平均坡度为 15 度。

设备交付使用后，德方正式提出与朱甫晓合作，要她担任他们的中方代理。不过，朱甫晓有另外的设想，出于成本考量，她敏锐地发现，滑道设备要在中国开拓市场，必须由中方生产一部分钢结构件，在中国成立合资公司。德方同意了朱甫晓的建议。

于是，在 1996 年，朱甫晓同她的伙伴——原起重所的工程师姜大力为一方，德国威岗公司为一方，双方正式成立了一家中德合资公司，取名"北京威岗滑道股份有限公司"。德国的投资是全部技术和注册资本，而我方的投资则是翻译和企业管理，合资期限为 10 年。办齐了所有手续，在北京租赁了厂房、购买了好几台必要的机器、雇用了工人，朱甫晓和与她志同道合的朋友们轰轰烈烈地干起了事业。

自从八大处第一条滑道问世后，市场的反响很大，全国很多风景区的人闻讯前来，积极与朱甫晓的公司联系，表达了建滑道的意愿。因此，继八大处第一条滑道问世后，在接下来的几年间，在朱甫晓所在公司的努力下，国内先后新增了 38 条滑道，其中有 1995 年 8 月建成的哈尔滨亚布力滑道，长

朱甫晓乘坐德国的玻璃钢滑槽滑道，该滑道为日后中方与德国合资生产的不锈钢滑槽滑道的雏形

约 2580 米，是亚洲最长滑道；1999 年 10 月，在上海建成了中国第一条电动滑道；2001 年 5 月，北京红螺寺新增一条长约 1700 米的管轨道滑道。

在这项事业中，朱甫晓充分发挥了自己的特长。作为合资企业的中方负责人，朱甫晓签署了所有的购货合同，参与了从发货、付款、海关、验货、安装调试直至最后付清尾款、保险维修的全部过程，实实在在地当了一把主角。她还不顾自己年事已高，尽力参与了不少滑道的踏线工作，无论是亚布力原始森林还是浙江绍兴的会稽山，都留下了她的脚印，这种跋山涉水的工作给朱甫晓带去了无限乐趣，更是激发了她的青春热情，甚至令她忘了自己的年龄。

如今，滑道在中国的拥有量几乎已饱和，合资企业的合同也已到期，朱甫晓一方便主动解除了合资关系，德方后来在中国成立了独资公司，主要业务是提供备件和设备维修服务。朱甫晓的公司也转向了别的业务。每当回首自己十年办厂的经历，她都会暗暗佩服自己的勇气与决心，也不知道是什么力量使她做了这一切。朱甫晓针对自己这次担当主角、与德国威岗公司合作的体会，总结了四点：

一是得益于改革开放的大好形势，使她亲眼看到并经历了政策的巨大作用。朱甫晓看到别人办企业的实例，使她的思想得到了启发，受到了鼓舞，并敢于面对让自己担当主角的挑战。

二是改革开放以来，朱甫晓长期在起重所工作，在连续不断的、长时间的技术谈判和技术交流工作中，在她为起重所、为机械部各级领导和技术人员服务的过程中，长期的耳濡目染，使她学会了如何与外国人谈判、如何与外国人打交道、如何在谈判中维护中国人的利益、如何在外国人面前不卑不亢。总之，她学到了不少外交知识和外贸知识。这使得他们在合资企业中站稳立足，处处维护了中方利益，维护了中国客户的利益，使他们和客户始终保持了良好的关系。

三是由于 30 年来几乎天天要用德语，甚至是几乎天天说德语，朱甫晓的德语水平有了很大提高。北京大学的老师同学见了朱甫晓，都说她的口语水平进步"惊人"。无论与普通工人还是同老板打交道，朱甫晓都能运用自如，德国人总夸朱甫晓的德语"连口音都没有"。一口流利的德语无疑拉近了她和德方人员的距离，再加上朱甫晓在大学学到的知识以及同外方人员谈论他们的艺术、文化、音乐、风俗习惯等，更是对建立信任关系起到了很好的促进作用。

四是朱甫晓拥有一个特别优秀的合作伙伴，也就是姜大力，这是十分关键的一个因素。他毕业于上海交通大学，原是起重所起重室的一名工程师。在改革开放的大潮中，他和一批朋友勇敢地下海了。从1995年开始合作的20多年来，朱甫晓和姜大力一直保持着很好的关系。由于两人的品行、所受的教育、文化水准等因素，特别是由于他们的事业心一致，有着共同的奋斗目标，两人成了很好的合作伙伴。不可否认，许多合作伙伴会因经济原因而分道扬镳，而朱甫晓和姜大力之间从未因此类问题产生过矛盾。有人评价他们的合作是"君子之交"，是"互补"。"我们的滑道要占领中国市场！"朱甫晓和姜大力有着同样的抱负，在此激励之下，他们无暇过问眼前的蝇头小利，也让二人的合作更为长远。如今，朱甫晓已经彻底退休，不再干预公司转型后的各项工作，但在一些公司发展的重大问题上，姜大力还会经常与朱甫晓交换意见。

如今，朱甫晓生活在燕达金色年华健康养护中心。爱人胡誉济先她而去，儿子在美国工作，时不时会带着儿媳妇回来探望她。不过，她一个人的晚年生活并不孤单，秉承着"活到老，学到老"的理念，朱甫晓依然每天学英语、弹钢琴、练大字，并坚持阅读，她还在断断续续地写着自己的回忆录。"老骥伏枥，志在千里"，在这里，朱甫晓还有自己的老伙伴群，每周末，他们都会一起开车出去看最新的电影，并誓言要吃遍廊坊最好吃的美食，她还要花很多时间去尽情享受生活。

回望人生之路，朱甫晓的话很是质朴："别太把自己当回事，人没有什么了不起的，茫茫宇宙中，人或许连一粒沙子都不是。难道没有你就不能引进国外技术了？没有你，国家就不会进步了？还有很多人在努力着，我所做的只是我应该做的。别人说你好的时候，千万别骄傲，也不能因此去轻视别人。"这些道理，正如朱甫晓的家训所示："品节详明，德性坚定；事理通达，心气和平。"也正如她父亲朱企霞在 1976 年给她写的家书中所言："提得起，放得下。算得到，做得完。看得破，撇得开。"这是父亲的"十八字箴言"，朱甫晓用了一生去践行。

　　陈明和，1934年2月出生于北京，中共党员，教授级高工，中国矿业大学兼职教授，享受政府特殊津贴。1954—1974年他先后在煤炭部西安煤矿基建局铜川工程处、兰州工程处等地工作，参加三里洞、宁夏石炭井矿区、阿干镇宁夏石嘴山等矿区生产建设。1974—1996年他历任煤炭工业部基本建设副局长、煤矿建设总公司总经理、中国露天煤矿总公司总经理、安全监察局局长、能源部煤炭总工程师兼煤炭司司长、煤炭部党组成员总工程师、中联煤层气有限责任公司第一任董事长。他成功组织实施我国第一座立井井塔预建整移，组织三部立井施工装备会战，提高了立井施工的机械化水平，参与国务院大型露天矿重大设备会战，并受到国务院表彰。他组织实施联合国开发计划署（UNDP）资助我国的"中国煤层气资源开发项目"，为我国煤层气开发打下了良好的基础。他主持编写中国历史上第一部完整的煤炭志书——《中国煤炭志》。

陈明和

把一生献给煤炭事业
为中国发展开采动能

盛世繁华的光景离不开"黑色的金子""工业的食粮"——煤炭,它产自黑暗的矿洞,带来的却是温暖和光明。煤炭是保障我国能源安全的"压舱石",为国民经济蓬勃发展提供了不竭动力。中华人民共和国成立至今,煤炭供应保障能力实现了跨越式提升,2022年,全国煤炭产量达到45.6亿吨,中国成为名副其实的世界第一煤炭大国。从弱小到强大,是一代又一代煤矿人赓续奋斗的结果。其中,最难的当属第一批"开山人",他们用一生书写着名为勇敢者的传奇故事,夯实了中国煤炭事业的根基。陈明和就是这批人中的一员。

1934年早春,陈明和在北京永定门的一户军旅之家出生了。明,象征光明;和,寓意平息争端。他的名字如他的诞生一般,是父母的美好祈愿。陈明和没有赶上一个和平时代,1岁多便随父亲去了军队,4岁多父亲在台儿庄战役中阵亡。他和母亲不得不回到北京,寄住在外祖父家。或许是巧合,也或许是注定,他的名字代表光明,而他也成为中国开采"光明"的第一批人。1954年,陈明和从大同矿区煤矿职业学校毕业后,被分配到煤炭部西安煤矿基本建设局铜川工程处,后辗转煤炭部西安煤矿基本建设局兰州工程处、煤炭部石嘴山基建局、石炭井矿务局，先后参加铜川三里洞矿井、阿干镇煤矿、石嘴山二矿、石炭井二矿建井施工。其间，陈明和还在西安矿业学院函授毕业。1962—1974 年，陈明和担任石炭井矿务局二矿副矿长、矿务局总工程师。1974—1988 年，陈明和调往煤炭工业部，先后担任基建局副局长、煤矿建设总公司总经理、中国露天煤矿总公司总经理、安全监察局局长。他在任煤炭部基建局副局长期间，成功组织实施了我国第一座立井井塔预建整移（淮北朱仙庄立井），缩短了矿井建井工期；组织三部立井施工装备会战，提高了立井施工的机械化水平；从德国引进两台立井施工大钻机，提高了钻井装备水平。他在中国露天煤矿总公司工作期间，参与国务院大型露天矿重大装备会战并受到国务院表彰。

1988—1993 年，陈明和任能源部煤炭总工程师兼煤炭司司长，1993—1996 年，任煤炭部总工程师。在能源部工作期间，他组织实施联合国关于中国煤层气资源调查及开发专项，历时 5 年，项目圆满完成，并受到联合国开发计划署的表彰，为我国煤层气开发打下了良好的基础；参与并主持编写了《中国煤炭志》，历时 6 年完成，于 1997 年出版。《中国煤炭志》是中国历史上第一部完整的煤炭志书，在中国煤炭史上起到了承上启下的作用，该书获得国家图书出版二等奖。

他还曾担任中国煤炭学会第二届理事会副理事长、矿井建设及岩土工程专业委员会主任、中国矿业联合会副会长、中国爆破协会副会长等诸多社会职务，为中国煤炭事业奉献了一生。

春和景明　初见天地

1934 年 2 月 4 日，北京的早春，陈明和出生了。北京永定门附近的一个小院子里，一对年轻的夫妻幸福地迎接新生命的到来，从此有了一个完整的家。

适逢日本阴谋发动全面侵华战争，小家的安逸在大时代中摇摇欲坠。1931

年 9 月 18 日，日本发动"九一八"事变，侵占了中国东北，形成第一个战争策源地。陈明和的父亲是国民革命军第 51 军 679 团的一名军官，隶属于中国近代著名爱国将领张学良麾下，常年活跃在抗日一线。陈明和刚刚满 1 岁，前线战事吃紧，他不得不跟着父母，随军出征。陈明和说，父母虽然是相亲认识的，但是两个人婚后非常恩爱，父亲的仗打到哪里，母亲就带着他跟到哪里。

1937 年 7 月，抗日战争全面爆发，每一个战场都被硝烟笼罩，被血色包围。历史记载，陈明和父亲隶属的国民革命军第 51 军不仅是一支历史悠久的队伍，也是为抗日战争作出巨大牺牲的国民党军队之一。

抗日战争全面爆发时，第 51 军的任务是戍守原防。1938 年 1 月，日军侵入山东、安徽，军事委员会电令于学忠开赴淮河布防，防止攻占南京的日军北上，与从山东南下的日军会合后，攻打徐州。第 51 军在淮河附近鏖战数十日，接连挡住了日军的几波攻势，用伤亡 3000 余人的代价完成了第 5 战区要求其阻挡日军的任务。陈明和的父亲在这次战役中虽然略有负伤，但并没有退出战线，而是直接参加了徐州会战。1938 年 3 月到 4 月的台儿庄附近，昼夜不停地响着枪炮声。第 51 军先是负责在台儿庄东北方的兰陵镇阻击日军第 10 师团一部，使友军能够集中兵力围歼进攻台儿庄的日军，后来在日军增援到达徐州城下时，改为掩护战区主力撤退。陈明和的父亲在这里牺牲了。

这一年，陈明和 4 岁，尚且不明白牺牲的意思，只是从母亲的口中得知，以后再也见不到父亲了。父亲的好兄弟将孤儿寡母送回了北京的外祖父家。"父亲没有什么亲人，我们只能去投奔外祖父，在外祖父家寄住。"陈明和说。

陈明和的外祖父开了一家车具店，家中还算是殷实。陈明和渐渐到了上学的年龄，虽然时局动荡，可是外祖父和母亲还是想方设法地让陈明和去学堂读书，他从小学上到初中。后来，陈明和等来了日本投降，国民党接管了北京的全面事务，以为和平就要来了。"没想到又打了三四年，解放的时候，我刚好初中毕业。"回忆起 20 世纪三四十年代的事情，陈明和觉得自己是时代的幸运儿，不仅平平安安，还完成了学业。

1950 年，16 岁的陈明和到了人生的第一个分岔口。初中毕业以后究竟该何去何从，他陷入了迷茫。他想过直接去工作，如果能早点自食其力，也能照顾母亲，减轻外祖父家中的经济负担。这时候，陈明和的同学偶然向他提及，他在煤炭部工作的哥哥告诉他，大同矿区要成立专业的煤矿学校，而且是纯公费学校，为国家培养煤炭领域的专业技术人才。

"我当时就想，能多学点知识，还是公费，不给家里造成负担，就跟同学一起去大同了。"

在旧中国，没有一所专门的煤炭工业院校。虽然有焦作工学院、西北工学院、唐山工学院北洋大学、清华大学等一批院校，先后设有采矿或矿冶系、科，但许多院校的师资匮乏、经费拮据、设备短缺，在籍学生也只有几百人。中华人民共和国成立以后，国内煤炭专业人才奇缺，成为恢复和发展煤炭生产的突出矛盾。1949—1955 年，为支撑新中国能源工业发展，国家煤炭部陆续支持高校建成了煤炭领域本专科教育体系，还在抚顺、阜新、大同、萍乡、平顶山等矿区附近建立了煤矿学校，初步满足了中华人民共和国成立初期煤炭生产建设对人才的需要。大同矿区煤矿职业学校就是其中之一。

"大同市被誉为中国的'煤都'，我们那时候的学习内容都很明确，就是为了实际工作，出了学校，就能下矿。"陈明和说，决定到大同求学的自己并没有所谓的远大理想，也没有想过要为了某项事业奉献一生，只是想学一个有用的技能，做一个对社会有用的人。

踏踏实实地做好每一件事，走着走着，陈明和就走出了为祖国煤炭事业奉献一生的道路。

为祖国开采"光明"

1954 年，陈明和从大同矿区煤矿职业学校毕业后，被分配到煤炭部西安煤矿基本建设局铜川工程处，参与矿井建设。

　　煤炭是能源，有了能源，就意味着有了动力和光明。自 1931 年至 1945 年日本侵华期间，日本霸占了沦陷区的大部分煤矿，把掠夺中国煤炭资源当作其穷兵黩武的重要物资，其间霸占中国大小煤矿 200 多处，掠夺煤炭 4.2 亿多吨，而被其破坏的煤炭资源更是不计其数。中华人民共和国成立后，煤矿重新回到了人民的手中，但当时全国煤炭产量仅 3243 万吨，根本满足不了生产、生活的能源需求。"新中国的煤炭工业是在恢复改造旧中国遗留下来的煤矿的基础上逐步发展起来的。"陈明和说道。

　　据不完全统计，中华人民共和国成立后，各地人民政府共接收了约 40 个煤矿企业、200 多处矿井和少数露天矿。这些煤矿除抚顺、淮南、焦作、阳泉等少数几处外，其他煤矿规模都很小，设备简陋，技术落后，加上长期战争的破坏，在这些煤矿回到人民手中时已是一片衰败景象，处于停产或半停产状态。"中国在煤炭资源的丰富程度方面，处于世界领先水平，在当时是全国的主要能源，中国发展壮大，首先就要把煤炭工业做大做强。"说到这里，陈明和突然插了一句话，说道："我们那个年代的人，可能国家缺什么，我们就干什么，要这么说，我进煤炭行业，也是自然的事情。"

　　从中华人民共和国成立到今天，中国一直十分重视煤炭工业的建设和发展。燃料部（后来的"煤炭部"）随着中华人民共和国诞生而成立。

　　1949 年 11 月，燃料部召开了全国第一次煤矿工作会议，会议确定在国民经济恢复时期"以全面恢复为主，部分新建则以东北为重点"的方针。在苏联专家帮助下，这项工作迅速全面展开，对资源丰富、条件较好的煤矿，在恢复生产的同时，还对原有生产环节进行了技术改造，充实生产设备，扩大生产能力。为了改变落后的生产工艺、生产手段和生产安全对煤炭生产的制约，1950 年 5 月，燃料部在全国煤矿工作会议上作出了国营煤矿推行生产方法改革和安全生产的决议，要求首先把落后的穿洞式、高落式采煤方法改为长壁式采煤方法，以提高煤炭单产，保护国家资源。由于燃料部的正确领导，在全体煤矿领导干部、工程技术人员和职工的共同努力下，恢复工作进展顺利、速度很快。到 1952 年年底，国营煤矿已有 83% 恢复了正常生产，规模较大和破坏严重的大同、抚顺等煤矿已全部恢复，全煤矿的生产能力迅速扩大到约 7000 万吨，创造了历史上的最高水平。

在全面恢复的同时，矿井的建设运动也风风火火地进行着，一批又一批的技术工人向东北、山西等主要产煤区涌进。1953 年，第一个五年计划开始实施，国家进入了大规模经济建设时期，中共中央要求到 1957 年，原煤产量达到 11298 万吨。同时，为了逐步解决全国工业偏集于北方和沿海城市的生产布局，减少远距离运输，平衡煤炭的地区产需，煤炭部按照"把基本建设放在首位"的原则，全面开展基本建设工作，计划在荣昌、广元、铜川、萍乡等矿区建设一些新矿井。陈明和毕业即上岗，于 1954 年来到了铜川三里洞矿井工区。

1954 年 8 月 1 日，铜川三里洞矿井开建，激情燃烧的岁月他至今历历在目，难以忘怀。三里洞矿井工区的大门口，有一个擎着火炬的巨人雕像，呈现向上奔跑的姿态，如同从地下深处钻出，在黑暗中带来光明的勇士。"要说那个年代，是真的叫艰苦创业，大家也不会去说福利待遇这些事情。"机器的轰鸣声和火车的汽笛声日夜回响在耳边，像是催动陈明和奋进的号角。

"热火朝天。"陈明和想起这 4 个字。三里洞煤矿是铜川矿务局最早建成的煤矿之一，是新中国白手起家、艰难发展的见证者。建井之初，集结了苏联的技术专家和全国各地的人力，有来自上海的工人，也有来自东北本溪矿务局的经验老将，更有像陈明和这样，刚刚从学校毕业的青春力量。四面八方的人在大西北扎了根，为祖国开采"光明"，也留下了宝贵的精神财富。

身穿蓝色矿工服，头戴大盖帽，人人都满腔热情地投入到矿井建设。他们克服种种困难，日夜奋战。当时，中国矿井建设的机械化水平并不高，安全防护设施也不如现在完善。许多建设工人因为防护不到位，对肺部造成了损伤，有的甚至患上了尘肺病。1957 年，三里洞煤矿正式投产，成为当时西北五省第一座现代化煤矿。该矿设计能力每年为 60 万吨，历史上最高年产量为 70 万吨。曾经的三里洞煤矿早已停产，昔日的矿石山修成了梯田，栽种了草木。两条斑驳的铁轨，渐渐成了人行步道，向远方延伸着寂寞，但这片深埋着煤炭的地方，始终激荡着陈明和等第一批建设者的呼吸和命运，沉淀着那忘我的奉献精神。

一代人有一代人的风格。说起自己这代人的特点，陈明和用了"奔波"二字来形容。"一会儿大西北，一会儿大东北，转头又可能到了海边。"陈明和说，"基本得跟着祖国的建设走。"1958 年，国家开始执行发展国民经济的"二五"计划，煤炭工业部决定继续壮大地质、设计、施工技术力量，并有计划地建设新井，同时注意加速建设洗煤厂和提高洗煤技术，积极扩大煤炭品种，计划到"二五"计划末原煤产量达到 1.9 亿到 2.1 亿吨，新井建设规模达到 9000 万吨。新工程的开建，首先要解决人力的问题，20 世纪五六十年代，解决人力不足的办法之一就是支援，这边干得差不多，就抓紧支援下一处，是真正"心贴着心，劲儿往一处使"的年代。

从"一五"计划到"二五"计划，正如他自己所述，陈明和一直跟着项目跑，在阿干镇煤矿，兰州工程处的一位领导看到陈明和毕业于大同煤矿学校，提出他可以担任"秘书"，不必每天再去工地奔波，可以负责一些文职任务。"这时候我才 20 多岁，委婉拒绝了领导的要求，我主动跟他说，自己还年轻，希望能多到基层锻炼锻炼。"陈明和的一番拒绝，不仅没有得罪领导，反而得到了领导的赏识，称他"以后会有大出息"。陈明和被分配到建井一队，在队长魏涛的推荐下，成了工段长。

建井一队主要负责三个工段，每个工段有 100—200 个工人。陈明和年纪轻轻就成了工段长，为了让工人们信服，他比任何一个工人干得都多，越是困难的活儿，他越往前冲。"我记得很清楚，当时我们刚刚和苏联学习岗位工资制，工段长的工资是 112.50 元。"陈明和说。

阿干镇煤矿建设了 3 年，终于完工。"矿井一建好，建井的人员就四散开，分别去往别的工程，组建新的建井队，我被分到了石嘴山二矿。"其间，陈明和也从工段长变成了建井二队工程股长，后来，他又于 1962 年至 1974 年担任石炭井矿务局二矿副矿长、矿务局总工程师。"1958年7月1日，我入了党。"陈明和对这个日子记得特别清楚。

遗憾的是，那期间，我国煤炭工业出现了经营紊乱、片面追求产量、乱采滥掘等不利情况。全国小煤矿数量快速增加到10万多个，煤炭产量由1958年的2.7亿吨快速增长到1960年的3.97亿吨，但违背煤矿建设程序和超能力生产，让产量大起大落，1961年全国煤炭产量反而下降到2.77亿吨。经过一系列调整，到1965年煤炭工业从困难中恢复了元气，逐步走上了正常生产的轨道，并得到进一步发展，但是，紧接着1966年到1976年的这十年，煤矿工业发展又受到了干扰，煤炭产量下降，供应不足，供需矛盾加剧，还曾一度出现1972年、1974年全国煤炭产量停滞不前的情况，满足不了国民经济发展的需要。

1974年，煤炭部开始在全国煤炭战线的基层选拔优秀干部，陈明和也是在这时候结束了矿井奔波的岁月，被调至煤炭工业部。

回顾1954年到1974年这20年的岁月，陈明和说，虽然没有作出什么轰轰烈烈的成就，但是每一次都圆满完成了党和人民交给我的任务，以高速度、高质量建成了一个又一个矿井。每每想到从这些矿井中运出去的煤炭，被送往全国各地，或用于工业生产，促进经济发展；或用于生活取暖，方便人民日常生活；或用于火力发电，照亮每一片黑暗，他就觉得自豪而骄傲。

能不打折扣地做好分内之事，原本就是一份人生的完美答卷。

国内第一座立井井塔预建整移成功

1974年，陈明和来到煤炭工业部基本建设局，担任工程处处长。"有幸通过了全国的基层干部考核，我觉得到了新的岗位，能干的事情也就变多了。"陈明和谦虚地说道。

调任之后，发生了一件陈明和至今都没有理解、感到受宠若惊的事情。担任基本建设局工程处处长不到一年，陈明和就被提拔为基本建设局副局长。

此时的陈明和刚刚四十出头，用"诚惶诚恐"这四个字形容当时的心情再合适不过。他仿佛扛下了某种使命，认为只有自己在这个岗位上干得比别人更出色，才对得起组织这份沉重的信任。于是，我国第一座预建整移成功的立井井塔——淮北朱仙庄煤矿立井。

大约在 1976 年的秋天，曾经停产的工厂企业相继恢复生产，对煤炭的需求急剧增加。1977 年 7 月，国务院要求煤炭部在国家计划的基础上再增产 1000 万吨，煤炭战线广大职工坚决响应国务院的号召，为恢复国民经济而努力工作。尤其是 1978 年党的十一届三中全会召开以后，中国进入了新的历史发展时期。煤炭工业部根据 1979 年 4 月中共中央提出的"调整、改革、整顿、提高"的方针，于 1979 年 5 月开始进行煤炭工业的第二次大调整，一边调整，一边前进，煤炭基本建设工作又如火如荼地展开了。

淮北朱仙庄煤矿就是为了满足国民经济恢复而建设的矿区之一，设计年生产能力为 120 万吨。按照中国传统的矿井建设方法，大型矿井的多绳提升机要安装在井塔上。井塔的建设和安装工程量非常大，施工期间将占用井口大约一年，严重影响井下工程的建设进度，延长了建井工期。陈明和在组织实施淮北朱仙庄煤矿矿井建设时，采用的方法是在井口附近预先建造井塔，等到井筒装备就绪后，将井塔推移到井口设计位置，调整和连通井上下提升设备和管道，使永久提升系统能很快运转。"这样能大大减少井筒占用时间，使矿井提前投产。"陈明和说。

1981 年 10 月 26 日，淮北朱仙庄煤矿矿井井口附近预先建造的高 62 米的钢筋混凝土主井井塔成功地整体平移就位，成为国内首座预建整移成功的立井井塔。这一建设模式不仅是我国建筑设计施工方面的一项重大技术成就，也为缩短建井工期和推进我国煤矿事业的发展开拓了一条新路径。

1978 年以后的中国煤炭工业机械化水平也在全面提高，1978 年，经过邓小平同志特批，我国引进 100 套大型综采机械化设备和 100 套综掘机械化设备，用来提高综合机械化采煤水平。此后几年内，煤炭工业加强了生产矿井的开拓掘进，大力发展采掘机械化，完备了矿区和矿井的生产配套工程、安全技术措施工程。陈明和在担任基本建设局副局长期间，还组织了三部立井施工装备会战，大幅度提高了立井施工机械化水平；并从德国引进了两台立井施工大钻机，提高了钻井装备水平。

1982 年，陈明和担任中国露天煤矿总公司总经理，煤炭工业部提出生产、基建并重的指导方针，实施"稳住东部，战略西移"的布局，重建资源勘探、设计和施工专业队伍，加强了新矿区建设。随后，大型露天矿重大装备会战提上日程。1983 年 7 月 12 日，国务院下发《关于抓紧研制重大技术装备的决定》（国发〔1983〕110 号文件），提出发展重大技术装备的战略任务，并成立了国务院重大技术装备领导小组，统一领导、协调重大技术装备工作。"110 号文件"出台后，陆续确定了包括"2000 万吨级大型露天矿成套设备""大型煤化工成套设备"等国家重大技术装备国产化项目。1984 年 4 月 29 日，时任中共中央顾问委员会主任的邓小平在人民大会堂福建厅会见由董事长阿曼德·哈默博士率领的美国西方石油公司和美国基威特公司代表团，当晚，在人民大会堂举行中美合作经营平朔安太堡露天煤矿的最终协议签字仪式。

这一时期，中国通过艰苦卓绝的奋斗，已经改变了历史以来煤炭供应紧张的局面，煤炭工业的市场经济体制也逐步完善。于是为了更好地市场化开采和使用露天煤矿，煤炭工业部于 1984 年 7 月将露天办与建设总公司合并改名为中国露天煤矿总公司，负责统管中国的霍林河、伊敏河、元宝山、准格尔和平朔等五大露天煤矿。陈明和回忆，这个时候国内露天煤矿的开采还主要依靠与国外合作，尤其以美国为主，国内自研设备尚处于落后阶段，成立公司也为后期设备会战打开了新局面。陈明和开始参与国务院大型露天矿重大成套设备会战，攻关露天矿开采大型设备。

大型露天矿成套装备是为我国大型露天矿剥、采、运工艺过程提供的成套装备，包括年产 1000 万吨级和 2000 万吨级露天矿单斗—汽车开采工艺及连续、半连续开采工艺的成套设备。我国主要的露天矿有煤矿、铁矿、铜矿

中国煤炭工业部与美国安然公司勘探煤层气合作协议签字仪式（第一排右五为陈明和）

等，而煤矿占据重要地位。1983 年，"年产千万吨级大型露天矿成套设备"被国务院《关于抓紧研制重大技术装备的决定》列为首批入选的项目。其中，1000 万吨级大型露天矿成套设备采用了自行设计研发的技术路线，主要攻关单斗—汽车开采工艺装备、连续开采工艺设备、半连续运输设备三套工艺装备及辅助设备。会战实现了千万吨级露天矿单斗—汽车开采工艺成套设备的国产化，于 1987 年 9 月 27 日通过国家鉴定。国家对参与会战的优秀榜样进行了表彰，陈明和就是其中之一。"现在我国的露天矿设备已经从跟随到了领跑世界的程度。"退休以后，陈明和依旧关注着中国露天矿装备的发展。

从中国露天煤矿总公司离开后，陈明和又回到了煤炭部，担任安全监察局局长。自煤炭工业起步以来，开采安全问题，始终伴随其发展。"我国开始发展煤炭工业的时候，首先强调的就是安全生产。"陈明和说。

1950 年 5 月，当时的燃料工业部在全国煤矿工作会议上出了国营煤矿推行生产方法改革和安全生产的决议，同时强调在"安全第一"的原则下进行生产，并努力改善矿井通风。1951 年 5 月，燃料部又公布了新中国第一部《煤矿技术保安试行规程（草案）》，为了加强煤矿生产安全的指导与监督，同年9月成立了安全监察局，各地煤矿的安全监察机构和群众性安全监察网相继建立，煤矿安全生产得到了初步保障。即使在强抓安全的前提下，但还是发生了一起令人痛心的矿难。

"煤矿开采肯定伴随很多小型事故，但是要称得上矿难的只有一起。"陈明和回忆，"在大同，死了好几百人。"陈明和所说的便是中华人民共和国成立以来最严重的矿难——1960年5月9日的大同老白洞煤矿瓦斯爆炸事故。

1960年5月9日下午，白洞矿井下突然发生爆炸。事故发生的地点是14号井底车场，这里是矿井的指挥中枢，又是全矿井的咽喉，爆炸的火焰和毒气顺着风流，飞速冲向各个巷道和工作面。正在井下作业的工人、干部顷刻被浓烟和烈火吞没。随即，大巷顶板掉落，支架倒塌，多处起火，井口房屋以及附属建筑物在一眨眼间全部被摧垮，就连井架上高高矗立的打钟房也燃起了火苗。14号井的井架被摧垮了，地面矿车倒在一边，井口几乎成了一片废墟。15号井口喷出强烈的火焰和浓烟，其威力不亚于12级台风。16号井口也喷出浓烟，巨大的风力把打钟工和跟车工摔成重伤，井口房子倒了，地面配电所也由于跳闸而停止运行，井上井下的电源全部中断，电话交换指示灯闪了一下后，便全部熄灭。16号井旁准备乘罐笼的工人大部分被震伤，距离15号井罐笼2000米的所有设备、棚架都被掀翻和摧垮，大巷变电站、图表室等地无不充满呛人的烟雾。当时正值井下交叉作业时间，交班的职工未上井，接班的职工已下去，两个班的干部、工人全部被困在井下，684人死亡。

"这场矿难带来了血的教训，只要机械化程度不高，煤矿开采就伴随着事故的可能，只有提高机械化水平，把人放在安全的地方，才能真正降低开采伤亡率。"陈明和说，这也是后期国家不断发起设备会战的原因之一，不仅为了提高产量，更为了矿场工人的安全。

陈明和在担任安全监察局局长期间，在煤炭部党组织的领导下，对安全教育尤其关注。机械化水平的提高，让矿场开采的安全系数提高，但是工人的安全意识却没有跟上。"安全教育、紧急情况处理和救护都非常重要，意识差了，一个小型的事故处理不当，就有可能变成灾难。"陈明和又回到了经常跑矿井的状态，在全国各地的矿井转悠，检查安全生产情况。"只有工人的安全素质、操作技术，还有装备水平同步提高，煤矿安全问题才能真正得到解决，所以进一步加强了矿山救护队的安全培训，提升了设备安全。"他说。

为我国煤层气开发奠定良好基础

1988 年 4 月，七届全国人大一次会议决定撤销煤炭部、石油部、核工业部和水利电力部，成立中华人民共和国能源部，陈明和上任能源部煤炭总工程师兼煤炭司司长。从 1988 年到 1993 年，他开始组织实施联合国关于中国煤层气资源调查及开发专项，项目圆满完成，并受到联合国开发计划署的表彰，为我国煤层气开发打下了良好的基础。

煤层气是指储存在煤层中，以甲烷为主要成分，以吸附在煤基质颗粒表面为主、部分游离于煤孔隙中或溶解于煤层水中的烃类气体，是煤的伴生矿产资源，属于非常规天然气，也是一种洁净、热效率高、污染低的优质能源和化工原料，可民用，用作工业燃料、汽车燃料、发电燃料，还可用于生产炭黑、甲醛、化肥及其他化工产品等。"说得简单一点，就是开采煤矿过程中产生的瓦斯气体。"陈明和说，开发利用煤层气不仅能抽离瓦斯，保障煤矿安全生产，而且煤层气属于清洁能源，能增加国内的清洁能源供应，减少温室气体排放，有着多重效益。

我国的煤层气勘探开发和利用主要经历了 3 个阶段。1952—1989 年，处于矿井瓦斯抽放发展阶段。1952 年，我国在抚顺矿务局龙凤矿建立起瓦斯抽放站，此后至 1989 年，我国煤层气勘探开发主要处于矿井瓦斯抽放发展阶段，主要进行井下瓦斯抽放及利用、煤的吸附性能和煤层气含量测定工作。我国曾在抚顺、阳泉、焦作、丰城、白沙矿务局打过 41 口地面抽放钻孔，有的还

1994 年，东蒙地区煤矿安全生产工作会议留念（第一排左九为陈明和）

进行了压裂试验，均未取得生产性效果，于是地面开发煤层气没有列入国家科研项目，但是这些工作实践为后来的全国煤层气资源预测和有利区块选择等，积累了重要资料。

1989 年以后，中国进入现代煤层气技术引进阶段。当时的能源部在1989 年邀请美国有关煤层气专家来华介绍情况，并于同年 11 月在沈阳市召开了我国第一次煤层气会议——"能源部开发煤层气研讨会"，开启了煤层气地面勘探开发的新局面。国家计委首次将煤层气勘探开发研究列入"八五"科技攻关项目，地方企业、全球环境基金（GEF）等也跟随资助设立了多个煤层气的研究项目，并在河北大城、山西柳林进行了煤层气的勘探试验。联合国开发计划署也资助我国开展"中国煤层气资源开发项目"，由能源部管理和组织实施，陈明和就是当时的主要负责人之一。这个项目历时 5 年，包含煤科总院西安分院承担的"中国煤层气资源评估"项目和开滦、松藻和铁法矿务局承担的煤层气开发示范工程项目。项目完成后，受到了联合国开发计划署的表彰，为我国煤层气开发留下了宝贵的实践调查资料。其间，我国还大力引进了煤层气专用测试设备和应用软件，设备的引进和人员交流使我国在煤层气资源评价、储层测试技术、开采技术等方面取得了较大的发展。

1996年以后，中国的煤层气产业逐渐形成新的发展阶段，为了加快我国煤层气开发，国务院于1996年年初批准成立了中联煤层气有限责任公司。公司由煤炭部（1993年3月，中国恢复电力部、煤炭部，并成立独立的石油、核工业总公司，中华人民共和国能源部在成立五年之际被撤销）、石油部、地矿部共同组建，陈明和担任公司第一任董事长。"这时候我实际上已经到了退休的年龄，但是身体还行，觉得自己还能继续干几年，于是到了1999年才退，延迟了五年退休。"陈明和说道。中联公司在国家计划中单列，享有对外合作开采煤层气资源专营权，由此揭开中国煤层气产业的新篇章。

同一年，"九五"国家科技攻关计划启动，设立了多个煤层气研究和试验项目，同期国家计委设立了"中国煤层气资源评价"国家一类研究项目。这些项目和其他相关研究工作使煤层气在选区评价方法、有利区块优选、富集规律及其控制因素等方面取得了新的进展。这些加速了煤层气的勘探开发，从"九五"国家科技攻关计划到"十五"国家科技攻关计划，国家级沁南潘

时任局长张崇慧同中联煤层气有限公司陈明和等领导共商煤层气开发大计

中联煤层气公司代表和美国德士古公司代表的合影（左四为陈明和）

河煤层气开发示范项目、晋城寺河煤层气开发项目、沁南枣园煤层气开发试验项目和阜新煤层气开发试验项目等 4 个项目先后进入煤层气商业化开发示范阶段。根据国家能源局最新统计，到 2023 年，中国煤层气产量达到 117.7 亿立方米，煤层气产量约占国内天然气供应的 5%，成为国内天然气供应的重要补充。

编写中国历史上第一部完整的煤炭志书

陈明和的一生，在因缘际会中，始终和中国的煤炭事业发展紧密相连。45 载为煤炭事业奋斗的故事，也在职业生涯的最后 8 年，编成了中国历史上第一部完整的煤炭志书——《中国煤炭志》。"1992 年开始，我们决定举全国之力，编写一本中国的煤炭志。"陈明和说，这是个宏大的工程，因为领导重视、机构完善、措施得力、作风过硬，最终完成任务。

我国不仅有悠久的文明史，也是发现、开发和利用煤炭最早的国家，更是当今世界上产煤、用煤大国，但是，在我国浩瀚的史料中，却缺乏一部记载煤炭行业和煤炭人的丰功伟绩的有分量的志书。"我们不能留下这样遗憾的事。"陈明和说，"尤其在国泰民安、百业兴旺、中华大地一片生机的大时代修书，所以《中国煤炭志》的编修工作被提到议事日程上来了，这也是历史赋予我们这一辈煤炭工作者的责任。"

存史、资治、教化，是历代修志、编史的目的。《中国煤炭志》当然也不例外。中国有着几千年的煤炭开发史，老故事很多。中华人民共和国成立后，在中国共产党的领导下，煤炭工业发生了翻天覆地的变化，要记述的内容更是丰富多彩。《中国煤炭志》一套30卷，有3000万字，记录了煤炭历史、煤炭开发、煤炭工业生产等多方面的历史资料，在时间段上覆盖自有煤炭开采史至1990年。它填补了我国煤炭行业史志的一个空白，尤其是对于近现代以来的煤炭工业，是一本翔实的史料性大型志书。

像这样的史料性大型志书，编撰的过程并不容易。1988年4月22日，煤炭工业出版社编辑二室在征求各方面意见的基础上，决定组织编写一套《中国煤炭志》，于当日申报选题，该选题于当年6月1日获批准。1989年1月25日，中国统配煤矿总公司发出"关于编写《中国煤炭志》筹备工作有关事宜的通知"〔（89）中煤总情报函字第16号〕，通知要求各省（区）煤炭厅（公司）及有关单位尽快成立编写班子，并上报参加编委会的人选名单。自此，《中国煤炭志》筹备工作开始。

1991年1月12日，《中国煤炭志》编纂委员会成立会议在北京召开。时任能源部总工程师的陈明和成了《中国煤炭志》编纂委员会副主任兼秘书长，同时主持了编纂委员会第一次会议。当时的能源部副部长、大编委会主任胡富国同志出席了会议并做了指示，会议上成立了由能源部、中国统配煤矿总公司、东北内蒙古煤炭联合公司、中国地方煤矿联合经营开发公司联合组成的修志领导班子；审查通过了编写原则和指导思想，规定了编写工作的组织领导、时间安排、经费安排等事项。自此，《中国煤炭志》编写工作在全国范围内正式展开。

回忆起那段编志岁月，陈明和感慨万千。他说，《中国煤炭志》的各卷编者本着对历史负责、对人民负责的精神，在整个编纂过程中，尽可能详尽地查阅史料，客观地记述史实，特别是对中华人民共和国成立后的史料，更是认真反复筛选，去伪存真，力求使这套志书能够全面体现党和国家在各个时期对煤炭工业的方针政策，系统反映煤炭行业全貌，揭示煤炭工业发展规律，从而为煤炭工业的进一步发展提供借鉴。作为编纂委员会副主任兼秘书长的陈明和要负责全国的统筹工作，广西、重庆、山东、内蒙古等全国许多省市，都留下了他的足迹。他将这本志书称为"精神文明建设的重要成果"。

《中国煤炭志》在行业志书中是起步较早的，没有经验可供借鉴。万事开头难，为了闯过这一关，各省市的编委会呕心沥血。陈明和在《中国煤炭志·综合卷》开篇的回忆录中详细地回忆了当时各省市的编撰给他留下的深刻印象。

贵州煤炭厅当时的厅长顾乃绵出任了本省卷编委会主任并毅然兼任主编，在修志上投入了巨大精力。他亲自动笔撰稿、改稿，在关键阶段，和同志们一起多次实行封闭式的集中汇稿。有时出差在外，想到一个问题，他还连夜打电话回来安排人员修改稿子。最终使得《中国煤炭志·贵州卷》这部起步并不最早的志书，率先完成终审，并首先正式出版，为后续诸卷做了有益的探索。

《中国煤炭志·福建卷》起步较晚，准备工作也不是很充分，但是，在省煤炭工业总公司岳秉善总经理的主持下，组建了得力的修志班子，并采取了"立军令状"等有效措施，全体人员昼夜兼程，工作进展迅速，终于脱颖而出，成为完成编写任务的第二家。

西藏自治区是一个产煤很少的地区，煤矿分布极散，资料收集起来有相当大的困难。在自治区经贸体改委领导的重视下，修志人员驱车万里，顶风冒雪，克服了难以想象的困难，完成了资料收集的任务。在编写中，他们主动放弃了两个月内的所有节假日、双休日，集中加班。最紧张时，他们就住在集体宿舍里，连家都不回。就这样夜以继日地努力，使《中国煤炭志·西藏卷》在短短一年时间里就交付终审，迎头赶上了全套书的进度。

像这样的故事，陈明和还记得很多。1993 年 1 月 8 日，《中国煤炭志》编纂委员会第二次会议在北京召开，会议是在煤炭行业管理体制发生重大变化的时候召开的，依旧由陈明和主持。这次会议承前启后，对保证志书编纂不间断地进行下去具有重要作用。

1995 年 4 月，陈明和又主持召开了《中国煤炭志·综合卷》提纲讨论会，会议认真讨论了综合卷的作用、编写原则，对提纲初稿进行了热烈深入的讨论，并达成了共识。7 月，陈明和又在煤炭部机关召开综合卷编写动员会，提出了综合卷编写的计划安排，进行了任务分配，明确了要求。自此，该卷编写工作正式启动。

《中国煤炭志·综合卷》是《中国煤炭志》全套志书中最重要的一部分。该卷从全国煤炭行业的高度，记载本行业的历史状况及发展进程，体现了中国共产党和政府关于发展煤炭工业的方针、路线、政策，反映出国家对煤炭工业的战略规划和宏观管理，同时体现煤炭行业自身发展的基本特点和客观规律，反映广大煤炭职工在艰苦卓绝、无私奉献的历程中所创立的丰功伟绩。"它源于各省（自治区、直辖市）卷、高于各省（自治区、直辖市）卷，在全套 30 卷志书中居于统领全书的龙头位置。"陈明和说。

也因为这样，综合卷的编纂工作起步晚于各省（自治区、直辖市）卷，而且正好赶上了国家机构改革，人员变动较大，编写工作遇到较大困难。此后一年多时间里，综合卷大部分篇章的编写、修改工作正常进行，有部分篇章编写工作出现"打打停停，时松时紧"的现象，甚至个别篇章编写工作陷于停顿。"但是我们最终克服了种种困难，落实了人员、经费，改善了办公条件，工作进展明显加快。"1997 年 2 月 17 日，《中国煤炭志》被国家新闻

1995年，煤炭工业部领导接见煤炭系统全国劳动模范合影（第一排左六为陈明和）

出版署列为"九五"期间国家重点图书项目。历时8年多的修志工作到了这一天可以说"胜局已定"。陈明和认真思考着这8年的历程，说道："这就是集中力量办大事。"

陈明和说，首先，在整个修志过程中，领导的重视是完成这项浩大的系统工程的保证。"从部领导到各省（区）厅（局、公司）领导、出版社的领导，都给予了高度的重视和大力的支持，不但在组建机构、抽调人员、筹措经费、提供办公条件等方面做了很多工作，而且每当工作中遇到重要问题需要解决时，总能及时研究处理，这些重视同时保证了志书'官修'的地位和修志工作的方向。"

其次，他认为，完善的修志机构是顺利进行修志工作的基础。在机构设置上形成了三条线，即从部大编委会到各省卷编委会；从部编办到省（区）编办；从全书主编、副主编到省（区）卷主编、副主编、编写人员。这三条线也是三个层次的管理，分工明确，各负其责，人员机构相对稳定，从而保证了全套志书的统一步调，保证了重大问题有人负责、行政事务有人管理、质量进度有人把关，收到了很好的效果。陈明和特别强调指出的是部编办、省（区）编办的重要性。他们对全书起着组织、实施、协调进度、上传下达的关键作用。"逢山开路，遇水搭桥，没有这样一个精干得力、吃苦善战的工作班子，我们的组织就没有保证、没有凝聚力和战斗力。"

陈明和还认为，建立健全行之有效的制度和组织作风过硬的队伍，也是成功修志的重要因素。在编纂过程中，陈明和坚持实行年度工作会制度、书稿三审制度、通信联络制度等一整套制度，对志书编写，确定了全书统一的大格局，即编写大纲，总的要求是这套志书要力求突出行业特色和时代特色，同时也给各省（区）卷突出地方特色，留有充分余地。

8年修志也造就和锻炼了一支讲奉献、肯吃苦、能打硬仗的队伍。陈明和记得，有的人为了赶进度，主动放弃了十分宝贵的出国机会；有的躺在病床上，边打点滴边审阅志稿；有的顾不得亲人生病、女儿高考，一心扑在修志工作上；也有的呕心沥血，最后倒在修志岗位上。"正是靠了这支政治强、业务精、作风正的队伍，我们才有可能取得今天的成绩。这支队伍还有一个可贵之处就是协作精神强，团结气氛好。"陈明和说，"有些人善于收集、整理、归纳资料，有的善于分析综合、驾驭全局，还有的人思维敏捷、见解独到，在纷杂繁乱的问题面前往往一言解惑，推动工作开出新天地。这部志书就是这样，集众家之长，凝集体智慧，处处闪耀着团结拼搏精神的光彩。一部志书不发挥集体力量是绝对不行的。"

《中国煤炭志》在完成后，又经过了将近3年的精雕细琢，直到1999年6月下旬，编委会办公室组织了复审专家组，对全书稿件进行了全面审查，并逐篇进行了修改，经国家煤炭工业局党组批准后，才正式出版。

遗憾是世间的常态。虽然修成《中国煤炭志》，但这本书并不是陈明和心中完美的《中国煤炭志》。里面有两个遗憾，一个是修志截止时间是1990年，这套书全部出版之时，有将近10年的资料没收入进去。"最大的遗憾是缺少了台湾卷，《中国煤炭志》怎么能没有台湾卷。"陈明和说。

艺术人生

　　李光晨，男，1939 年出生于辽宁省大连市，1964 年毕业于中央戏剧学院舞台美术系。受业于老师王宝康、张重庆、安林、郭传璋等，学习油画、国画。书法得著名书法家郑诵先老师的真传，油画得著名油画家何孔德老师指点。1964—1986 年，李光晨先后在海军政治部文工团、话剧团以及北京京剧院担任美术设计。1986—1999 年，李光晨在旅游杂志社任美术编辑。1967—1971 年以及 1999 年，李光晨曾多次参加首都国庆游行彩车设计工作或担任顾问，并荣获嘉奖。1987 年以来，酷爱京剧的他曾联合京剧四大名旦的秘书及家属共同创作推出 12 幅京剧经典剧目人物画稿，并由曹禺、马少波、翁偶虹、俞振飞、刘炳森等人亲笔题诗或题词。几十年来，他酷爱国粹京剧、绘画与书法，其书画作品众多，不少被海内外人士收藏。李光晨是北京美术家协会会员、中国科普作家协会会员兼中国建筑学会会员、高级顾问、中国诗书画协会顾问。

李光晨

台前幕后书画润一生
松盛兰馨作品喻人品

在身边人眼中，李光晨是一名德艺双馨的艺术家。中戏舞台美术专业科班出身的他长年深耕舞台美术设计，为各类戏剧创作出一幅又一幅舞台背景佳作；他深爱着国粹京剧，用自己的创意笔触，将京剧人物一一描摹出来，让京剧四大名旦创造的经典人物形象深入人心；他深谙书法、国画、油画之道，并将毕生所学尽可能传授于后人……他用自己的严谨、专业，频频赢得同行的掌声，也用自己的豁达、善良参与慈善事业，获得了社会的认可。如今，李光晨虽年事已高，但艺术在他心中是永恒的主题。他总说，要有脚踏实地的艺术之风，不浮躁、不夸张。在生活上应该低调，但在追求艺术上应当高调。

自打儿时起　京剧便在他心中扎了根

说起如何走上自己的艺术道路，李光晨受爷爷的影响颇深。"我从小就跟爷爷在一起生活，我爷爷是个十足的戏迷。"

在刚开始认字的时候，李光晨的爷爷就教他写京剧的戏名。当时还有个

"戏名拾趣"，爱好京剧的人按照京剧戏名从一数到十，把经典剧目给串了起来：《一捧雪》《二进宫》《三岔口》《四郎探母》《武家坡》《六国封相》《七星灯》《八仙过海》《九江口》《十字坡》……当年爷爷教的字字句句，李光晨都深藏在心里。爷爷酷爱听戏，兴致来了，他还会哼唱几句，并时不时带着小小的李光晨走进戏院。

1952年1月，一件特大新闻传遍大连，梅兰芳将率领他的剧团到大连演出。一时街谈巷议，市民们热切地翘首盼望。那年，梅兰芳剧团在大连市人民文化俱乐部演出，由还不到20岁的梅葆玖先唱三天，然后梅兰芳再登台。演出的也都是经典剧目，包括《霸王别姬》《贵妃醉酒》《凤还巢》《抗金兵》《金山寺·断桥亭》（昆曲）等，随行来的演员除了梅葆玖之外，还有老生王琴生、小生姜妙香、花脸刘连荣、武生徐元珊、丑角李庆山、里子老生王少亭等，并由大连京剧团充当班底配合演出。

一场演出的票价是5.60元，这对于当时的普通家庭来说并不是一笔小数目。但出于对京剧的狂热爱好，以及对梅兰芳先生的敬仰之情，李光晨的爷爷咬咬牙买了票。于是，李光晨的爷爷、叔叔和李光晨三个人踩着自行车，一路从金州骑到大连，去一睹梅兰芳先生的风采。当年的演出非常成功，可以说是一场戏迷票友的狂欢，演出现场充斥着山呼海啸般的喝彩声。梅兰芳先生精彩的演出，给李光晨留下了十分深刻的印象。

于是，在这样的耳濡目染之下，一颗艺术的种子悄悄地在李光晨心中扎下了根。直到现在，李光晨最喜欢看的节目依然是央视十一套戏曲频道，他几乎每天都要听上一曲。

小时候，李光晨读书认字时没有纸笔，一块石头、一块木板就是他的学习工具。爷爷拿石头把字直接写在门板上，一笔一画地教李光晨认字。爷爷对李光晨的学习要求非常严格，考试满分是五分，但他要是考四分，回家就要挨爷爷的批评，因此，在课业上李光晨从不敢懈怠。

"在考中央戏剧学院之前，我只画过一个石膏，就是断臂的维纳斯雕像。"

李光晨说。当时，李光晨在金县第一中学上学，也就是现在的大连市101中学。学校里只有这么一尊石膏像，所有的学生都照着这个石膏像练习素描，李光晨的绘画生涯开始于此，并靠反复描绘这一尊石膏像而慢慢积攒了绘画功底。

1960年，中央戏剧学院举行招生考试，李光晨毫不犹豫地报了名去参加考试。招生考试的第一关就是画石膏像，他还清楚地记得，考试时画的是著名的雕像阿格里巴，其原型为古罗马军事统帅、海军战略家阿格里巴。有了前期打下的基础，李光晨顺利通过了考试，并如愿进入中央戏剧学院舞台美术系。当年，中央戏剧学院在整个辽宁省只招录了李光晨一个人。

在中戏，李光晨的老师是王宝康，他受苏联画派影响很大。中华人民共和国成立初期，为发展祖国的美术事业，国家采取了"走出去，请进来"两种方针政策。从1953年开始派学生到苏联学习，1955年又请苏联专家马克西莫夫来办油画训练班，为我国培养了一批美术专业人才。王宝康正是其中之一，他在1955年曾前往列宾美术学院留学，是我国第三批派往苏联的美术留学生。列宾美术学院创立于1757年11月6日，正值古典主义和启蒙运动时期，其吸收了当时意大利和法国画派以及整个西欧的艺术成就，在意大利文艺复兴及古典艺术传统的背景下，成为较大的现实主义绘画的学府之一。在留学过程中，这些年轻的中国艺术家接受了正统的学院派教育，打下了扎实的基本功，这些留学生回国后，进入高校从事美术基础教学和研究工作，怀着强烈的爱国主义精神和艺术为人民、为大众的信念，努力探索具有中华

1964年，李光晨于中央戏剧学院毕业时留影

民族特色的艺术形式。

　　"我的恩师王宝康绘画成就颇高，在苏联学习、创作的时候，他就尝试用油画创作传统的中国意象，如绘制了国内著名小说《红楼梦》《三国演义》里面的人物形象，非常具有创造性。"师承王宝康，至今，李光晨的油画技法都很有苏联画派的风格。同时，王宝康的人格魅力也在深深地影响着李光晨，"他不仅绘画造诣高，而且为人清贫，当时尽管他已在业界颇有名望，而且是归国留学人员，但依然行事低调、生活节俭，甚至穿着自己亲手编的草鞋。他一生没有成家，但是对母亲极为孝顺，事事想着自己的老母亲，是我们所有同学的楷模。"说起王宝康，李光晨心中依然充满了敬佩与怀念之情。

在海政文工团　他荣立三等功

　　1964年，李光晨从中央戏剧学院毕业，被分配到海政文工团。众所周知，部队到学校选人可谓优中选优，能够被分配到部队是一件无上光荣的事。按照当时的规定，大学毕业生要先到基层部队锻炼一年，之后，李光晨被分配到了海南岛海军护卫艇大队，进行了为期14个月的艰苦锻炼。

　　回想起那段时光，李光晨用了一个字来形容，那就是"苦"。直射在头顶的太阳毒辣无比，他每天都在晕船，船上的食物有限，水也是咸的，他们每天最多的食物就是菠萝罐头、榨菜，船舱里闷热无比，好比蒸笼一般，觉也睡不好，营地里还有蛇，要是晚上不关好门窗，蛇还会爬进来……当时，他刚开始在船上工作一周体重就掉了30多斤，一回到连队里，连战友们都不认识他了。尽管艰苦，但他依然凭借顽强的意志力经受住了考验。

　　在基层连队锻炼了14个月之后，李光晨又回到了海政文工团工作。在部队期间，李光晨努力工作，凭借自己的才华，给战士们排练演出，编相声、多口词（也叫三句半，当时很流行），奉上一场又一场精彩节目，且广受好评，是连队里的文艺骨干。他充分发挥自身的专业特长，负责《赤道战鼓》《海

防线上》等剧目的美
术设计工作。其中，
不得不提的是《赤道
战鼓》这部剧目，其
在演出之后取得了非
常好的反响。

当年，当毛主席
发出支援刚果人民反
对美国侵略的战斗号
召以后，全中国人民

1964 年，李光晨在南海舰队时留影

和全世界人民支援刚果人民反对美国侵略的革命浪潮风起云涌，可谓"四海翻
腾云水怒，五洲震荡风雷激"。1965 年，由海政文工团话剧团集体创作并演
出的七场话剧《赤道战鼓》刮起了一场红色中国的黑色旋风。

《赤道战鼓》是一部外国题材的现代戏，用以纪念卢蒙巴和非洲人民的
反帝事业。剧中，刚果人民经过英勇斗争一举取得了独立。但美帝国主义打
着联合国的招牌武装侵略刚果，谋杀了民族英雄卢蒙巴，颠覆了刚果合法的
政府。残酷的现实使刚果人民觉醒，并奋起战斗。

"战斗吧！刚果！在烈日如火的赤道上，成长着英雄的黑色儿女，在大
西洋漫卷的风暴里，跳动着非洲的心脏……起来，饥寒交迫的奴隶！起来，
不愿做奴隶的人们！独立不能乞求，要自由就要拿起武器战斗！要解放你乌
黑的身体，就要用你自己乌黑的双手！起来吧！战斗！先进的大陆！觉醒的
非洲！赤道战鼓擂动了！刚果啊！战斗！"

这是《赤道战鼓》的序幕朗诵词，这部剧反映了刚果人民革命斗争的现实，
并刻画了墨路波、姆旺卡、米林迪以及穆卡尼亚、沃林科等一大批活生生的
艺术形象，通过他们所走的斗争道路，展现出了刚果人民敢于战斗、不怕困
难的革命精神。

　　李光晨记得，不少外国驻华使节及夫人、留学生以及相关的外事工作人员都曾经受邀观看过《赤道战鼓》，刘少奇、周恩来、陈毅等领导人也都曾观看过，这部剧目受到了国家领导人的高度肯定。因为反响热烈，这部剧目甚至要拍成电影。但因为特殊原因，这部戏的电影拍摄工作不得不被中止。

　　在海政文工团，李光晨过得很充实，在自己热爱的舞台上从事着美术创作，为舞台增光添彩。当时，李光晨还被评为"五好战士"，荣立三等功。在和平年代，一个文职人员能够获此殊荣，已经是非常高的荣誉了。

为国庆群众游行设计彩车　是当时最大的彩车

　　中华人民共和国成立后，国庆节的庆祝形式曾几经变化。在中华人民共和国成立初期，1950 年至 1959 年，每年的国庆都会举行大型庆典活动，同时举行阅兵。1960 年 9 月，中共中央、国务院本着勤俭建国的方针，决定改革国庆制度。此后，自 1960 年至 1970 年，每年的国庆均会在天安门前举行盛大的集会和群众游行活动，但未举行阅兵。1971 年至 1983 年，每年的 10 月 1 日，北京都以大型的游园联欢活动等其他形式庆祝国庆，未进行群众游行。

　　在 1967 年至 1971 年，受上级指派，李光晨有幸参加了国庆游行队伍大型彩车设计工作，在其中担任设计师和顾问等要职。1969 年 4 月，毛主席在中国共产党第九次全国代表大会上号召，"团结起来，争取更大的胜利"。1970 年正值中华人民共和国成立 21 周年，当年的国庆群众游行，计划要把毛主席的这句话放在彩车上，并让彩车从天安门前驶过。

　　1969 年，李光晨就接到了这个光荣而艰巨的任务，并被抽调到首都国庆游行仪仗队指挥部。经过一番努力，"团结起来，争取更大胜利"主题彩车设计工作顺利完成，毛主席的重要指示被印在了一面巨大的红旗上，显得十分壮观。整个彩车高达 22 米，车上站的演员多达 330 人，工人、农民、士兵、革命知识分子和各民族代表等形象簇拥在红旗周围，红旗正面朝向天安门，正面站了 150 人，背面也站了 150 人，车头还有 30 人。这也是当时最大的一辆彩车。当彩车驶过天安门接受毛主席检阅的时候，现场氛围十分热闹。

正是因为这次合作，李光晨和王国伦建立了深厚的友谊。在王国伦心中，李光晨是一位豁达、善良、勤奋、严谨的艺术家。回忆那段时光，当年两人同时被抽调负责彩车设计，面对这一光荣而神圣的任务，王国伦坦言，两人的压力都很大。但王国伦回忆说，李光晨的艺术造诣和设计理念以及关心同志的优秀品质，给了他们很大的启示和鼓舞。李光晨和王国伦默契合作，最终圆满完成了这项任务，而且，他们还得到了周恩来总理及北京市委领导的表彰。

在同事们眼中，李光晨始终是个热情善良、勤奋严谨的人，而且始终保持着豁达爽朗、柔中蕴刚的艺术家风范。

从 1967 年至 1971 年以及 1999 年，李光晨多次参与国庆游行彩车设计，每次都圆满完成了任务。其中，还有一辆彩车展示了毛主席诗词中的著名诗句"四海翻腾云水怒，五洲震荡风雷激"，给当年的许多人都留下了深刻的印象。

其实，这辆彩车的设计也有一段故事。按照周总理指示，设计师要把毛主席的这句话做在彩车上进行展示。但在那个年代，因为技术所限，要将毛主席亲笔手书的字按照原样放大、精准地印在巨大的彩车上并非易事，一个字有 1 米高，而且只能靠书法家手绘。面对这 14 个字的放大任务，很多人都望而却步，李光晨和同事们心里都在打鼓，谁也没有十足的把握能把这件事做好。但此时，周总理坚定的支持给了他们莫大的勇气和信心。李光晨马上就想到，故宫的刘炳森写得一手好字。当时，刘炳森正在北京故宫博物院从事古代书法绘画的临摹复制和研究工作。

在彩车设计过程中，刘炳森不负众望，将毛主席手书诗词完美地复刻在了巨大的彩车上。当年 9 月 27 日，国庆之前的最后一次演练，周总理看到成果之后非常高兴，还夸奖他们"改得好"！李光晨说，要宣传好中共九大、宣传好毛泽东思想，是一个非常关键的政治任务，必须百分之百做好，不容任何闪失，幸运的是，我们顺利将政治任务完成了。国庆当天，主席的诗词被完美地印在了彩车上，给了全国人民极大的鼓舞。

得益于李光晨的这次推荐，刘炳森的名气也越来越大，作为刘炳森的伯乐，李光晨从此也和刘炳森建立了深厚的友谊。

刘炳森也成为文坛大家。后来，他担任中国人民政治协商会议全国委员会第七届委员，第八、第九、第十届常务委员，中国文联副主席，中华海外联谊会副会长，中国佛教协会副会长，中国书法家协会副主席，故宫博物院研究员。刘炳森的艺术成就颇高，他在故宫博物院工作了 43 年，在中国书法、中国画、古代书法和绘画的临摹复制与修复等方面造诣较深，成绩显著。其早年在修复厂从事古书画临摹复制的工作，曾复制了长沙马王堆西汉壁画、宋朝《巴船下峡图》《山腰楼观图》等。同时创作了山水画，如《双潭烟霭图》《建明秋色图》《龙潭秋瀑图》。后来，刘炳森将精力转到了书法创作和研究上，尤擅隶书、楷书，其隶书形成了独树一帜的新风格，被称为"刘体隶书""炳森体"。20 世纪 80 年代初，刘炳森为上海印刷技术研究所书写照相排字机用的中国现行汉字隶书字样 6700 余字，后录入电脑字库，即

1999 年，李光晨（右二）与计生委赵裕丰司长（左二）一同在计生委彩车前合影

"华文隶书"字体。

1999 年，正值国庆 50 周年，因为前期参与过多次国庆彩车设计活动，李光晨受当时国家计生委的邀请，担任当年计划生育主题彩车的设计顾问，当年，他还与国家计生委赵裕丰司长一同在计生委彩车前合影留念。当时，彩车上的形象是一对年轻的夫妇，意在号召人们共同建设文明家庭。同年，首都国庆群众游行总指挥部也给他颁发了荣誉证书，鼓励他参加首都庆祝中华人民共和国成立 50 周年群众游行活动。

台前幕后舞台的背景设计都要塑造典型场景

从海政文工团退役后，1976 年，李光晨来到了北京京剧院担任舞台设计。他参与舞台设计的京剧剧目有《三打白骨精》《司马迁》《穆桂英挂帅》《赵氏孤儿》《海瑞罢官》。因为设计精湛，他的舞美作品频繁斩获荣誉，其中《司马迁》获得文化部颁发的舞台设计二等奖，《海瑞罢官》斩获由文化部颁发的舞台设计三等奖。

当时的舞台设计不同于如今的舞台拥有声、光、电等各种先进技术，20 世纪的京剧舞台还需要搭建背景布，按照剧情的发展去绘制不同的场景。当年，每一幅舞台背景画都要靠李光晨这样的设计师花费大量的时间去制作。

从业界实践来看，舞台美术设计有许多原则，比如要把握好艺术性与功能性的平衡，其设计既要追求美学效果，又要满足舞台表演的需求和观众的视觉体验；色彩与灯光要相互协调，以突出舞台效果和情绪；舞台空间要得到合理利用，要合理布置舞台空间，使演员能够自如行动，并为故事情节服务；要侧重视觉重点的塑造，通过布景、道具和舞美效果来突出舞台上的重要情节和角色；舞台上的主题与风格要实现统一，以确保舞台设计与剧目的主题和风格相符合，形成统一的整体感；舞台美术要为剧情服务，与剧情相互契合、相互呼应，为观众提供更深入的情感体验。

1980 年，北京京剧院三团演出京剧《司马迁》，获文化部颁发的舞台设计二等奖

对于舞台背景画，科班出身的李光晨有着自己的创作原则和理念："舞台美术要为戏剧本身做好服务，演员在舞台上表演，是要通过自己的表演去塑造典型的人物，而我们就是要搭建场景，根据剧情和人物所需去创作典型的环境、突出典型性。"

以李光晨曾参与的京剧《赵氏孤儿》为例，这部戏大致的故事梗概为春秋时期，奸臣屠岸贾抄斩赵氏满门。赵媳庄姬公主因是晋侯胞姐，得以避回宫中，产下一子。草泽医人程婴为保赵氏血脉，进宫救出赵氏孤儿。屠岸贾欲斩草除根，下令如无人献出孤儿，就将国中同庚婴儿全部杀绝。程婴于是与老友公孙杵臼定计，程婴舍子，公孙舍命，以保孤儿性命。程婴也因此获得屠岸贾信任，从此他同赵氏孤儿寄居屠岸府中，忍辱负重，苦心抚育。15 年后，孤儿赵武长大成人，程婴将当年情形绘图说破，赵武联合戍边回朝的大将军魏绛，诛杀屠岸贾，终报前仇。

在创作舞台背景布的时候，李光晨说，首先，所有的画作中包含的元素必须符合当时的时代背景，如要绘制出春秋时期的古朴环境，要能够经得起历史的考证，不能弄错了朝代。其次，要扣住戏中的标志性场景以及人物的性格特点。比如，这部剧中一个关键的场景是程婴家，如何展现他的家中环境？李光晨想到，程婴与屠岸贾是两个对立的人物，程婴多年忍辱负重，默默保护着赵武，就像一棵参天大树。同时，他又是一名文臣，那么他的房间绘制就要符合他的身份，同时结合他的性格，李光晨便在他的家中绘制了一棵茂盛的大树，以暗示其关键人物的身份。"当然，如果要是一个武将，我就会装饰一些兵器、旗帜类的物件，以烘托人物的身份特征。"

又如，屠岸贾是反派人物，他个性阴险狠毒，为达目的不择手段，在戏中，他的扮相也颇为凶狠。于是，在他的公堂布置中，李光晨专门绘制了一只"下山虎"的图样。"老虎在绘画中一般分为上山虎和下山虎，两者的样貌迥然不同，上山虎一般是吃饱了的老虎，下山虎一般是饿着肚子的老虎。上山虎往往采用抬头望月的姿势，饰以松枝明月，显得宁静深远，寓意平安无事。下山虎就是老虎从山上往下走，往往采用饿虎扑食的姿势，猛虎下山肚子饿了要伤人，因此，下山虎的画像挂在屠岸贾家中，更能凸显出屠岸贾凶险的人物特征。"

在创作背景画之前，李光晨还要跟导演团队、演员团队充分沟通，如果不合适，还需来回修改，在经过多方讨论、确定好设计稿之后，再开始绘制工作。那时的创作不像现在可以直接用电脑快速完成喷绘，那时，为了创作一幅舞台背景画，李光晨和同事们要画好几天，在中戏附近一个巨大的房间里用大刷子徒手绘制。一张背景布的横向长度为20—24米，高度往往达到12米左右，这样的巨幅画像，往往需要一群人趴在地上画上四五天。

李光晨在北京京剧院工作了13年，参与绘制了诸多经典京剧的舞台布景。除了《赵氏孤儿》之外，还有《沙家浜》《宝莲灯》《穆桂英挂帅》等一大批剧目。

作为京剧爱好者　他画了12幅京剧四大名旦人物画

作为一名戏曲爱好者，李光晨将自己的绘画艺术与戏曲艺术进行了完美结合。平日里，李光晨喜欢绘制京剧脸谱，以及典型的京剧人物。他的诸多画作中有刚正不阿的包拯，他参照了京剧《秦香莲》中的扮相，画中的包青天头戴黑色相貂，身着福字行龙袍，腰上是黑白玉带，足蹬黑色厚底靴，一手向前伸出，一手持衣袍，极具威慑力。项羽的形象更是彰显了他"力拔山兮气盖世"的豪情万丈，画作参考了京剧《霸王别姬》中的项羽扮相，只见画中项羽头戴夫子盔，身着黑色硬靠，足蹬黑色厚底靴，腰挎宝剑，左手扶须，右手剑指前方，双眼怒目而视，悲情英雄的形象浑然天成。沙悟净也是人们耳熟能详的人物，其形象依据的是京剧《三打白骨精》中的沙悟净形象，和尚脸，两只圆睛亮似灯，他头戴黑蓬头、金箍、虬髯，身着灰色罗汉衣黑彩裤，腰系绿、白、黄三层绸，足蹬黄色云头履，在他的笔下，沙悟净正派、憨厚的形象跃然纸上。

李光晨的艺术生涯中最重要的一套作品是他依据京剧四大名旦的经典戏曲形象创作的 12 幅京剧人物肖像画。李光晨在北京京剧院工作时，与这些京剧名家的家属建立了深厚的友谊。大师们早已驾鹤西去，但他们的传世作品可以说是无人能及，为了记录这些经典人物形象，他突发奇想，为什么不用画笔将这些经典人物形象画下来呢？出于对名家的尊重，他要照着大师在舞台上塑造的经典人物形象去创作。于是，他开始四处奔走，联络、请教四大名旦最亲近的人。自 1987 年，他就开始与梅兰芳大师的秘书许姬传先生、尚小云大师的夫人王蕊芳先生、程砚秋大师的夫人果素英先生，以及荀慧生大师的夫人张伟君先生共同策划这套经典画作。

其中，梅兰芳大师的经典剧目《贵妃醉酒》《四郎探母》《洛神》中的人物画作，由著名戏剧文学大师曹禺先生题诗；尚小云大师的经典剧目《王昭君》《北国佳人》《梁红玉》中的人物画作，由著名戏剧家马少波先生题诗；程砚秋大师的《荒山泪》《梅妃》《文姬归汉》，由著名戏剧大家翁偶虹先生题诗，由著名书画家刘炳森先生书写；荀慧生大师的《荀灌娘》《丹青引》《钗头凤》中的人物画作，由著名京剧大师俞振飞先生题诗并书写。以上 12 出戏的画稿是在 2004 年完成的。

其中的每一幅作品都是照着大师的经典形象绘就而成的，无论是服装细节、头饰、妆容，还是人物的动作、神态以及画作的配色，他均参考了当年大师演出时留下的剧照，相应的资料基本来自大师的家人。"每一幅画的创作过程都不简单，尤其是涉及京剧行当，人物身上的每一个细节都是有讲究的。创作之前，我先是根据人物形象起一份草稿，勾勒出人物的线条，定好基本的动作框架，之后将草稿送到大师家里去，请大师的夫人或秘书参详，敲定之后再给人物上色。哪个位置画什么颜色、戴的什么头饰、表情神态动作如何，都要与夫人们商量而来。"李光晨说，夫人们的要求很高，要画出京剧大师最精彩的动作、最有代表性的画面，因此，每一幅画的创作过程往往要经过几番推敲、修改，才能最终确定。

在京剧作品中，四位京剧大师在各自剧目中塑造的京剧人物各有其特点，李光晨画作中的 12 个人物形象可以说是十分传神，充分展现出了人物最具标志性的性格特征。

其中，在梅兰芳大师的经典作品《贵妃醉酒》中，杨玉环与唐明皇相约于百花亭，久候明皇不至，原来他早已转驾西宫。贵妃羞怒交加，万端愁绪无以排遣，遂命高力士、裴力士添杯奉盏，饮至大醉，怅然返宫。李光晨则将贵妃醉酒的神态画得栩栩如生，只见画作中，贵妃左手持扇而立，右手持金色酒杯，微醺的脸上有些怅然若失。画作上方，是曹禺先生 1987 年手书的诗句："百花亭畔金步摇，酒醉更添舞姿娇。长伴君王长生殿，霓裳未尽玉颜消。"

再看《洛神》画作，梅兰芳大师演绎的洛神形象，在李光晨的笔下显得雍容华贵、栩栩如生，恰如《洛神赋》中

李光晨创作的京剧经典剧目《洛神》人物肖像画

所描绘的："其形也，翩若惊鸿，婉若游龙。荣曜秋菊，华茂春松。髣髴兮若轻云之蔽月，飘飘兮若流风之回雪。远而望之，皎若太阳升朝霞；迫而察之，灼若芙蕖出渌波。秾纤得衷，修短合度。肩若削成，腰如约素。延颈秀项，皓质呈露。芳泽无加，铅华弗御。云髻峨峨，修眉联娟。丹唇外朗，皓齿内鲜，明眸善睐，靥辅承权。瑰姿艳逸，仪静体闲。柔情绰态，媚于语言。奇服旷世，骨像应图。披罗衣之璀粲兮，珥瑶碧之华琚。戴金翠之首饰，缀明珠以耀躯。践远游之文履，曳雾绡之轻裾。微幽兰之芳蔼兮，步踟蹰于山隅。"同样，这幅画作也有曹禺先生在1987年的题词："陈思流眄宓妃来，容裔云车远道回。休怨异乡哀一逝，道殊不隔两心偎。"

尚小云先生的代表作《王昭君》历久不衰，该剧讲述了王昭君的传奇故事，汉元帝后宫美女王嫱（昭君）因不肯贿赂画工毛延寿，被画为丑状，导致汉元帝不加召幸，于是昭君弹琵琶自叹，最终被元帝发现昭君之美，立为明妃，欲斩毛延寿。毛逃往匈奴，献明妃画像，匈奴发兵向元帝索明妃。最终元帝割爱送妃和亲，明妃至匈奴约三事，汉元帝斩杀毛延寿。依据尚小云先生在剧中王昭君的扮相，李光晨画出了王昭君的"沾妆疑湛露，绕臆状流波"，画出了她的"蛾眉绝世不可寻，能使花羞在上林"，画出了她内心的果敢和勇气。

李光晨创作的京剧经典剧目《王昭君》人物肖像画

程砚秋先生的《荒山泪》也是京剧史上不可多得的名作。明朝末年，崇祯帝昏庸，不断抽取苛捐杂税，加重了人民的负担。农民高良敏因付不出捐税，父子俩被抓入狱，儿媳张慧珠日夜织绢才将父子赎回。刚到家，公差又来抽取新税，高良敏父子连夜去采药被老虎吃了，慧珠的独子宝莲又被抓去，年迈的婆婆一气之下晕倒身亡。索税公差仍向她要税，慧珠一人逃进深山荒野，公差跟踪而至，慧珠自刎而死。所谓苛政猛于虎，为了表现这出著名的悲剧，李光晨选取了张慧珠的经典形象，画中人的眼神充满了哀怨之气、生命之苦。翁偶虹先生在画作上题词："不到荒山不解愁，满腔悲愤泄珠喉。控诉苛政猛于虎，一曲赢得万古秋。"

当年，荀慧生正是凭借《丹青引》这出戏而被评为四大名旦。1927 年 1 月 29 日，在北京的开明戏院，荀慧生先生的新戏《丹青引》首演。每次这出戏上演，荀慧生先生都一边演唱，一边绘画，八句西皮慢板唱完，一幅山水画也就完成了，每每至此，观众都报以雷鸣般的掌声，称颂这段戏是"荀氏一绝"。在李光晨创作的荀慧生先生《丹青引》画作中，荀慧生大师所饰演的杨云友双手持一幅丹青，目视前方，正是典型的江南才女的形象。

这些画作原作高达 1.33 米。李光晨一共创作了 12 幅画作，四位京剧大家，每人 3 幅，可谓洋洋大观，成为国内京剧人物画的经典。后来这 12 幅画

李光晨创作的京剧经典剧目《荒山泪》人物肖像画

李光晨创作的京剧经典剧目《丹青引》人物肖像画

作被一位东南亚的收藏家一次性买下并收藏，画作也制成了画册，如今收藏在国家图书馆。2005 年，上述作品又与景德镇玉风窑的工艺美术家邱含先生磋商，拟以瓷盘形式推向国内外市场，融中华国粹、诗、书、画、瓷为一体，成为文化交流的佳品。

此外，李光晨还有一幅颇为震撼的画作，即《长江风光览胜图》，宽 0.5 米，长达 18 米。李光晨热爱旅游，其行迹遍及祖国南北，他特别喜欢以独特的视角和艺术表现手法将自身对祖国大好河山的所感所悟通过绘画作品表现出来。根据自己数次考察长江时留下的照片和速写，李光晨将长江从上游石宝寨起到下游燕子矶之间共 29 个著名景点在一幅画卷上细致地描绘了出来，从资料准备到创作完成耗时一年多，是国内首次将长江以一卷到底的形式进行全面展示的画作。画中既有瞿塘峡、集仙峰、滴翠峡、神女峰等自然景观，又有张飞庙、白帝城、擂鼓台、长江大桥、金山寺等历史人文景观。在李光晨的笔下，长江时而曲折迂回，时而烟波浩渺。在画作中，李光晨将各个景观特色有机结合，又加入了独特的艺术想象，景点之间的衔接自然流畅，奇山异水交相辉映，引人遐想，观画者无不驻足良久，沉浸在李先生创作的这个宛如人间仙境的世界里。

加入《旅游》杂志　设计书籍装帧样式上百本

1989 年，李光晨加入了《旅游》杂志，成为一名美术编辑，负责杂志总体美术装帧设计工作。《旅游》是由北京市旅游局和旅游杂志社出版的旅游月刊，创刊于 1979 年 10 月，主要栏目有"旅游声音""玩转地球""走遍中国""旅游出境国""人在旅途"等。这本杂志旨在传播旅游知识，报道国内外旅游业的动态，使读者开阔视野、增长知识、了解旅游事业发展概况，激发读者的旅游兴趣和爱国热情。自创刊以来，《旅游》选题新奇而不失报道广度，服务大众而不失理论高度，颇受业界和广大读者的关注和好评。

在杂志社工作的日子里，李光晨与同事们相处融洽，时常就杂志的设计包装理念进行深入探讨，并受到同事、读者们的广泛好评。同事对他的评价是"正直、热情、勤奋"。其中一位同事这样评价李光晨："那时（刚调来杂志社的时候），他已是40多岁的人了，竟然期期如此认真负责地完成任务。看得出，他心地平和，任劳任怨，有着相当水平的素养，属于不计较个人得失的人。很快我就知道了，这位出生在辽宁大连的李光晨毕业于中央戏剧学院，学的是舞台美术，早年还曾在海军服役，接受过严格的组织纪律教育，有着社会主流意识和大家风范。"

在2001年《旅游》出版100期时，杂志社举行了隆重的庆祝活动，李光晨约了很多书画界的好友，如刘炳森、韩美林、柯琦、陈大章等著名书画家，为杂志题词作画，着实为《旅游》提升了文化底蕴，增添了光彩。

几十年来，李光晨参与了众多知名出版社的书籍装帧设计工作，比如由中国戏剧家协会北京分会主办的《首都舞台美术设计资料选》，北京广播学院出版社出版的《齐白石篆刻字典》，中国协和医科大学出版社出版的高级医师案头丛书《呼吸内科学》，北京师范大学出版社出版的《测天才游戏》等，他负责装帧设计的书籍达百本以上，其美术设计各具特色、风格鲜明。

工作期间，他也获得了诸多荣誉。其作品《京剧史照》

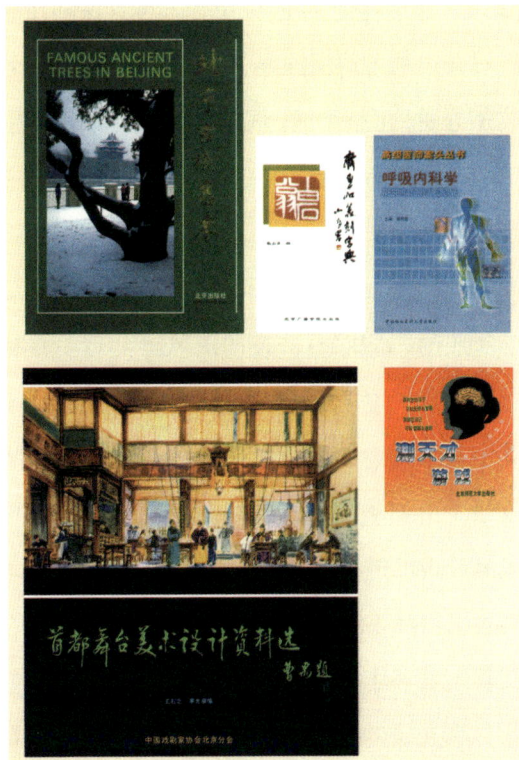

李光晨负责装帧设计的部分书籍

由北京燕山出版社编辑出版，李光晨任美术编辑，曾荣获首届国家图书提名奖，以及东北、华北八省市（区）书籍装帧艺术整体设计一等奖。《北京古树名木》画册由北京出版社编辑出版，李光晨任美术编辑，获得东北、华北八省市（区）书籍装帧艺术作品优秀奖。

书法、绘画造诣深厚　在"苦练"中"修炼"真功夫

尽管当年学的是舞台美术，但是李光晨对书法和绘画的热情持续了一辈子。

长期以来，李光晨一直坚持书法创作，其作品令人拍案叫绝，艺术造诣颇高。他和书法大家刘炳森交情深厚，《李光晨书画集》封面上的标题正是由刘炳森亲笔题字的。当年，刘炳森健在时，李光晨经常找他切磋书法。李光晨在隶书上造诣深厚，从笔画上看，其字笔力雄劲、字形端正，蚕头燕尾、波磔分明，工整秀丽、线条流畅。从风格上看，字字古朴典雅、韵味悠长。此外，他的草书作品笔走龙蛇、气势如虹，刚柔相济、气韵生动，字里行间潇洒飘逸、独具特色。

他的书画集，收录了其大量的隶书作品，其中包括毛主席的《沁园春·雪》，李清照的《如梦令·昨夜雨疏风骤》、李白的《将进酒》、苏东坡的《水调歌头·明月几时有》、佛教经典《般若波罗蜜多心经》等。他的书法作品曾多次获得荣誉，其中草书《念奴娇·赤壁怀古》被香港新闻出版社编辑出版的《千禧之光》收录（由刘华清将军题写书名）。2001年应《美丽的古巴》摄制组之邀，李光晨赴古巴进行文化交流，其隶书作品《水调歌头》被古巴旅游部部长收藏。其隶书作品《沁园春·雪》被格瓦拉专题作家以及旅古华人武术协会等收藏。其若干隶书作品及扇面草篆《橘颂》，分别被收藏家收藏。

李光晨的书法境界是如何造就的？李光晨说，自己的隶书基本上以自学为主，主要通过临帖的方式学习。由于经常与刘炳森先生切磋并向其请教，

现在，他写的字颇有炳森先生的遗风，用刘炳森儿子的话说："我给你盖章，就是我爸的字。"

关于书法技巧，李光晨说，技巧是书法艺术的基础。书法艺术源于汉字、基于汉字，又脱离汉字的实用性；与中国画同源，有画的情趣却又别于中国绘画；不是音乐，却又有音乐的流动感和节律美；不是诗，却具有诗一样的意境和意味；不是雕塑，却具有雕塑的凝固美和立体感。之所以如此，是因为技巧在书法创作中起着主导作用。

谈到技巧，李光晨强调了一点，技巧是在书法创作中"修炼"出来的，而不是"苦练"出来的。"苦练"，直白地理解就是辛苦地练习，这其实违背了书法艺术创作的本意。书法创作以书写为手段，通过白色宣纸、黑色线条、红色印章等来展现作者的思想境界、精神修养，宣泄作者的喜怒哀乐等情绪，可见其体现的不仅仅是一个"苦"字，艺术的本身就是在快乐幸福中寻求的。"修炼"是指练功与修德，因此强调技巧是在书法创作中"修炼"出来的更为准确。

2001 年，李光晨向古巴旅游部部长赠送书法作品——《水调歌头》

关于书法创新，李光晨也有自己的理解："我认为，创新是书法艺术的生命。创新的过程实际上是艺术家艺术观念裂变的过程。只有创新艺术观念，其艺术作品方有可能实现创新，创新的艺术作品才有可能站在时代的前列，艺术家才能独树一帜。另外，要学会从经典中走出来。所谓书法经典，就是指有典范性、权威性的著作，被人们欣赏、学习、膜拜。现在只要一说书法经典，马上就联想到王羲之的《兰亭序》、颜真卿的《祭侄文稿》、苏东坡的《寒食帖》这些千古名篇。这些固然是经典，无疑都代表了一个时期或一种风格的突出成就，从而为书法史的绵延赓续作出了不可抹杀的贡献。但经典也不可能是一成不变的，随着时代的发展，人们的审美取向及社会风尚也会发生变化，书法的审美趋向自然也在不断变化。"

李光晨说，我们要去学习、研究经典，从中汲取营养，但也要辩证地去看待、去总结，结合现实，走出经典，要师古而不泥古。他立刻想到李可染大师的一句话："要以最大的勇气打进去，以最大的勇气打出来。"

不仅是书法，李光晨油画上的造诣也达到了炉火纯青的地步，他的油画技艺精湛，色彩运用巧妙，每一幅作品都仿佛有生命在跳动，在色彩和构图上展现出非凡的创造力。在油画领域，李光晨的画作基本只涉及风景。这也跟他此前从事舞台剧美术设计有关，需要根据舞台剧目创作各种树以及风景，为了让自己的风景画画得更好，李光晨经常到外面写生，寻找不一样的风景。这个过程虽然很苦很累，但他却乐在其中。

欣赏李光晨的画作，确实是一种美的享受。例如，他的画作《秋水连天万万顷》中，在金色的夕阳下，四艘小小的帆船在水面上若隐若现，他只寥寥数笔，却画出了秋天独有的美。他的油画作品《银山碧水花袭人》充满了层次感，远处的雪山，中景的花海，近景的溪流，以及最近处满树繁花盛开，树枝被繁花压弯了腰。他将远处的风景框了起来，给人以舒适的视觉享受。粉、紫、蓝的色彩搭配，显得春意盎然。他的油画作品《看尽云生灭　还我苍然山》描绘了阳光透过云层洒在群山上的场景。光透射在层层叠叠的白云中，高光与阴影部分层次分明，将云层的厚重感表现得淋漓尽致。远处缥缈的群山烟雾缭绕，在云层的烘托之下，显得格外深邃。阳光与白云的搭配，让整个天空显得十分开阔，一束光打下来，仿若上帝之光照射人间。如今，他的油画《银山碧水花袭人》等作品分别被日本、中国台湾及东南亚等地的收藏家收藏。

退休后，李光晨应首都高校之邀，多次承担学校里的书画教学工作，如到北京民族大学教授美术基础、速写、色彩等课程，桃李满天下。他的教学成绩突出，深受学生好评。

要是学生有需要，他也会义务帮助学生做考试辅导。有一次，他在地铁里遇到一个给他让座的孩子，他在闲聊中得知，这是一名从延庆农村进城求学的孩子，家里很是困难。但孩子志气不低，想要报考北京服装学院。当时，李光晨主动提出帮孩子免费辅导课程，希望助孩子一臂之力。后来，李光晨每年都要帮助至少一名大学生，帮助他们顺利考学，他们之中有的考上了北京印刷学院，有的考上了北京服装学院，还有的考上了中央美院。至今，李光晨曾经帮助过的不少孩子仍然与他保持着密切的联系，很多孩子记挂着李光晨的恩德，时不时回来看他，这也令李光晨倍感欣慰。

后来，因为身体原因，李光晨没能继续在高校授课。但是，他的爱心之举并没有停下。他依然积极地参加各项公益事业，为弱势群体奔走呼号，无偿地向残联等机关、群体捐赠其作品，其间更是给残疾人义务教学。这位艺术家的善良、无私感染着许多人。

先学会做人　再学会创作　他有自己的艺术之风

从事艺术创作多年，李光晨积累了很多关于艺术的心得。他发现，现在有一些不良的风气，如只看名头不看作品，其实有些作品并不是很好，只是因为作者有名望而受人追捧。对于这种现象，李光晨反驳道："历来的书法大家，有几个是干部出身？作品之所以有价值，还在于它自身的水平。"

李光晨油画作品《银山碧水花袭人》（上）与《看尽云生灭　还我苍然山》（下）

什么样的艺术家能被称为好的艺术家？李光晨认为，做人是做艺术的根本："艺术要源于生活而高于生活，是接近群众的……艺术家要有脚踏实地的艺术之风，不浮躁、不夸张。在生活上，在人的行为上应该低调，但在追求艺术上应该高调。就像我写的《千字文》，一千个字我先写一百个字，再写一百个字，要有踏实与不懈的精神。先学会做人，再学会创作。"

当今社会，追求物质之风盛行，作为一个艺术家，李光晨对于金钱与艺术的关系也有一番自己的见解："我不把钱看得太重，人不能为了五斗米折腰，只要好朋友喜欢，我就可以送给别人。就像我讲课，有时会有四五个学生同时到家里来上课，我夫人都免费管午餐。这与我自己的幸福观也有关系。什么是幸福？我觉得自己能够做点自己满意的事，有多少钱花多少钱，这就足够了，不追求奢华的生活，保持追求艺术的朴实之风。这不仅是我的艺术准则，更是我的做人准则。"

尽管年岁已高，但李光晨依然坚持写书法、画油画。在他燕达金色年华健康养护中心的家中，其陈设充满了艺术气息，进门就能看到一幅描绘澳大利亚森林的巨幅油画作品，画作中透露着森林特有的静谧之美，这是李光晨还未完成的作品，兴致来了，他就会拿起画笔描上几笔，尽情享受绘画的过程。阳台边是他的书画桌，只要无事，他就会坐在桌前，拿起画笔，沉浸在自己深爱的艺术世界里。

对于自己的艺术生涯，李光晨这样评价："夕阳红了，可壮心不已，每天我都坚持锻炼、书法写作，我对国粹的探寻永无止境。"恰如墙角他所绘制的那幅樱花图，只见满树繁花盛开，灿烂无比，好似李光晨的艺术生命永不凋零。

殷小林，1955 年出生于北京，毕业于清华大学水利系，退休前就职于人民日报社，任高级工程师。国内首位专注世界古灯研究的收藏家，著有《古灯史话与收藏》；应出版社之约，《世界古灯史》正在著述之中。自 20 世纪 80 年代末起，殷小林开始收藏古代灯具，其收藏足迹遍布海内外，其收藏的历代古灯，时间跨度超过万年。从收藏第一盏古灯至今，共收藏古灯 2200 余件，对中外古灯文化传承和交流作出了重要贡献。2006 年，他将 20 多年来收藏的 1500 件古灯藏品，分两次落户在江苏省昆山市千灯古镇，建成国内当时规模最大的、以"灯"为主题的古灯展览馆。2024 年，殷小林与燕达养护中心合作，共同创建了国内首个建在养老机构里的"世界古灯展览馆"。殷小林酷爱传统文化，素喜研习书法、篆刻、佛学等，均颇有心得。

殷小林

寻万年光明路
以一灯传无尽灯

在燕达养护中心殷小林舒适的家里，设有两个书房共五个大书柜。在这些书柜里，安静地或站或坐着数百件来自世界各地的不同材质、不同造型、不同文化特征的古老灯具，如同一位位礼俗迥异的白头长者。的确，它们有的来自中国的大江南北、大河上下，有的来自世界的五大洲、四大洋。

"这件是中国最古老的原始天然石灯，这一类灯具的历史，可以追溯到1万年至2万年前。"

"这件是古埃及法老王时代的石灯，它的年纪至少有4000岁。"

"这是两河流域苏美尔人的石灯，

殷小林收藏的原始天然石灯，距今1万—2万年

殷小林收藏的古埃及木乃伊形、有象形文字的石灯，距今约4000年

殷小林收藏的两河流域苏美尔人的灯具三角石灯，距今约 6000 年

殷小林收藏的古印度犍陀罗时期的佛灯，距今约 1800 年

殷小林收藏的古希腊青铜小吊灯，距今约 2600 年

殷小林收藏的玛雅灯具"小狗驮灯"，距今约 4000 年

可以追溯到距今 6000 年前。"

"那一件是古印度哈拉帕文明的陶灯，在它的背后隐藏着至今未解的千古之谜。"

"那一件已然残缺的石灯，有一个菩萨头像，那是古印度犍陀罗时期的佛灯。这菩萨，就是未来的佛陀——弥勒菩萨。"

"这是古希腊的青铜小吊灯，那是有古罗马浮雕的陶灯，还有拜占庭时期的、伊斯兰文化的、吉罗夫特文明的、埃兰古国的……"

"哦，那一个小狗驮着碗的，是南美洲玛雅人使用的陶灯……"

说起古灯来，殷小林滔滔不绝，像是在不慌不忙地介绍着多年好友一般。经过数十年的研究，关于古灯的一切早就融入了他的生活。

殷小林是一个天生的收藏家。自 20 世纪 70 年代起，他就开始进行"杂项收藏"。十年后，转为古灯专项收藏。其收藏的古灯包罗中外，跨越古今。其收藏的年代最久的灯具，距今已超万年。

殷小林著作《古灯史话与收藏》

2005 年，殷小林所著的《古灯史话与收藏》一书由天津百花文艺出版社出版，成为众多古灯爱好者收藏古代灯具的"参考书"。

2006 年，殷小林将 20 年来收藏的 1500 多件中国历代古灯，分两次全部免费落户在江苏省昆山市千灯古镇。他与千灯镇政府携手建立了古灯展览馆，这也是当时规模最大的以"古灯"为主题的展览馆。

自 2000 年开始，殷小林就将古灯收藏的范围从中国拓展到了世界。他经常带着"任务"去旅游，抱着"成果"回中国。如今，看着"挤"满屋子的古灯藏品，殷小林又有了再次把"私家珍藏"变为"社会共享"的想法。于是，他与燕达养护中心协商，共同创立了世界首家建在养老机构内的"世界古灯展览馆"。

在妻子和朋友们的眼中，殷小林就是一个"灯痴"。他收藏不计成本，付出不图回报。自收藏古灯以来，他就没有卖出过一件。即使有时"打眼"买错了，他也一笑置之，送给朋友当摆设。因一念倾心，把一生的热忱都奉

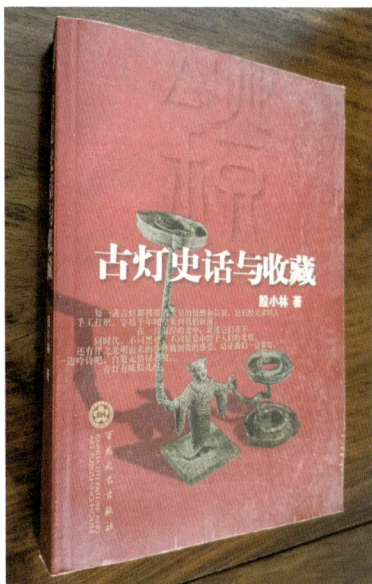

献给了古灯收藏和灯文化传播。"我和妻子一直在说，我们做的是一项文化事，不能拿钱来衡量它。如果因为我们的行动，这些古老的文明见证物保存下来，那就是最好的回报。"殷小林说。

年轻的杂项收藏家

1955 年，殷小林在北京东城区沙滩后街 55 号出生。这座位于景山公园东侧的皇家建筑，是曾经的乾隆四公主府邸，从出生的那一刻起，殷小林似乎就与历史文化有了宿命般的联系。毕业于清华大学水利系的他，原本是地地道道的"工科男"，却偏偏对传统文化如痴如醉，并在 20 多岁的时候就搞起了收藏。"可能是从小就接受文化熏陶，对各种文化是发自内心的喜欢。"殷小林回忆收藏的初心时说道。

殷小林居住的乾隆四公主府邸旧址，曾经是清末的"京师大学堂"，是"五四"时期的北大理学院。殷小林家住的老房子在 20 世纪 20 年代曾经住

乾隆四公主府内殷小林家的老屋，右边曾住过李四光，左边曾住过陈独秀

过地质学家李四光教授，对面住
过陈独秀先生，南面是蔡元培校
长的办公室。时任教育部副部长、
人民教育出版社社长兼总编的叶
圣陶先生也曾在这里工作多年。
与殷小林为邻的名家太多了，有
著名的语言文字学家（汉语拼音
之父）周有光先生、倪海曙先生。
后院住的是吴伯箫先生。还有张
志公教授、张中行先生、刘征先
生等。可以说，这里是中国近当
代文化大家的聚集地。尤其是周
有光和刘征两位，更是成了殷小
林一生最亲近的良师益友。

殷小林（左一）在刘征先生（左二）燕达的
家里向其请教诗、书的问题

周有光老先生是在殷小林出生的那一年从上海调到北京的，他在中国文
字改革委员会从事语言文字研究工作。自殷小林记事起，记忆里就有这位"周
爷爷"。"我们两个人年龄相差50岁，但最后成了特别好的老朋友。"殷小
林说，"沈从文给周有光先生起了个外号叫'周百科'。因为周老什么都懂，
学问特别广博，我特别喜欢去找他聊天。虽然我是个理工男，但特别喜欢中
国传统文化和艺术，遇到不明白的地方，找老先生一聊，立马就清楚了。"

殷小林说，和周有光老先生相处，让他很早就明白了一个道理：真正的
学问大家都有能力把复杂的问题简单化。如果有一个人总是把简单问题复杂
化，那这个人一定不是大学问家。这个道理影响了殷小林的一生。

见到殷小林总爱往周爷爷家跑，邻居杜永道先生（《语文》杂志主编）说"你
真有心"。积极的求知欲以及活跃的思想，让他与周有光老先生的友谊越来
越深厚。即使年龄相差半个世纪，也不妨碍两个人在中国传统文化中"心有

灵犀"。他们曾经一起谈论灯具与文明的演变关系,还共同在甲骨文中寻找"灯"字的源头。

在接触收藏的最初 10 年中,殷小林做的是"杂项收藏",什么都收,奇石、陶俑、瓷器、老物件等各式各样的藏品摆满了他的家。其中,名家签名、题词的书籍在他的藏品中也占有非常重要的地位。

殷小林是一个发自内心喜欢藏品和其背后文化的收藏家。他一直认为,自己收藏的不仅是一个"物品",还是"过去人们的生活"和"岁月传承下来的文化"。当这些经历过奇幻漂流的藏品百转千回,流转到他的手中,成为他的珍藏,他觉得这是一份缘分和托付。"我并不期盼着某件藏品升值,就算它们升值了,我也舍不得卖。"在殷小林的收藏观里,如果他以营利为目的去收藏东西,那就谈不上是对文化和艺术真正的喜欢。

北京市通州区宋庄镇是国内外知名的"画家村"。殷小林曾在宋庄镇最北边的平家疃村居住了 20 年。1997 年,殷小林在平家疃村买了一个小院子,过上了返璞归真的乡村生活。他把早些年做杂项收藏得到的藏品,完美地融入小院的装修之中。使这座小小的"农家院"有了文化的味道,并引来了《时尚家居》等杂志一次次关注。这里,也装着殷小林十余年的收藏故事。

《时尚家居》杂志介绍殷小林的乡间小院

殷小林在乡下的小院里一住就是 20 年,在此期间,他收藏的古灯逾千盏。于是,殷小林将自己的斋号定为"千灯草堂",并请了很多朋友、师长为他题写斋号。其中,有老恩师刘征先生,有前任书协主席苏士澍先生，有厦门书协副主席林英仪先生等。

2000年，在新老世纪交替之际，殷小林在报国寺举办了他的第二次个人"古灯收藏展"，此次展出的灯具有800余件，比第一次展览多出近一倍。

2005年，殷小林在他的小院里完成了《古灯史话与收藏》一书，并由天津百花文艺出版社出版。

2006年，殷小林应邀前往江苏昆山的千灯古镇，与当地政府共同打造出当时全国规模最大的"千灯馆"。

说起千灯古镇，殷小林连说："有缘啊，真是有缘。我家的斋号是'千灯草堂'，听说还有一个地方叫'千灯古镇'，感觉真是上天安排好的。"千灯古镇还是国家4A级旅游景区，是著名的历史文化名镇。这里有先贤大思想家顾炎武的故居，也是"百戏之祖"昆曲的创始人顾坚的家乡，文化底蕴十分深厚。但唯一的遗憾是，此地名为"千灯镇"，却无"千灯馆"。而这唯一的遗憾，也被殷小林的1000多盏古灯弥补了。

回到北京后，殷小林将他的千盏古灯落户千灯古镇的好消息，告知了在报国寺办公的中国收藏家协会和《中国收藏》杂志的朋友们。当他说明千灯古镇是顾炎武的故乡时，朋友们都震惊极了，都说："难道你不知道吗？咱们报国寺的西跨院就是北京的顾亭林祠堂（顾炎武，号亭林）。"殷小林同样吃惊地问："是真的吗？真是太有缘了。"如今20年过去了，"千灯馆"迎接的国内外来宾逾千万名，仍好评如潮。

殷小林年轻时特别羡慕那些大学问家都拥有海量藏书，所以他最早的"收藏"就是从"藏书"开始的。他一本本地积累，到迁居乡间小院时，他的藏书已近万卷，其中包括近千本的作者签字书。殷小林并不是什么签字书都收藏的，他的选择多以他自己的师友为主，也有一些不认识的大名家，都是十分珍贵的。殷小林说："我在20世纪70年代初当学徒时，虽然每月才挣十几块钱，但也要省出一点，去书店买本书回来，才觉得这月的工资没有被乱花出去。"

　　殷小林以买书、藏书、读书为乐。他回忆说："上清华时，看到那么大、那么豪华的图书馆，真是乐坏了。没事就去图书馆看书，有时候，上课迟到不好意思进教室，便一拐弯儿去了图书馆。"殷小林自嘲是班上最不务正业的学生。但他又很得意地说，从现在看，当年的闲书一本也没有白读，正所谓开卷有益，丰富的知识支持着他探索远古的奥秘。

　　2009 年，殷小林在平家疃村已经住了十几年了，他与这里的许多村民都建立了深厚的友谊。他颇有感慨地说："这十几年间，我眼看着村里的物质文明，如道路、街灯、自来水等方面变化巨大。但是在精神文明方面，却没什么变化。一个拥有 2000 多户的大村，总共也没有几本书。小学生借书，还要跑到县图书馆去。于是，我和夫人商量在村里捐一个图书馆。"当时，殷小林把这个想法同他的几个好朋友一说，立马便得到了大家的一致支持，他的朋友们纷纷表示也要捐书。大家还都义务宣传，动员身边的朋友踊跃捐书。

　　这样一来，这件"私事"就变成了真正的"公益"，以至于后来首都图书馆得知消息，也捐来 3000 册新书。首都图书馆的党委书记肖维平还亲自带队来帮助村图书馆建档贴标，给予了极大的帮助。在首图的带动下，通州区图书馆也送来 500 册新书。到图书馆揭牌时，馆内图书已有 2 万余册。此外，殷小林还邀请他的朋友——著名画家黄永玉先生为图书馆题写了馆名。

　　与此同时，北京市委宣传部下发了一个文件，要求北京市的行政村，村村建立图书馆。在此后的评比中，殷小林夫妻捐助的图书馆荣获"最佳村级图书馆"称号，同时殷小林还被评为宋庄镇荣誉镇民、荣誉村民，并作为优秀人物登上了当年的《通州志》。

　　"既然我住在这里，就要为当地的建设和发展作出一点力所能及的贡献。"这个民风淳朴的村庄，给殷小林留下了一段美好的回忆，直到今天，他还会偶尔想起村子里的人、事、物，还有不加修饰的乡间风景。

　　其实，对于他所居住的平家疃村，殷小林还曾有过更美好的设想。他希望帮助平家疃村建成一个京郊的旅游文化村，并为2000多户村民谋福利。这个设想并非空穴来风，因为平家疃村是一个文化底蕴极其深厚的乡村，实在大有可为。

据《通州志》记载，平家疃村曾建有乾隆皇帝的行宫，乾隆下江南时，出京的第一夜就住在这里，第二天从这里去往大运河码头上船，据载，乾隆至少在这里住过三次。

平家疃村内还曾有一个具有百年以上历史的"庙群"。庙群由多所毗邻的寺庙构成，其在潮白河两岸的方圆几百里内都很有影响。

有一条宛如绸带的弯弯曲曲的小河环绕村北而过。河水清澈见底，两岸杨柳依依。河堤西北，有数十亩因多年取土而形成的废坑。若将其修整成为"小湖"，并连接小河，可与周边的丘壑、林木相映成趣，构成难得的河湖"湿地"，可泛舟戏水，供游人休憩。再沿小河岸边建起仿江南的、粉墙黛瓦样式的新徽派建筑，建筑群间再铺上青石板路，便是一派"小江南"风光。

殷小林还计划把他的收藏全部贡献给村里，并邀请数位收藏界好友共同入住，在平家疃村构建起一个"乡村博物馆"群落。这些博物馆包括"古灯博物馆"，向人诉说那道不尽的灯文化；"邮品博物馆"，带人体会方寸间的历史；"汉画像石博物馆"，向人们展示2000年前的

著名画家黄永玉先生为平家疃村图书馆题字

恢宏画卷；还有"古权博物馆"和精美的"锡器博物馆"等。

如果设想落地，平家疃村将成为一个"旅游村"，成为距离北京最近，跨出京城"半步"即可体验江南美景、美食的"小江南"。那时，平家疃村将华丽转身，有望一变成为北京市的"历史文化名村"。

平家疃村的文化真实有据，但是由于种种客观原因，设想终未达成。

2017年，殷小林因病离开了乡间小院。两年后，他和爱人陈韦纾入住燕达养老，当时便将一整套《中国新文艺大系》，捐给了燕达养护中心。

2022年，殷小林将近700本著名作家签字书全部捐给首都图书馆。

近期，殷小林还计划向燕达老年大学捐赠2000—3000本图书，并请专家帮助燕达建立起更大规模的图书馆。

星光不问赶路人，时间不负有心人。殷小林在宋庄的"乡村级别博物馆"设想虽然没有实现，但是他以更加浪漫的笔触，写成了另外一段追寻光明的故事。

"灯痴"的诞生

殷小林20多岁就开始接触收藏，时间久了，他难免会有些想法，希望能做出些成绩来。他说："杂项收藏是自己喜欢什么就收藏什么，只要能力允许。主要是自娱自乐，很难'玩'出什么名堂，因为走在前面的大玩家太多，犹如一座座不可逾越的大山。"于是，殷小林慢慢地开始思索自己"杂项收藏"的出路。

夜深人静时殷小林常常盯着家中琳琅满目的藏品，独自一人默默沉思。未来的收藏之路该往哪里走？殷小林似乎是陷进了迷雾，有朋友向他提议应该转为专项收藏。但成熟的"专项收藏"，都需要有丰富的经验和充足的财力，而殷小林夫妻都是"上班族"，显然力不从心，而且"专项"也有很多种，是选择奇石、瓷器、陶器、古董还是字画？殷小林始终找不到答案，但天无绝人之路，殷小林在庞大的收藏品中找到了一线曙光。

在殷小林所有藏品中，古代灯具是非常有特色的藏品之一。向往光明是人类的天性，灯，让瞬息的火光以更为深刻的空间形式呈现在人们面前。考古资料显示，灯的出现彻底结束了人类"日出而作，日落而息"的生活传统。于是，文明在灯下慢慢起步。

殷小林认为，灯具作为见证和记载人类文明进程的重要载体，具有极大的收藏和研究价值。"首先灯具拥有史料研究的价值，不同材质、不同工艺的灯具记录着当时生产力发展的不同水平，反映着当时经济社会的发展情况。其次是文化价值，中国五千年灿烂的文化大多都是在小油灯下创作出来的。在古代没有专职的文人、没有专职的科学家、没有专职的学者，白天他们要种田、要上朝、要做工……只有晚上才有时间在灯下作文、研究、做学问。如此一来，灯就具有了深厚的文化内涵。"

尽管古灯具有史料研究、文化研究以及投资的潜在价值，但由于灯具在人们的生活中应用太广泛，是人们生活中极其平常的东西，其常常被收藏圈和文化研究专家忽略。"所以长期以来，很少有人认为古灯有收藏价值。我身边的很多学者、专家都不支持，甚至反对我收藏古灯。他们认为收藏古灯没有出路。2000年之后，古灯的价值才渐渐被发掘。"殷小林记得，在2005年前后，"古代灯具"收藏渐渐有了市场，但也只是收藏中的一个小门类。殷小林开始收藏古代灯具却是在20世纪80年代，那时古代灯具收藏都还没有形成市场，还只是属于杂项收藏的一部分。

20世纪80年代中期，中国的旅游业刚刚兴起。殷小林的一个朋友经营着旅游公司，经常全国各地跑，他带回来的几件特别有意思的小油灯让殷小林立马来了兴致，他也开始收藏油灯。后来，他到旧货摊淘货时会寻找一些古代油灯。在不知不觉中，他已在旧货市场上淘了几十盏不同朝代的灯具。

20世纪80年代末到90年代初，殷小林陆续收集了二三十盏油灯。为什么对油灯情有独钟呢？殷小林说："主要是脑海中那朵融融的灯火，让我觉得特别亲切，记忆来自哪里？或许是电影文学。我就是对油灯有一种莫名的亲切感。于是，我将散落于众多收藏品中的油灯都集中起来，摆在最显眼的书柜平台上。仿佛是演员在舞台上集体亮相，很有视觉冲击力。"这强悍的"冲击力"被殷小林的发小、画家李蕴平先生接收到了。他觉得，殷小林已经是"专门收油灯"的了。

于是，李蕴平先生有意无意地替殷小林到处宣传，恰好被影视导演陈维德先生听到了。陈导一直想拍一部"油灯"的专题片，于是提出能否去殷小林家里看看，李蕴平满口答应说"没问题"。那天傍晚，陈导如约而至，他在屋中环视一周，结果很不满意，劈头就是一句"你也不是专门收藏灯的呀"。此话如当头棒喝，殷小林当时什么也没回答，只是脑子里在想："对呀，我为什么不专门收藏灯具呢？"

就从那天开始，殷小林停止了所有的杂项收藏，走上了古灯的专项收藏之路。渐渐地，殷小林收藏的各式古代灯具越来越多，几年下来，已达到四五百件。其居室本就狭小，藏灯又增加得快，很快又到了"灯满为患"的程度。

一天，殷小林在家休息，他把所有落满灰尘的古灯都清理了一遍，直到黄昏才清理完。殷小林把一盏盏古灯按照年代顺序排列起来，从民国到汉代，一共有400多件。已然疲惫不堪的殷小林坐在沙发上，看着眼前排列整齐的古灯队伍出神，在脑子里依然是那个问题"我的古灯收藏之路该向何处去"？突然，一个灵感在他的脑海深处爆发，地板上那排列整齐的古灯似乎一下子蒙上了些许光华。殷小林难以抑制地从心里发出欢呼，"从汉代到民国，这实物的'古代灯具发展史'不已经粗具规模了吗？下一步只需把古灯收藏的历史向远古延伸，把中间的'断代'补齐，再将所有的薄弱环节丰满起来。一部前所未有的、由实物构成的'古代灯具发展史'就横空出世了"。殷小林隐隐约约地意识到，这件事情的实际意义要比他现在所认识到的还要深远得多。

有了这个创意，殷小林眼中的迷茫一扫而空。他意识到，这将是一件前人没有做过的，探究历史渊源、触碰文明之初的，很重要的事情。自此以后，殷小林更加执着地去各地搜寻、收藏古灯，他的古灯队伍也在迅速地扩张。然而，这背后所蕴含的困难、艰辛，付出的努力和汗水，却是外人难以想象的。

那时，古代灯具收藏尚未形成市场，收藏、投资古代灯具的人还不是很多，古代灯具的市场价位也还处于低端。即使如此，收藏也是一项高耗资事业。"我算是一个工薪阶层收藏家。"殷小林说。在20世纪80年代，他的收入也不算高，每月的工资加奖金不过数百元人民币，而且他还要维持家庭生活，能够用来购买藏品的钱并不多。所以殷小林把自己的收藏定位在中国历代民间油灯。"相对于宫廷灯具来说，民间灯具的市场收藏价格比较低，在我的承受范围内，而且我认为，它们与当时的社会生活更加贴近，不同朝代的灯具的变迁也更能反映中国文化的发展。"

刚开始专门收藏古代灯具时，由于在文物鉴定方面的知识比较缺乏，殷小林只能凭借自幼在书画等传统文化方面积累的知识，从审美角度去买油灯，在一次又一次的试错中，他渐渐丰富了自己在鉴定方面的知识。"刚开始一定会上几次当，好在古灯收藏是一个新兴的收藏门类，赝品极少，很适合工薪阶层的爱好者们参与。因为它无须太多的投入，即使没有什么经验，出一星半点儿的错，损失也不会太大。"殷小林说。

为了搞好古代灯具收藏，殷小林从近代灯具开始学习，积累经验。他不只是看理论书籍，还想尽办法多接触实物。在观察实物的时候，他不只是看真品，还会将真品和赝品相比较。

灯具收藏是一个独立的收藏门类。但如果细分，其还有更为繁杂的内容。首先是灯具的材质种类繁杂，已知的有金、银、铜、铁、锡、玉、石、牙、角、竹、木、陶、瓷、玻璃等。其次是年代，"古代灯具"是一个统称，它们存在于历朝历代之中。对各个不同历史时期和不同材质的灯具如何确认，是每一个想要做好古代灯具收藏的人的"必修课"。"虽然不可能做到样样精通，但是起码要做到有更多的了解，才不至于在收藏的过程中交太多的学费。"

殷小林解释道。所谓"交学费"，是收藏圈对于上当受骗的戏称。

在收藏界或古玩行里，"交学费"的反义词是"捡漏儿"，即用较少的投入买到了"物超所值"的东西。"很多工薪阶层的收藏者会有固化思维，市场里那么多的人，其中不乏业内精英。他们看过的东西，都跟过了'箩'一样。一层层过了无数遍的箩，到我们的手里似乎也没必要再看了。"殷小林认真讲述着自己的收藏经验，"其实，也不尽然。智者千虑，还有一失呢。所以我们不能因为他们'箩'过，就因此放弃。要像沙里淘金一样，再认真地过一遍'筛子'。"所以多年下来，殷小林也多次"捡漏儿"。

有一年冬天，殷小林去逛琉璃厂。街上人很少，进店铺的人更少。殷小林推开一家店面，店内无客，只有老板手揣在袖口中，坐着发呆。见有人进来，老板忙打招呼。

殷小林用眼一扫，便知他家货架上多为赝品，只有少数是真品。但是殷小林马上发现，在货架的一角静静地立着一盏油灯。那是一盏红陶的狮子驮灯。殷小林虽然还拿不准这盏狮子灯的准确年代，但是目测应该早于元代。

于是，殷小林开始与老板周旋。他先问了一些无关紧要的价格，辗转问到了这件"狮子驮灯"。老板开价800元，殷小林觉得能接受，还不算太贵。"买东西的都不嫌便宜。见着便宜吧，总还想再便宜。"殷小林说道，"我就对老板说，这东西我挺喜欢的，就是价格太高。"

老板回答道："那您开个价。"

殷小林伸出一根手指头说："100元。"

老板说："太低了，再添点儿吧。"

殷小林坚持道："不能添了。"

几个回合的"太极拳"打下来，老板还是不松口。殷小林只好拿出最后的一招，站起身，做出要走的架势。此时正是冬季，整条街上没有几个人，老板实在不愿意放走一个有意向的客人，便叹了一口气说："保本儿吧。"

殷小林拿下了狮子灯，并请了既是朋友又是老师的郑稳康先生来给"看看"。郑稳康说："很好，是辽代（相当于北宋时期）的。"郑先生还笑着说："两千块，让给我吧。"殷小林赶忙笑着婉拒。几年后，又有一个朋友在殷小林家里见到了这盏狮子灯，说她在美国的一个拍卖会上见过和这盏灯一模一样的拍卖品，而且拍出了一个"天价"。

1997年，北京报国寺被辟为收藏市场对外开放。报国寺收藏市场与潘家园、大柳树、琉璃厂被誉为北京的四大古玩市场。其中，报国寺收藏市场位于北京市西部，虽然成立较晚，但是很快就崭露头角，成了一个十分重要的古玩市场。这里的古玩地摊如百花齐放，各具特色，琳琅满目，是广大收藏爱好者每周必"打卡"的地方。

同年夏天，殷小林在北京报国寺举办了他的首次"古灯收藏展"，并大获成功。在一个多月的时间里，数十家电视台、杂志、报纸争相采访报道，无数参观者当面的赞扬和留言，更坚定了殷小林把收藏古灯作为一项事业来完成的决心和信心。为了妥善安顿这些宝贵的古灯，殷小林特意在京郊的通州宋庄买了一个小院，原打算用作存放古灯的仓库，但是又不放心，于是他携家人住了过去。

说起古灯收藏，其中的文化内涵非常深厚。特别是佛教的文化元素贯穿始终，如殷小林淘到的红陶狮子灯，他为这个灯起了一个名字，叫"笑面狮子灯"。经过研究发现，这其实是一盏辽代的"佛前供灯"。唐代就有以《景德传灯录》为代表的诸多"佛典"，统称为《五灯会元》。各地的寺庙中更有数不尽的长明佛灯。因此，佛教历来视传法如传灯。红陶狮子灯的狮子虽然张着血盆大口，却不带一丝凶相，而是摆着一副笑脸。"它是在宣传佛法以慈悲为怀，而不经意间暴露出的锋利爪牙，又很自然地向人们展示了佛法不可冒犯的威严。"殷小林解释道。佛教自古印度传入中国至今两千多年而不衰，其中灯的作用不可磨灭。

此时，殷小林收灯已经有近十年了，在北京古玩圈中小有名气，其收藏的灯中有很多都与佛教有关。在朋友的提议下，他在北京报国寺开办了第一场古代灯具展览。展期一个多月，展品都是人们见所未见、闻所未闻的，反响甚好。"对于佛家的教义，我知道的不多，但是我觉得'传灯'这个说法特别好。倘若每个人心中都能有一盏不灭的长明灯，那他无论碰上什么境遇，都不会迷失方向。若能像佛家说的那样，以一灯传十灯、百灯，乃至无尽灯，那世界真的就更美好了。"

殷小林确实以"一灯"点燃了古灯收藏的"无尽灯"。报国寺的展览，提高了殷小林在古代灯具收藏圈的知名度，人们渐渐开始认识到古代灯具的文化价值。几年后，殷小林又在报国寺开办了第二场古代灯具展。两场展览引来了国内百余家媒体的争相报道，盘活了原本不温不火的古代灯具收藏。

随着人们对古代灯具价值认识的不断提高，古灯收藏得到越来越多投资者的青睐，古灯的价格也一路水涨船高。2005年前后，一盏普通灯具的市场价格与10年前相比，已涨了3—5倍，如一盏蛇头柄盘灯，10年前的市场价格仅为80元，2005年涨至400元左右；中档油灯的价位则提高了5—10倍。"我自食'苦果'，收灯的成本也越来越高了。"殷小林笑谈。

20世纪80年代，古代灯具究竟冷僻到什么程度呢？那时候，在古董店里几乎见不到古代灯具。因为当时并没有"古灯"这样一个收藏门类，而且收购古董的商贩们，也不去寻找没有销路的东西。古代灯具的收藏者要得到一件满意的藏品，

殷小林收藏的辽代灯具"红陶笑面狮子灯"

往往不能全靠收藏市场，需要有自己的特殊"渠道"，如殷小林就经常拜托朋友外出旅游时替他关注古代灯具。

古代灯具价格上涨后，在文物市场上，历朝历代的灯具也越来越多了。这时候，买古灯的人也逐渐多了起来。殷小林每次逛古玩市场的时候总会有一种很真切的感觉：有人在和他"抢"。古代灯具虽然还没有像瓷器、书画、钱币等门类一样热门，但一个粗具规模的灯具收藏群体，已实实在在地形成了。殷小林乐见其成。

在收藏古灯上，殷小林的妻子给予了他全面的理解和支持。"他对于古灯可以说是痴迷了，一点一点地查资料研究。我喜欢他那种执着、专注的样子，现在他在我心中，就是古代灯具领域的专家。"

收藏如同修炼

但凡任何一种商品只要在市场上卖得"火"了，都会出现被他人仿冒的现象。对于收藏品而言，这种事更是屡见不鲜。古代灯具也没有能够成为一个例外。随着灯具收藏由冷变热，赝品便悄悄地应"运"而生了。各地文物旧货市场上假冒的"古代灯具"越来越多。不同材质、不同年代的各种灯具都有人在仿制，只经过草草地"做旧"处理，就在市场上露面了。

"不火的时候，在各地基本上见不到仿冒的灯具。就算有，量也很少，这也是市场经济规律所决定的。一大部分本身就属于仿古的工艺品，不存在仿冒的问题。我感觉，真正大规模的仿冒，是从1997年前后开始的。之后，这种趋势有增无减。"

殷小林非常关注赝品的"流入"问题。2004年，他接受出版社朋友的邀约，撰写了《古灯史话与收藏》一书，在其中专门写了"藏灯絮语"的篇章，整理了自己的古灯收藏经验和辨别真伪的方法。他在书中写道，常见的赝品灯具有陶、瓷、铜、铁、玉、石等各种材质的，其中大多数属于粗制滥造，比较容易辨认，但是也有一些制作得很精致的灯具，被称为"高仿"。对初入门的藏友来说，高仿灯具最危险。

以青铜仿品为例，它们的造型大多都比较准确，但是做旧的水平不一。绿锈多以绿颜色涂之，经不起水洗。"高仿"则不然，红斑、绿锈都能做得很像。"所谓的'高仿'，就是指造假者在仿制方面已经积累了相当多的经验，不仅形似，而且神似，非常逼真，甚至到了以假乱真的程度。这样的东西欺骗性最大。"

殷小林记得他曾经在一家店里见到过一件白瓷蟠龙烛台。老板说它是隋代的，很难得，最低价格为800元。殷小林找到了专家，专家一看就说：活儿做得还不错，但它是新的，不超过一两百元也可以要。原来，类似的灯在美国、英国的博物馆以及中国的故宫博物院都有收藏。如果是真品，价值在百万元以上。专家解释道，他把价格定得比真品低得多，但比成本价又高好几倍，就是为了引人上当。听了专家的一番话，殷小林又上了一课。

一件灯具，可以从形制、材质、做工、釉光或锈斑等方面来判断它的"新、老"。倘若有一点可疑，它的可信度就降低了50%。倘若又发现了第二个疑点，基本上就可以把它列入赝品了。殷小林把这些实践中得出的经验都写进了书中，对于许多涌进古灯圈的新手，《古灯史话与收藏》也就变成了通俗易懂、实用性强的入门工具书。"我写这本书的第一个原则就是容易读懂，让一点也不懂古灯的人，一看就能明白。"殷小林表示。

殷小林也坦言，收藏古灯一定要了解一点灯具的发展史，并且大体了解不同历史时期灯具的主要形制和特点。"因为造假者不讲究这些。他们经常随意地把一些人物、动物和器物组合在一起，想当然地臆造出各种不伦不类的灯具。这种灯具除了作为工艺品有一定的装饰作用以外，完全没有任何收藏的价值。"

殷小林认为收藏价值应该是指多方面的。怎样来认知收藏品本身所具有的综合价值，与每个人所具备的综合素质有关。把任何一件藏品摆在拍卖会上，都可以在一定的市场规律的指导下，比较容易地得到一个相应的价格。

但它所包含的文化内涵却是深藏于藏品之内的，并不是一眼就可以看透的，也绝非金钱能够衡量的。"一句话，收藏不仅仅是会买贵的，也不仅仅是藏品数量的增加。收藏要有宏观的眼界和鉴别的手段，决不能只靠别人'掌眼'。这就要求我们要不断地提高自身的修养和传统文化水平。"殷小林始终认为，收藏如同修炼，而且还必须"内外兼修"。

殷小林收藏的白瓷蟠龙烛台

收一部"人类光明史"

2004 年，殷小林已经收藏古灯将近 20 年。为了得到一盏灯，他不惜跋涉千里，也因为他对古代灯具的执着，许多爱灯之人常常会给予他诸多帮助，如山西晋城的赵鹤会先生，在电视上得知殷小林收藏古灯，特地托人将自己家的一盏从老房子里拆出来的古灯带往北京，转交给他。殷小林对此表示由衷的感谢。

殷小林对灯的喜爱如海一般宽广深厚，他收藏的古灯材质各种各样，形状包罗万象，年代跨度更是长达万年。从万年前的石灯到秦汉时期的青铜灯，从宋元时期的瓷灯再到清末的鸦片灯，以及抗日战争时期侵华日军用的小汽灯，千余盏灯挤满了他们夫妻居住的房子。

最初，殷小林收藏的灯具有明代的三彩陶灯、元代的黑釉灯盏、宋代的豆形灯、汉代原始瓷行灯……后来他厘清断代的灯具，并有明确目的地在所有收藏渠道寻找尚缺失的年代灯具。一部名副其实的"人类光明史"越来越清晰。

2005 年春天，江苏省昆山市千灯镇通过《古灯史话与收藏》一书的出版社编辑，辗转联系到了殷小林。千灯镇地处昆山南部，东依上海青浦，西邻苏州，拥有 2500 多年的悠久历史。文脉源远流长，素有"金千灯"的美誉。先后走出了一文一武 2 个状元、25 位进士，诞生了先贤顾炎武、"昆曲鼻祖"顾坚等对后世影响深远的文化巨擘。现存有"良渚文化"遗址少卿山、"南朝四百八十寺"之一的延福禅寺等历史古迹。千灯镇文脉绵绵，唯一的遗憾是号称"千灯"，但是镇上却没有一盏真正的古灯。千灯镇政府计划在镇上修建一座"千灯馆"，但愁于馆内的展品无处寻。

这时候，殷小林已经举办过两次个人收藏灯展，并著有《古灯史话与收藏》一书，还被国内外四十几家电视台栏目和百十家报纸、杂志报道过。千灯镇抱着试一试的心理联系了殷小林，希望他能将丰富的古代灯具藏品在千灯馆中展出。没想到，殷小林一听千灯镇的名字，当即就决定将自己收藏的千余盏古灯安家在千灯镇，并承诺这些古灯将永远落户在这里。

"冥冥之中，是有缘分存在的。"殷小林觉得自己和千灯镇有缘，因为千灯镇既是顾炎武的家乡，又是昆曲的发源地。说来也巧，殷小林虽然并不懂昆曲，却是听着昆曲长大的。他的忘年交老朋友周有光老先生的夫人张允和女士是一位资深的昆曲名票，是北京昆曲研习社的重要成员。她曾在中南海的怀仁堂演《西厢记》、扮红娘，并请来了周总理等中央领导前来观摩。殷小林自己曾经办过两次展览的报国寺西跨院，恰好又是顾炎武在北京的祠堂。"千灯古镇是顾炎武的出生地，又是昆曲的发源地，然后那么多的古灯收藏者，又恰好找到了我。又怎是一个'缘'字了得？"殷小林说，能与顾炎武、顾坚做邻居，是何等的荣幸。能为千灯镇的灯文化作出点贡献，也算实现了自己曾经的梦想。

殷小林的"私家珍藏"就这样变成了"社会共享"。2006 年，千灯馆建成并开门迎客，这是当时国内规模最大的以"灯"为主题的展览馆。馆内展出了殷小林收藏的千余盏古灯。从原始社会到战国时期、秦汉到晋隋唐宋元、明清到民国的各类古灯，

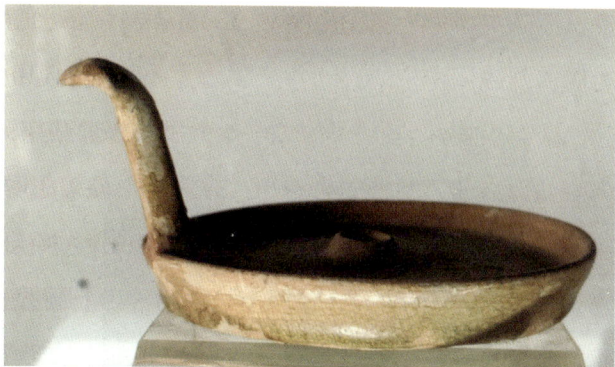

殷小林收藏的南北朝青釉蛇形柄灯

共计 1500 余盏，分六个展厅陈列展出。直到现在，千灯馆仍每天接待着来自四面八方的参观者，传播着中国的灯文化。此后近 20 年，殷小林每年都会固定去两次千灯镇，每次至少住上一个月。"就好像是探望出嫁的女儿一样。"殷小林说。

千余盏古灯落户千灯古镇以后，殷小林北京宋庄平家疃村家中的陈列柜一下子就空了。他用一些藏书和杂项收藏品填补了空缺。不过，他仍然有满满三个柜子的数百件历代灯具。殷小林回忆道，剩下的 400 余盏古灯是因为千灯馆的五个展厅都已"灯满为患"，实在没地方"安置"，才暂时留在这儿"待命"的。后来，"千灯馆"扩建了一个新展厅。殷小林便带上这几百盏古灯再下江南，与"大部队"会师了。

斗转星移，时光荏苒，经过十几年的海外淘灯，如今殷小林的藏品又在家中堆满了。被问及这么多年来，他最喜欢的灯具是哪一个，他说："太多了，都喜欢。灯具的演变折射出社会经济和文化的发展，它是一面镜子，是时代的缩影。"在这些无比熟悉的见证者面前，殷小林讲述起那些有意思的古代灯具和它们背后的文化。

殷小林收藏过一盏古老的"原始天然石灯"，如今正在千灯镇的千灯馆内。此灯点燃后的造型和甲骨文中的"主"字一模一样。殷小林说，远古的灯具就叫作"主"。他曾经和周有光老先生一起翻阅过许多史料，试图找到关于

殷小林收藏的原石天然"主"形石灯

灯的最早文字记载，最终在甲骨文中找到了一个和石灯点燃后很像的文字"主"。"中国的文字是从象形文字发展演变而来的。很有可能在原始社会，这个'主'就是灯具的意思，后经数千年持续的发展、演变，在汉代以后才最后定名为'灯'，而且现在不也还是叫'烛火'吗？也有可能是音译发展过来的。"殷小林继续说文解字。他认为古人称帝王为"圣主"，称家里最有权威者为"主人"，称最重要的事情为"主要"，似乎是在告诉我们，不要忘记灯的"初名"，也表明灯具原本在人们心目中有着非常崇高的地位。

有一盏"黑陶小鸭子灯"非常有趣。小鸭子低垂着头，把嘴揣在怀里，像是静静地睡着了。殷小林介绍，这盏灯是在新疆出土的，估计至少有两三千年的历史。千年以前的新疆灯具有很多是以船或水鸟为造型制作的。古人制作器具大多模仿眼前的实物造型。这类"黑陶小鸭子灯"的存在，足以说明在两三千年以前，新疆的水面可能很广阔，船和水鸟都是人们生活中常见的很重要的组成部分，因此才有可能在制作灯具时被拿来作为"题材"。但是沧海桑田，岁月把水草丰富的新疆变成"赤地千里"的沙漠和戈壁滩了。"当然，地理风貌的变化也有可能和人类活动有关系。'小鸭子'是这段沉痛历史的见证者，在今天也引发了我们对于生态环境的深思。"

在殷小林的藏品中，还有一件带"小窝儿"的圆柱形石器。殷小林解释，这也是灯。他说，这是内蒙古赤峰地区出土的"红山文化"石灯，距今已有5000年的历史了。如此小且浅的石窝儿能放多少油，又能点多长时间？又怎么确定它就是一盏灯呢？这是许多参观者的疑问。殷小林娓娓道来：首先，这件石器可以稳定直立；上面又有油池，还有安置灯捻的"突出部位"等十分明显的"灯具特征"；再依"排除法"，逐步否定它为其他器具的可能，基本上就可以判断它是一件灯具了。据他的分析和推测，这盏灯不适合使用"液体燃料"，

殷小林收藏的新疆黑陶小鸭子灯

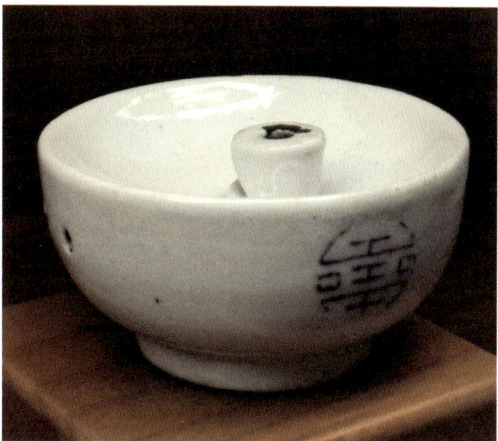

殷小林收藏的清代青瓷寿字省油灯

而是直接将一块新鲜的动物肥肉放在"浅窝儿"里。点燃后，灯火会渐渐烤化肥肉中的油脂。随化随点，不仅很方便，而且可以持续相当长的时间。"不是所有灯具的燃料都是液态的油。要站在古人的立场上去推测古人的生活，结论大致不差。灯具和燃料也都有一个漫长的演变过程。"殷小林说道。

最早的灯都是直接取材于自然的，材质多为石质或者贝壳等。在漫长的岁月中，灯具伴随着人类社会的进步而不断完善和发展，材质也不仅限于石、陶、铜、铁、瓷，甚至金、银都被使用于灯的制作。其在造型上更是不断寻求突破，在殷小林的藏品中，就不乏这等工艺精美的灯具。"为了满足人们日常生活的需求，像排烟灯、走马灯、孔明灯等具备特殊功能的灯具层出不穷。

它们不仅能照明，还潜藏着环保与科技的萌芽。要把古代灯具说明白，可得开一门文化课程了。"殷小林说着大笑起来。说到尽兴处，他站起来，走到书房，从柜门里取出一个乍一看像瓷碗，沿口一侧有圆柱状小嘴的古灯。"这就是唐代以后的各个朝代流传不衰的省油灯。"

宋代陆游在《老学庵笔记·卷十》名为"汉嘉省油灯盏"的文章中写道："宋文安公集中有《省油灯盏》诗，今汉嘉有之，盖夹灯盏也。一端做小窍，注清冷水于其中。每夕一易之，寻常盏为火所灼而燥，故速干，此独不然，其省油几半。邵公济牧汉嘉时，数以遗中朝士大夫。按：文安亦尝为玉津令，则汉嘉出此物几三百年矣。"由此可以得知，这是一种带夹层的灯盏，夹层内可以注入凉水，形成一个构造简单但十分有效的冷却水套，可以降低燃油温度，减少蒸发，从而达到省油的目的。从陆游的描述中我们还可以得知，这种省油灯不但老百姓喜欢，就连士大夫也非常青睐。

"这就是古代智慧，在很久很久以前，人们就有了'节能'这一理念了。今天，省油灯虽然已经被历史淘汰了，但是冷却水套这种降温方式却保留了下来，至今仍然是金属热处理工艺中降低温度的有效方法，而且，古人的环保理念，对于我们今天的发展，是不是也有启示呢？"

一谈起古代灯具，殷小林的话匣子就打开了，而且每说到一盏灯具，他总能透过现象看本质，透过灯具看文明。他说，灯具在今天人们的心目中已是寻常之物。这是因为现在我们身边的灯实在太多了，因此人们对灯具就"熟视无睹"，进而"视而不见"了。但在古人的心目中，灯是很神圣的，甚至可以和日、月相提并论。殷小林听说过一句很有哲理的话，太阳掌管着白天，月亮照明了黑夜，凡是太阳和月亮照耀不到的地方，由灯来负责点亮。

"灯给人类带来了光明，使人类走向了文明。所以，灯具发展的历史绝不仅仅是灯具本身的发展史，它更是一部包含在文明进步史之中的人类追求光明的历史。"殷小林说。

海外淘灯记

展览、著书、建成古灯展览馆，通常来说，作为一个工薪阶层的业余收藏者，殷小林的古代灯具收藏也算是颇有成就了。但是他依旧不满足于现状，仍然不断找寻着各种各样的古代灯具，并开始进一步研究世界各地的古代灯具。"我想把中国的古灯介绍到世界，展示古老的中华文明，也想让国内的人了解世界各地的古灯。以古灯为媒介，增进人类的文化交流。"于是，殷小林和妻子开始带着"任务"去往世界各地旅游。

2004年，殷小林第一次带着"任务"出游，首个目的地是埃及的开罗。"我做了充足的计划，如果一切都能按照计划实行，应该是收获颇丰的。"殷小林早就听说开罗有一个世界上最大的"大巴扎"，里面货物品类繁多，尤其是灯。"我觉得有可能淘到古埃及的老油灯，这对我的吸引力太大了。"

埃及汗哈利利大巴扎位于开罗的老城区，号称中东第一集市，由分布在几十条小街巷里的古建筑和几千家个体小店组成，具有浓郁的中世纪氛围。市场道路狭窄，商铺林立，主要出售各种雕花灯具、水烟壶、金银首饰、铜盘、石雕、皮货及其他埃及传统手工艺品。形形色色的人流诠释着埃及传统市井生活的真实状态，尤其是各种仿古的雕花灯，还有那些出土的古陶灯、石灯，充满了神秘感，总能让人想起阿拉丁神灯。

只是在殷小林准备去汗哈利利大巴扎的前一天下午，那里突然遭遇恐怖袭击，一颗炸弹导致多人死伤，大巴扎也因此戒严关闭。同行的人都感慨："万幸，万幸，没让咱们赶上。"只有殷小林黯然神伤，原本计划中最重要的环节告吹了。

第二天在参观开罗国家博物馆时，他们被告知，为了防止"恐袭"，博物馆内增强了安保措施，所有游客都不允许带照相设备进入。"没有在大巴扎淘到古灯也就罢了，现在连照片也不让拍，我更加郁闷了。"幸好，当时手机都已具备照相功能，只是像素较低。"但总比空手进、空手出强吧。"

殷小林无奈地说。用手机拍照的想法也没有进展得很顺利，展厅内到处都是警察，严密监视着每一位参观的游客，一发现有类似拍照的动作，就会上前制止。"开罗的博物馆里，古灯好多呀！5000多年前的灯都有，真是遗憾啊！"

后来，殷小林到达了土耳其的伊斯坦布尔，终于去了当地最大的大巴扎，也看到了拜占庭时期的青铜油灯。但是导游却告诫他："别买，海关会没收。"殷小林只能望灯兴叹，再一次空手而归。

2004年至今，殷小林走遍了五大洲。在新西兰，他逛了许多古董店、旧货店以及跳蚤市场，始终没有找到当地毛利人使用过的古灯，只是零散地收集到了一些百年内的灯。他多次向毛利人打听，发现当地人也不知道古代的灯究竟长什么样子。"毛利文化是非常原始的文化，有可能是在白人到来之前，他们一直遵循着'日出而作，日落而息'的规律，根本没有发展灯具文化。所以他们的原始文明保留到了现在。这也说明，在全世界范围内，灯具和文明的进步都是有很大关系的。"了解过毛利人文化后，殷小林更加坚信了"灯与文明"的关系。

2013年，殷小林去了美国东海岸的迈阿密，在加勒比海诸国流连了一个月有余。他参观了印第安人的历史博物馆、玛雅文明的遗址。在这里，他发现的与古灯有关的信息并不多。2015年，他去了南美洲的十几个国家，参观了著名的印加文明遗址，又参观了土著博物馆，依然没有寻到南美洲古灯的线索。"我百思不得其解。后来，我终于在博物馆的展柜里发现了许多形制很像灯却没有标注为灯的器具。它们是一些被称为陶狗碗、葬碗的器具，这些'碗'的造型通常是一只动物驮着一只碗或者是一个人头顶着一只碗。我仔细地观察，发现在一部分碗的某一边沿上有非常明显的烧痕。所以我猜测，它们就是南美洲古人使用的灯具。"

在各大洲辗转多年，殷小林第一次真正"捡漏儿"，以低价收藏到国外的古灯是在2016年。一位老同学带他去了巴黎第十四区的跳蚤市场，殷小林在那里发现了几盏古陶灯。"其中有一盏很漂亮的古埃及的红陶灯，我很喜欢。"虽然喜上心头，但多年的收灯经验还是让殷小林迟疑了，他搞不明白，为什么古埃及的灯具上会有欧洲人的浮雕头像？

"我心里就想，这会不会是赝品呢？拿不准就不敢随便出手，于是我就没买。"但是，在此后几周的游历中，殷小林一直惦记着这个红陶灯，也一直在思索。最后，他突然想到，在古埃及漫长的历史上，曾数度被外族征服，其中就包括古罗马帝国。"古罗马统治时期，埃及古灯上有欧洲人的头像，是很正常的。我想通这个问题时，已经是三周后了，此时我正在西班牙的马略卡岛上。"

殷小林心中，一直放不下那盏有欧洲人头像的埃及古灯。在葡萄牙游览了辛特拉小镇和罗卡角之后，他决定先不去计划中的瑞士，而是折返巴黎，去找回那盏已经入梦的灯。

殷小林在一个周五的傍晚抵达巴黎，准备第二天上午到第十四区的跳蚤市场，然后乘晚间的火车离开。这个跳蚤市场面积大、人也多，殷小林根据上次的印象，找了两个来回，才找到那个有古灯的摊位。这是一对老夫妇的摊位，上面摆着一些杂项小古玩，其中就有四五盏古陶灯，但是没有殷小

殷小林收藏的拜占庭时期的红陶灯

殷小林收藏的古罗马有浮雕图案的陶灯，距今约 1900 年

林想要的那一盏。殷小林的妻子上前询问老先生，得知这盏灯已经被别人买走了。

扑了空的殷小林心情顿时晴转阴，像郁闷的孩子一样站在一旁不说话。反而是妻子已经开始对那四五盏古陶灯询价。老先生的每一盏灯的报价并不贵，从20欧元到50欧元。妻子开始熟练地和老先生讲价："指着50欧元的灯，问这个40欧元行不行。又指着30欧元的问，这个20欧元行不行。结果老先生一分钱都不让，回绝得十分干脆。"

本来殷小林就有些沮丧，听见妻子讲价被老先生一口回绝，心头莫名涌起一股怒气。"我就走上去了，态度也不太好，直接说，这几盏灯我全要了，就给你50欧元，行不行？"殷小林的报价多少有一些赌气的成分，其实根本没想过老先生会答应。可是老先生看了殷小林一眼，竟然回答："可以。"

殷小林和妻子都愣住了。"这个老先生还送给我一盏残破的古灯，相当于我50欧元买了五盏半古灯。"殷小林的心情从低谷中慢慢回升，如同渐渐攀升的音符，越来越明快和愉悦。

现在，殷小林家中摆满了十几年来收藏的国外古灯，古埃及红陶神像油灯、拜占庭时期的红陶油灯、拜占庭时期的青铜油灯、古罗马红陶马戏浮雕油灯、古罗马红陶人物雕塑油灯、古罗马红陶双翼执柄灯、古罗马青铜油灯、古罗马釉陶油灯……加上一直积累的中国古灯，共有700多盏。

"燕达又给了我一个建立'古灯展览馆'的机会，我们一起创建了国内首个建在养老机构里的'世界古灯展览馆'，并于2024年的'六一'儿童节当天，正式开馆迎客。"殷小林说，古灯像是他的"孩子"，他已经把第一个"孩子"嫁到远在千里之外的江苏省昆山市千灯镇，如今就想把第二个"孩子"留在身边。"而且，我一直有个理念，住在一个地方，就要为这个地方的发展作些贡献。希望我们的这个'世界古灯展览馆'，能丰富燕达的文化内涵，也为这里的老年人的晚年生活增添一点文化色彩。"

目前，殷小林与燕达养护中心继续合作，准备建立第二个展览馆——古

2024 年 6 月 1 日"世界古灯展览馆"开馆

董、旧物怀旧馆。这个展馆不仅展出殷小林的个人收藏品，还将展出燕达在住长者们珍藏的"宝贝"。所有燕达在住长者都可自愿献出自己的珍藏，或短期或长期地展出，与大家共乐共赏。

殷小林说，近二十几年，他一直不间断地做着两件事。一是研习佛法；二是集藏古灯。这两件事，虽异名，而同归。因佛家认为，灯传无尽法，传法如传灯。两件初看无关的事情，做到最后，似乎成了同一件事。读佛经，解经义，明悟的是道理，而这个"世界古灯馆"，则是对悟道的践行……

一念倾心，一生牵心。

殷小林真的"一发而不可收"，最后集出了一部实物的"古代灯具发展史"。竟真的如佛家教义中所说的一样，一灯传十灯、百灯、千灯乃至无尽灯了。

科技兴国

张青松，男，1936 年出生于江苏武进，机构研究员、博士生导师。1993 年起享受国务院政府特殊津贴。先后 18 次赴青藏高原考察，4 次参加南极考察，3 次赴北极阿拉斯加考察。主要研究青藏高原的隆起及其对环境的影响、南极和北极地区第四纪的环境变化。1980 年 1 月赴南极考察，是较早登上南极大陆考察的中国科技工作者之一；1981 年在澳大利亚戴维斯站参加越冬考察，是在南极大陆越冬的首位中国科学家；1984—1985 年任中国首次南极考察队副队长、南极长城站副站长。曾任中国科学院地理科学与资源研究所地貌研究室主任、中国南极研究学术委员会委员、中国第四纪科学研究会理事、中国冰川学会理事、中国地理学会地貌与第四纪专业委员会副主任、南京大学兼职教授。多次获得国家及中国科学院科技成果奖，1988 年获中国科学院竺可桢野外工作奖。

张青松

中国南极考察探路者与思考者

中国是南极考察的后来者，而张青松教授是中国南极考察的先行者、探路者。从他 1980 年 1 月第一次访问澳大利亚南极凯西站算起，我国的南极考察事业已历经 44 个年头，取得了令国人骄傲、令世界瞩目的成就。我们怀着无比崇敬的心情，走进燕达金色年华健康养护中心张青松教授的家中，倾耳聆听这位地质学家曾 4 次参加南极考察的亲身经历，了解中国南极考察初创阶段的艰辛历程；我国南极科考的研究成果；以及发生在南极洲惊心动魄的往事。

出身贫农之家，求学之路遇贵人

张青松于 1936 年出生于江苏武进一个穷苦的农民家庭，在四个子女中排行老四。武进县自然环境优美，距上海市只有 100 多公里。受上海经济文化影响，"耕读文化"在武进盛行，"读书才有本事，有本事才有饭吃"的观念祖祖辈辈流地传下来。中华人民共和国成立初期武进有 27 所完全中学，教育普遍发达。同为武进人的张青松和其爱人俞雅珍就是高中同学。

被迫留级休学　遇见终身缘分

张青松儿时顽皮，读小学一年级时因贪玩留级；初中毕业后，张青松决定参军，报考"南京海军干部学校"，其身体检查合格，但因为家中有"台湾关系"被拒收。考军校未果的张青松在休学一年后走进了高中课堂，与比自己小两岁的俞雅珍成为同班同学，也为日后两人携手共度一生打开姻缘之门。

上高中的张青松认识到读书的重要性，于是他刻苦学习，连续三年成为班中的三好学生。担心政治问题可能会影响张青松的前程，班主任江之光老师力争让张青松加入共青团，在耐心做通团支部委员的工作之后，张青松终于在毕业前两星期如愿加入了中国共青团。

张青松在南京大学地质系努力读书，经受考验，和在武汉测绘学院上学的俞雅珍频繁通信，相互鼓励，共同进步，并确定了恋爱关系。

家境贫寒遇贵人　奋发图强走大道

幼时，母亲带着两个姐姐养蚕以维持一家的生活，供孩子们读书，一家人生活清贫，却也其乐融融。不料变故陡生。在张青松6岁时，他的大哥突

2015年9月下旬，张青松、俞雅珍夫妇在西雅图—阿拉斯加游轮上庆祝金婚50周年。背景是美国国家冰川公园——正在消融的大冰川

发伤寒去世。当时20岁的已经订婚的大哥是家里的顶梁柱了，"顶梁柱倾塌"，母亲哭得死去活来，没几天就哭瞎了双眼。作为承担家中主要收入来源的母亲失去劳动力后，家中生活越发贫苦。

张青松小学毕业时，老实憨厚的父亲想让张青松去镇上当学徒，自己养活自己，减轻家庭负担。母亲坚决不同意，坚信"念书才能长本事，有了本事才有饭吃"！由于母亲的坚持，张青松得以进入初中继续求学。张青松初中毕业报考军干校不成，却遇到了生命中第一个贵人——母亲的三妹、张青松的小姨妈，在苏州工作的小姨妈当时月薪78元钱，她把这些钱用于资助亲戚家的小孩读书，张青松是她资助的第五个孩子。张青松依靠学校免除学费和小姨每月资助的8元钱伙食费，顺利完成了高中学业。

1957年张青松参加高考，当时高考录取形式很紧张，招生名额只有10.7万，比1956年的16万招生名额减少了很多，其中还包括优先录取的工农兵调干生入学名额，录取率比较低。由于张青松热爱体育运动，身体素质好，是学校的体操运动员，体育老师在高考前推荐张青松申请保送江苏体育学院。张青松很动心。班主任江之光及时开导张青松说："排除干扰，认真备考，以你的成绩考取大学没问题！"张青松听从了班主任的建议，参加了高考，考入了南京大学地质学系。

张青松当初之所以选择地质专业，是因为野外出差有补助，张青松不怕艰苦，只想多拿一点野外补助孝敬母亲。"在南大学到了本事，但到中国科学院工作，并没有得到多少补助，更没有钱孝敬父母。"母亲双目失明，一直没有来过北京。1985年4月，张青松从南极长城站归来的途中，90岁的父亲和88岁的母亲相继离世，前后只差一星期。没有在病榻旁侍奉双亲，没有送父母最后一程，成为张青松一生的痛。

张青松总结说，首先是家教很重要。张青松从小就被母亲灌输"要读书"的思想，母亲即使双目失明、家境贫寒，但她仍坚持让张青松上学。其次是求学路上有贵人指点很重要，如果没有姨妈省吃俭用的资金支持，他就不可能上高中进大学。如果没有班主任江之光老师的严格教导，张青松在高中也成不了连续 3 年的三好学生。若不是江老师甘担风险，全力促成张青松入团，并指引他参加高考，继续求学，他就不可能有后来的人生轨迹。

张青松遇到的第三个贵人是中国科学院地理所地貌研究室主任沈玉昌先生。他对张青松的要求特别严格。南极考察选人时，科学院有一个名额落到地理研究所，要求身体好、英语好，有野外工作经验，政治可靠，张青松除"英语好"不敢打包票外，其他都符合，沈玉昌站出来说："张青松的英语比我好！"其实，那时的张青松并没有出过国，对自己的英语口语缺乏自信，正是由于沈玉昌的"打包票"，张青松顺利获得南极考察的名额。张青松在南极考察中遭遇到各种困难时，都始终牢记沈玉昌先生对他的嘱托："我给你打了包票，要好好干，为国争光，不能出差错。"

"有贵人相助是外因，归根结底，还是要靠自己努力。"毛主席语录有很多，最令张青松受用的，就是"自力更生，艰苦奋斗"八个字。

从事 39 年地质考察

张青松参加工作 39 年，主要做了三件事：一是地震区划和铁路选线；二是青藏高原考察；三是南极考察。

从 1966 年 3 月 8 日邢台地震开始，张青松进行了 8 年的地震区划和铁路选线工作。3 月 8 日当天夜里他随队赶到了宁晋县耿庄桥震中区，日夜不息，做地震烈度调查，分析地震发生的原因，提出震后重建家园的建议。令张青松兴奋的是，他在耿庄桥打谷场聆听了敬爱的周总理的讲话，在帐篷里面见到了他老人家的风采，在中南海怀仁堂听取了周总理指示：团结一致，搞好地震预报。按照国家科委的安排，张青松带领地理所地震班开展京津塘地震区划，参与辽西铁路地震烈度评定和辽东地震区划等项目。张青松当时工作很努力，但认知有局限。他们判定唐山地区的地震烈度为IX度，结果 1976 年

7月28日唐山发生了XI度的强震，远超出他们的认知。当时，无论是长期预报，还是短期预报，或者是临震预报，都远没有达到周总理的预期，人民群众还处在地震灾害的威胁之中。1974年，张青松下放到河南，从此告别地震战线和铁路选线。

1975—1980年，张青松连续参加中国科学院青藏高原考察队。高原考察除了缺氧外还有很多困难，如交通工具简陋、营养食品供给不足。张青松具体做青藏高原新构造和夷平面研究。他们在海拔5000米的地方发现了三趾马下颚化石，在阿里狮泉河盆地又发现小古长颈鹿化石，通过综合分析，对比施雅风先生之前在希夏邦马峰的科考成果，张青松等提出青藏高原冰期划分、夷平面变化、雅鲁藏布江河谷发育和高原上升幅度等新认识。张青松在1980年北京科学讨论会提交的论文中，提出青藏高原隆起具有整体性、阶段性和后期加速的特征，其观点获得了中外学者的好评，并被载入会议英文文集。

在参与喀喇昆仑山考察期间，张青松得到国家测绘总局提供的1960年和1980年青藏高原主要公路两期精密水准复测资料。经过仔细分析，他们获得了重要成果：现代青藏高原以平均每年5.8毫米的速度上升，其中喜马拉雅山北坡的上升速度为平均每年10毫米，喜马拉雅山脉上升速度每年超过10毫米。高原东部则呈现下降趋势，表征地壳顺时针向南滑动，该地区强震多发，如汶川地震、炉霍地震等都与高原东侧地壳断裂活动有关。1989—1992年，张青松参与领导的中法合作喀喇昆仑考察历时5年，也取得了重要成果。

1975—1993年，张青松前后共18次（中间穿插了1980—1992年的南极考察）亲赴西藏。中国科学院青藏考察队是一支庞大的队伍。来自全国各单位不同专业的队员相互交流，取长补短，综合研究，共同提高。地质学出身的张青松获取的许多高原气象、土壤、植物和动物以及藏族文化知识都是从别的专题组学来的。

首次登上南极大陆

1980—1992 年，张青松四次奔赴南极，作为首位踏上南极洲大陆的中国科学工作者，张青松对第一次南极考察记忆最深刻。

仓促上阵   危险重重

1979 年 12 月 19 日，张青松刚刚出差到青岛一周，就接到中国科学院地理研究所（以下简称地理所）的加急电报：火速归京，有出国任务。

12 月 21 日，地理所业务处通知张青松，应澳大利亚政府的邀请，中国科学院决定派张青松和国家海洋局第二海洋研究所的董兆乾到南极凯西站进行考察访问，为期两个月，将于 1980 年 1 月 6 日出发，具体行程听从中国科学院外事局和国家海洋局的安排。

"让我去南极考察，内心的激动自不必说，可我没有出国经历，对南极

1982 年 5 月，张青松在戴维斯站区考察索斯达尔冰川。冰川坡面上由火山灰构成的"污化层"是研究古气候环境的材料

的了解也很少，甚至连凯西站在哪里都不知道，时间又那样紧迫，我的心里不免慌张。"

国家海洋局外事处的高钦泉同志向张青松和董兆乾介绍了考察日程：1980年1月6日由北京飞往广州，次日从广州乘火车到香港，1月8日深夜乘国泰航空班机飞往澳大利亚墨尔本，1月10日乘机飞往新西兰，之后再飞南极麦克默多站，最后再飞抵澳大利亚南极凯西站，预计3月20日回到北京。

南极对他们来说是那么遥远又陌生，骤然去往这样一个神秘莫测的冰雪世界，亲人的担心是必然的。张青松的爱人俞雅珍默默地帮他整理行装，用妥帖仔细的帮助代替对他的劝慰。彼时，张、俞二人结婚已经15年。张青松到野外考察是常事，1975—1976年张青松参加青藏高原考察，几个月未通信息。俞雅珍任劳任怨，一人带着两个孩子在家操劳，在背后默默支持丈夫。对于突然而来的南极之行，她既高兴又害怕。

虽然平时无话不谈，可这一次张青松不得不对爱人俞雅珍隐瞒一些消息：1979年11月28日，一架满载200多人的DC-10客机在南极麦克默多站附近坠毁；1935—1959年，美国在南极上空失事的飞机有50架，平均每年两架。南极的气候多变，大陆内部气象观测资料极少，飞行事故时有发生。张青松对自己的首次南极考察是充满信心的，因为这是国家的需要、人民的希望；同时他也意识到南极考察的成功绝不是轻而易举的，可能要作出牺牲。因此，张青松在给党支部的信中表示："……此次南极之行，我一定努力争取最好的结果，胜利而归。万一回不来，请不要把我的遗体运回，就让我永远留在南极大陆，我的坟墓可以作为我国科学工作者第一次南极考察的标记……"

1980年1月6日中午，波音707飞机把张青松从仲冬的北京带到了春意盎然的广州，他在那里得到了国家海洋局南海分局的热情接待。

1月7日，张青松乘火车抵达香港，住在新华社驻港办事处。

1月8日午夜，张青松乘坐国泰航空公司的波音747客机从香港机场腾空而起，他的第一次南极考察的长途旅行开始了。"这一天正是敬爱的周恩来

1980 年 1 月 6 日，张青松（左四）和董兆乾（右三）从北京首都机场出发，地理所原副所长张文全（左三），青藏考察战友李炳元（左一）、杨逸畴（左五），国家海洋局原副处长郭琨（右二）和张青松的夫人俞雅珍（左二）、儿子张昊等到机场送行

总理离开我们 4 周年的日子，而在 1955 年，他正是从香港出发飞往印度尼西亚参加具有历史意义的万隆会议的。我们正在跨越周总理曾飞越的航线飞往澳大利亚，再飞往南极开展工作。"回想 1966 年 3 月在邢台地震灾区耿庄桥村和当年 5 月在中南海两次见到周总理的情景，想到他的亲切教诲，张青松浑身充满力量："此行我一定要谦虚谨慎，努力学习，团结协作，勤奋工作，努力完成任务。"

张青松他们的相貌和服装，引起了飞机前排一位香港同胞的注意。他介绍自己姓甄，原籍广东，在香港房地产公司工作。当他得知张、董二人是去南极考察访问时，一种民族自豪感使他异常兴奋。"我早就盼着有这一天。"他说，"虽然身居香港，但我对祖国的发展一直非常关注。你们的行动本身就是一个好消息，我希望我们的中国富强起来。"

1 月 9 日下午两点半，张青松飞抵澳大利亚南部城市墨尔本。飞机广播里传来令人愉快的声音："中国的董先生和张先生下机后请不要出门，南极局有人在门口迎接你们。"通知后面还加了一条说明："接你们的人是一个'大胡子'。"张、董二人在取行李处环顾四周，寻找接机的"大胡子"。过了一会儿，香港同胞甄先生从门口领来一个"大胡子"，介绍说，这是南极局副局长诺尔斯·克里博士。"我们对偶遇的甄先生感激不尽，他一路上像对待出远门的兄弟一样悉心关照我们，直到我们与克里博士联系上才放心地与我们道别。40 多年过去了，甄先生的形象一直珍藏在我的脑海里。"

克里博士介绍自己是一名生物学家，这次和他们同去南极凯西站，局长麦科先生已经先行抵达新西兰的克赖斯特彻奇（基督城）。"你们有什么要求由我帮助解决。"他介绍道，他们在墨尔本只停留一天，第二天上午领衣服，中午在南极局举行欢迎午餐会，下午参观南极局，晚上在克里博士家共进晚餐，然后同乘午夜十二点半的飞机飞往克赖斯特彻奇。

南半球的季节正好与北半球相反，1 月的墨尔本正值盛夏。虽然位于南纬 40°（和北京的纬度正好对称），但是它紧靠海滨，气候湿润温和，并没有炎热的感觉。早晨看着冉冉升起的太阳，张青松竟一时分辨不清方向。原来在北半球看太阳的运行轨迹是顺时针方向，而在南半球太阳是逆时针运动的。作为一个地质学工作者，初次来到南半球几乎搞错方向，张青松不免有点难为情。

1 月 10 日上午，澳大利亚南极局科技秘书彼德·凯奇先生带张、董二人到南极局服装部领取了满满两大包服装。澳大利亚南极局的代局长菲利浦·索尔兹伯格先生带领他们走访了南极局的每一个部门。

在午餐会上，索尔兹伯格先生向他们说明了这次去南极的行动计划：1 月 11 日 0 点 30 分，从墨尔本飞往克赖斯特彻奇；1 月 14 日，从克赖斯特彻奇乘飞机到麦克默多，停留 1—2 天，然后再乘同一架飞机飞往凯西站，在那里工作一个月左右；2 月 16 日乘"塔拉顿"号运输船离开凯西站，途经法国迪蒙·迪尔维尔站，停留 3—4 天；3 月 5 日回到墨尔本后的参观访问活动另行安排。克里博士补充说："澳大利亚南极考察队员都是乘船去、乘船回，很少有人乘飞机，你们很幸运，不仅乘飞机去凯西站，还有机会访问美国、新西兰和法国的科考站。"

在下午的休息时间，董兆乾和张青松向澳大利亚南极局赠送了贝雕礼品"桂林金桥"。索尔兹伯格先生接过这件中国工艺品时，无比兴奋地连声说："好极了！这是我们南极局收到的来自中国的第一件礼物……我以后一定要亲自去看看你们美丽的国家。今天你们把这座金桥'架'到了澳大利亚，过几天你们还要'顺'着这座金桥到达南极大陆。"张青松回答说："通往南极的桥梁是你们为我们架设的，我们十分珍视中澳之间的友谊。"

飞往基督城　试做南极人

克赖斯特彻奇和墨尔本有两个小时的时差。当地时间 6 点 15 分，张青松等乘坐的 DC-8 喷气式客机在机场降落。当他们来到宾馆时，澳大利亚南极局新任局长麦科先生已经在门口等候了。他热情洋溢地接待并安置好他们，并陪同他们拜访了新西兰南极局局长。

新西兰南极局局长罗伯特·汤姆森先生和麦科局长是老朋友，他对张、董二人应澳大利亚南极局邀请首次去南极访问考察表示热烈欢迎，同时表示，新西兰离南极较近，希望新中两国在南极考察中可以密切合作。

下午两点，麦科局长陪张、董二人到医院体检、验血，之后陪同他们参观了南极博物馆。医院体检主要是查验血型，通过此次体检张青松才获知自己是 A 型血。麦科局长要求他们把铝合金制作的血型牌始终挂在脖子上，洗澡时也不要摘下来，万一遇到紧急情况需要输血，以便让医务人员及时确认血型。

从医院驱车来到南极博物馆，已经是下午四点半。馆长当即决定将闭馆时间延后两小时，并亲自陪同他们参观，逐馆介绍。博物馆分上下二层，面积有两三千平方米，展陈内容非常丰富，有 1914 年以来新西兰历次南极考察的实物、图片和其他资料，还有采自南极各地的岩石、矿物、化石标本以及各种动物和植物的生态标本等。"我站在这些形象逼真的模型前面，真像身临南极现实环境一样。"

通过在晚宴上两个小时的交谈，张青松进一步认识到，麦科局长是一位知识渊博、思维敏捷、友善、幽默的人，他对中国人民有着深情厚谊。他说："你们两人是中国第一批即将登上南极大陆的科学工作者，这一行动将要载入中国南极考察的史册。你们是光荣的人。"

麦科局长饶有兴趣地问他们："你们的国家是如何选定你们两人作为南极考察的第一批工作者的？"张、董二人回答说自己也不清楚，但希望去南极考察的中国科学工作者绝不止他们两个，所以选人大概选了半个月之久。张青松在向麦科局长介绍了他们二人各自的学历和经历后说："虽然已是中年人，但在科学研究领域，特别是对南极地区的研究方面，我们还是'小学生'，渴望向澳大利亚等国的科学家学习。"麦科局长听了十分赞赏，说道：

1980 年 1 月 20 日，澳大利亚南极局局长麦科陪同张青松游览悉尼

"科学工作者必须把自己永远摆在学生的位置上，一旦认为自己不是学生了，那他就不能再有所作为了。南极地区是国际科学合作进行得最好的地方，相信你们初访南极一定会取得成功。"他接着说："我热爱南极的科学考察事业，我今年52岁，去年7月出任南极局局长，准备干18年。我要到70岁退休，自愿延长10年工作时间，要为南极考察多作贡献，也要为澳大利亚与中国的科学交流作出贡献。今年邀请你们到南极考察，实现了我的第一个愿望，希望以后可以安排更多的中国科学家到澳大利亚南极科考站工作，了解和学习澳大利亚人建设及管理南极科考站的经验，这对将来中国兴建自己的南极科考站会有帮助的。"

诚挚的谈话把他们引入中澳友谊的深情，张青松庆幸遇到了一位好局长，也意识到跟随他和克里博士出访南极凯西站，将会是一段顺利而又愉快的行程。

第二天早晨七点半，麦科局长告诉他们，刚接到通知，他们要于当天中午飞往南极，1小时后出发。随后，麦科局长派遣一位新西兰南极局的老先生帮助他们准备行装。这位60多岁的老先生是南极考察的"老手"，他一边告诉他们每一件衣物的名称和用途，一边教他们如何穿着，现在穿哪些，哪些放在随身带的手提包里，并且特别叮嘱："随身带的手提包不要托运，飞机上很冷，需要加衣服。"张青松按照他的要求上身穿上特制汗衫和毛衣，下身穿上棉毛裤、毛裤和防风裤，脚上再套上一双毛袜，穿上毡套衬里的防潮长筒靴。

当天10点，张青松随麦科局长驱车来到机场。这是美国海军管理的专门为美国南极麦克默多站运送人员和物资的大型机场。张青松远远地端详停机坪上的大力神LC-130运输机，麦科局长解释说，"这架飞机是澳大利亚南极局向美国租用的，从克赖斯特彻奇飞到麦克默多站，再飞到凯西站，往返租金是16万美元"。澳大利亚南极局之所以租用美国运输机，主要是为了向东南极大陆冰盖投放自动监测仪器设备，也为新任局长麦科先生快速巡视凯西站提供便利。张、董二人此行正是搭了"顺风机"。

　　LC-130 运输机的飞行速度远不及波音客机，这是一架能托运十几吨货物的"大力士"，舱内噪声很大，没有服务人员，双耳戴上耳塞还觉得震耳欲聋，乘客只有借助对讲机才能互相通话。乘客分坐左右两侧，从窗口向下瞭望，除了一片深蓝外什么也看不见。张青松只好独自看资料、做笔记。越往南飞，舱内越冷，张青松一件一件地往身上加衣服，他把手提包里的衣服全部穿上还是觉得冷，不得不和董兆乾、麦科局长一起到前舱的暖风管道旁取暖，用眼神相互鼓励——南极就在不远的前方了。

　　突然，坐在旁边的霍夫曼工程师对张青松大声说："到了，南极罗斯海到了！"张青松赶紧拿起照相机走到后面的窗口。近处洋面漂浮的冰山和串串碎冰像散落在蓝色天鹅绒上的碎玉，洁白闪亮；远处高低起伏的层层银岭，矗立在一望无际的耀眼的冰原上。克里博士说，这里是南极横断山脉北端的奥的斯地。

1980 年 1 月 12 日，董兆乾（左一）、张青松（左三）和澳大利亚南极局原局长麦科（左二）、原副局长克里（右二）、工程师霍夫曼（右三）等准备飞往南极麦克默多站

飞抵麦克默多　南极第一城

1980 年 1 月 12 日晚 8 点 40 分，张青松乘坐的 LC-130 运输机降落在罗斯岛东侧的威廉姆斯机场。麦科局长一行，受到美国科学基金会南极计划局副局长福勒先生和驻麦克默多总代表摩尔登先生的欢迎，他们随即被接到离机场 12 公里的、当时美国在南极最大的科学基地——麦克默多站。

在麦克默多站的第一个夜晚，张青松被"白夜"景象吸引。午夜 12 点，红色的太阳还斜挂在地平线之上，太阳高度约 8°，天空通明，这就是南极地区的"极夜"。麦克默多站靠近南纬 80°，极昼时间差不多有 5 个月，也就是 12 月 22 日（南半球夏至日）前后各有 70 多天。

在此，张青松遇到了此后友好交往 20 年的日本国立极地研究所的冰川学家西尾文彦和地球物理学家神沼克伊，他们向张青松二人赠送了他们在干谷拍摄的地质地貌照片和采集的矿物标本，并告知他们，在麦克默多站背后，有一座山叫作"瞭望山"（Observation Hill），海拔 100 多米，是麦克默多的制高点，登高可以纵览全景。

第二天上午，张、董二人相约攀登"瞭望山"，将其作为第一次南极野外考察。他们沿着羊肠小道向上攀登，黑色多孔的玄武岩引起了张青松的兴趣，他不停地观察、记录和采样。山顶上有一块为南极探险先驱设立的纪念碑，纪念碑的平台上有一个木架，盒子里有一本册子，供考察队队员和游客签名留言。为了表达初访南极的心情，张青松用英文写下这样几句话：我们热爱科学，热爱南极，我们愿向各国科学家学习，中国和世界各国科学家之间的友谊万岁！

埃里伯斯火山是一座间歇性喷发的活火山，大约一天喷发 2 次，很有规律，但每次喷发的强度和持续时间并不完全相同。当日，张青松目睹了火山较强烈的喷发！

1956 年建成的美国麦克默多站是当时南极科考站中规模最大的一个，有各类建筑 200 多栋，包括 10 多座三层高的楼房。麦克默多站是美国南极研究规划的管理中心，也是其他美国南极科考站的综合后勤支援基地，其中的威廉姆斯机场可以起降大型客机，其中有通往新西兰的定期航班。此外还有两座小型机场。这里还建有大型海水淡化工厂和大型综合修理工厂。麦克默多站的通信设施、医院、电话电报系统、俱乐部、电影院、商场等一应俱全，仅酒吧就有4座。麦克默多站还有私人工程公司。在麦克默多站周围的各种实验室里，每年冬季有近200名科学家，夏季更是有多达2000名科学家在此从事各领域的考察研究。每年夏季，一架架大型客机从美国、澳大利亚、新西兰等地把上千名游客送到这里来观赏南极洲的风采。麦克默多站的夏季车水马龙、热闹非凡，就像一座现代化城市，所以这里有"南极第一城"的美称。

1980年1月13日下午，张青松和麦科局长等参观了南极博物馆——"斯科特棚"。自1841年英国著名探险家詹姆斯·罗斯发现罗斯岛以来，麦克默多一直是南极探险和近代科学考察的重要基地。另一位英国著名探险家罗伯特·斯科特于1902年在南极大陆上建立的第一个基地就在这里。这个面积约

从麦克默多瞭望山北望罗斯岛中部海拔 3795 米的埃里伯斯活火山

100 平方米的、被称为"斯科特棚"的低矮的四方形木板建筑，现在已重新修整，外面加设金属栏杆，作为永久纪念。"斯科特棚"里的陈设都是斯科特探险队在 1902—1904 年的遗物：灶具、食品、衣服、冰镐、灯、马鞍、桌椅等。靠近门口的墙边还依照当时的情景放着一只被解剖的海豹。

罗伯特·斯科特曾经在南极探险史上"写"下了一页极为悲壮的故事。1911 年 11 月，他和几个伙伴从这里出发向南极大陆的内陆进发，越过冰架，穿过比德莫尔冰川和南极高原，直达南极点。但在探险一开始，意外的暴风雪使斯科特一行受挫，加上他错误地用西伯利亚矮种马代替习惯极地生活的爱斯基摩犬，在整个探险过程中，他们不得不消耗人力拖着满载给养的笨重雪橇前进。斯科特的错误也让这次探险付出了惨痛的代价。历尽艰辛，斯科特一行人于次年 1 月 18 日胜利抵达南极点，但他们的体力已经差不多耗尽了，在回程中，食品匮乏、暴风雪的袭击及严重的冻伤，使他和他的伙伴相继倒下。1912 年 3 月 29 日，这位杰出的南极探险家也悲壮地死去了。这支英国探险队的结局很悲惨，但他们刚毅、勇敢的献身精神在南极考察史上留下了光辉的一页。斯科特临终前，始终没有抛弃沿途采集的 35 磅（约 15.88 千克）重的化石和岩石标本。斯科特的日记和照片也被后人完好地保存下来，成为南极科学研究的珍贵资料。

凯西站　我们来了

1 月 14 日早上 5 点，张青松一行从威廉姆斯机场登机，在飞行 2000 公里之后，他们从麦克默多湾来到东南极大陆威尔克斯地沿海的凯西站。抵达时间是上午十点半（凯西站当地时间六点半，两地时差近 4 小时）。

凯西站位于南极洲温森斯湾，建于 1969 年，属于澳大利亚南极局。从 1985 年起，澳大利亚南极局就对凯西站进行了大规模扩建。新站的主要建筑包括住宅栋、实验栋、气象栋、通信栋、发电栋、污水处理栋、餐厅、仓库、车间等，此外还有小型医院。

在凯西站东南约65公里处，有威尔克斯机场的冰面跑道，跑道全长4公里、宽0.7公里，使用先进的激光水平尺技术。该机场于2008年正式启用。

在张青松和董兆乾到访凯西站之后，中国科学院兰州冰川冻土研究所的谢自楚、钱嵩林和秦大河等先后来到凯西站，深入冰原考察南极冰川。可以说，凯西站是研究南极冰川的"实验室"，它为培养南极冰川学家作出了重要贡献。

凯西站与中国的南极考察也有渊源。2016年，中国"雪龙"号极地科考船（以下简称为"雪龙"号）抵达澳大利亚凯西站，将澳方的392吨物资卸运到凯西站并将其部分站区物资装运上船，运回澳大利亚。中国第32次南极考察队通过"雪龙"号为凯西站运送物资，是中澳两国南极科考合作的延伸。

初到凯西站，受到热烈欢迎

张、董二人在到达凯西站时，受到27名考察队队员的热烈欢迎。热情的问候、友好的交谈，使他们一开始就生活在充满友谊的"大家庭"里。性格直爽的机械工麦克斯·雷里先生听麦科局长说张青松会打乒乓球，于是在饭后他立即邀请了另外两位澳大利亚朋友同张青松一起打乒乓球。凯西站原站长迈宁陪他们参观了凯西站的全部设施并熟悉周围情况。迈宁站长不止一次对他们讲："从今天开始，你们就是澳大利亚凯西站南极考察队的两名成员。你们可以自由地从事自己的工作，使用一切你们需要的设备，并且可以得到每一个考察队队员的帮助。"迈宁站长的话在之后一个月的工作实践里得到了证明。

凯西站的主要建筑很别致，长180多米，全部架于离地面1.5—2米的钢架上，下面留出风道，目的是减少积雪；东面（迎风面）呈半圆弧形，以减少风阻。这两种设计都是为了有效地防止风雪灾害，因为这里盛行东南风，尤其是在冬季，风速常达几十米每秒。落地建筑每成为一堵人工挡风墙，风雪在建筑物的背风面堆积，一些南极考察站便是由于这个原因而被掩埋。高架建筑底下留出风道后，背风面就不易积雪了。

参观废弃的威尔克斯站

到达凯西站的第4天，麦科局长和克里博士就带张、董二人察看了已经废弃的威尔克斯站。威尔克斯站位于凯西站正北的半岛上，两地相距5公里。威尔克斯站是美国在1957—1958年第一次国际地球物理年之前突击兴建的，从开工到建成只用了几个月。为了纪念美国第一支南极探险队队长查尔斯·威尔克斯于1839年最先发现南极大陆的功绩，美国特意用"威尔克斯"来命名。由于当时缺乏必要的气象资料，美国人错误地把站址选在这个半岛上东西向的槽谷里，加上建筑群平面结构不合理，该站在勉强使用两年后就被迫关闭了。

1959年，澳大利亚征得美国的同意，重新启用了威尔克斯站，可是严重的风雪灾害给澳大利亚人带来了很大麻烦——每年冬天，他们不得不用两台推土机不停地清除房前的积雪，于是澳大利亚决定另择新址。从1964年开始，澳大利亚花费了五年时间，于1969年建成了现在的凯西站，威尔克斯站则被废弃了。考察结束后，在南极建设科考站的"老手"霍夫曼工程师对张青松说："在南极建站，选址和建筑物的布局是最为重要的。"

张青松一到凯西站，就被邀请去打乒乓球

　　张青松跟着麦科局长和克里博士从窗户钻进废弃房屋内部，冰雪差不多填满了房子的所有空间，他们不得不在光滑的冰面上爬行。在一处堆放杂品的库房里，克里博士拣出几包澳大利亚火柴，这是 11 年前的物件。张青松接过火柴一擦，居然可以点着。在冰雪中堆放如此之久却依然可用，可见南极气候之干燥。

凯西站的植物园

　　在凯西站主建筑物西北大约 500 米的地方有一个天然水库，它是由冰雪融水注入一条冰川槽谷形成的。水库长 200 米、宽 60 米、深 30 米，是凯西站的饮用水水源地，其利用抽水泵将水输入装有电热器的管道，直接连到水塔。库中的水碧波荡漾，水温有 7℃—8℃。

　　在水库溢出的涓涓流水旁，是凯西站的"植物园"。那一大片茂密的地衣和苔藓，以及水中翠绿色的藻类，在阳光下显得格外绚丽。细密厚实的苔

凯西站高架于地面 2 米左右，是为了让风雪从下面通过

藓覆盖在碎石沙砾之上，犹如地毯。墨绿色的枝状地衣生长在岩石表面，富有弹性；壳状地衣的黄色、黑色、白色、紫色、绿色的，或顺着岩石的裂缝蔓延，构成一条条彩色的镶边，或密集生长，聚成大大小小的圆形斑纹……这些生物便成了凯西站附近能够引起植物学家浓厚兴趣的"绿洲"。

在气候严酷的南极大陆上没有土壤，植物的生长极为艰难。这里没有高等显花植物，只有单细胞的地衣、苔藓和藻类等绿色生物。据统计，南极大陆目前已经鉴定出的地衣约有 400 种、苔藓约有 75 种、藻类约有 360 种，其中绝大部分集中分布于南极半岛和亚南极岛屿。凯西站附近拥有这样一片较大面积的"植物园"，自然显得特别珍贵。

这里的苔藓色彩鲜艳、密如绒毛，但它们必须依靠大量的冰融水才能生存。藻类则不同，这种微小的生物在裸露的岩石或沙砾地，甚至冰层里的沙土层也能生长，仿佛在地上或冰上刷上一层绿色。地衣是南极地区分布最广泛的生物，它是海藻与真菌的组合体。海藻能进行光合作用，真菌可以把虚弱的海藻细胞固定在岩石上，它的须根还能分泌出某种物质溶解岩石，使之

1957 年仓促建站、后被冰雪掩埋终被废弃了的威尔克斯站

释放出地衣生长所需的无机物。地衣的生长速度慢得让人难以置信，每年也许只有一天的积极生长期。所以，南极地区直径仅几厘米的地衣可能是地球上年龄最大的现生生物。据资料介绍，地衣的生命力极强，在英国博物馆陈列 15 年的地衣沾了水以后还会复活生长。不过张青松对这个说法存疑，因为在 1990 年前后，张青松曾经试着给从戴维斯站采集回来的枝状地衣浇水，可是干枯的地衣并没有复活。

雪莱岛上观企鹅

1 月 19 日傍晚，张青松在离凯西站 3 公里的雪莱岛上第一次见到了企鹅，同去的凯西站的澳大利亚考察队队员说，企鹅是百看不厌的，和企鹅"逗乐儿"，是一件令人愉快的事情。

雪莱岛是个小岛，高出海面 70—80 米，长不过 700 米，宽约 250 米。那里是阿德雷企鹅聚居的地方，企鹅总数约为 2000 只。十多人的队伍在夕阳西下时突然登岛，加上水陆两用车的"吼声"，企鹅群大为震惊，如临大敌，"咯咯"地叫个不停。

阿德雷企鹅身高约 70 厘米、体重 3—4 千克，眼圈为白色，头和背部呈黑色，胸腹为白色，羽毛密实，皮肤油亮，双腿很短，尾部着地，行走时张开双翅，左右摇摆。它的翅膀长约 25 厘米、宽 4 厘米，外表是坚硬的角质层，不长毛，短小的翅膀非常有力，在水中游泳时靠翅膀划动，时速可达 40 公里 / 小时。翅膀也是它们"斗殴"的武器。

阿德雷企鹅和其他企鹅一样喜欢群居。资料显示，最大的阿德雷企鹅群体多达 25 万只。它们的"家庭观念"很重，奉行"一夫一妻"制，常常蜗居在自己用石子构筑的巢穴里。可是它们的"集体意识"很强，遇到天敌贼鸥偷袭时，会齐心协力抗击。胆小的或逃跑的企鹅，甚至会遭到同伴的打骂。

阿德雷企鹅对待自己的孩子有所偏爱，它们喜爱强壮的孩子，鄙视弱小的孩子。企鹅妈妈给幼企鹅喂食的情景也很有趣——妈妈跑，两个孩子追。

南极地区数量最多的阿德雷企鹅

追得上妈妈的孩子有得吃，落在后面的没得吃。久而久之，强壮的"孩子"越强壮，瘦弱的"孩子"越瘦弱，后者便可能成为贼鸥捕食的对象。这就是优胜劣汰法则，成活的幼企鹅常常只有一只。企鹅蛋和幼企鹅的死亡率高达50%—70%。即使这样，阿德雷企鹅仍是南极企鹅中数量最多、最常见的一种，总数估计超过 10 亿只。

来自南极的越洋电话和家书

在南极考察的时间将比原计划延长了两周，到凯西站以后，张青松和董兆乾的工作和生活情况需要及早汇报给中国驻澳大利亚大使馆，并通过大使馆传回国内。但张青松希望亲自试一试凯西站无线电通信设备的性能，和董兆乾商量后，他提出是否可以给位于堪培拉的中国大使馆打一个电话。这一要求立即被麦科局长批准了。

1980 年 1 月 26 日上午 10 点，无线电通信室首先安排张青松他们通话，电话是通过悉尼转接到堪培拉的。不一会儿，电话就接通了。接电话的是大使馆文化处的贡庚泉同志，无线电通信设备传出的声音非常清晰，几乎同在城市内通话一样。能用汉语向 3000 公里以外的中国同胞致意，张青松是那样的激动。贡庚泉意外地接到来自南极凯西站的电话也十分兴奋，通话时间超过了规定的 20 分钟，双方还握着话筒舍不得放下。当年 3 月 21 日，张青松回到北京后获悉，妻子俞雅珍在当天下午就知道了这次通话的内容。贡庚泉同志接到电话后，中午就打电话转到北京，有关部门的同志下午就电告了俞雅珍。

从北京出发前，张青松向妻子说明，在澳大利亚和南极考察期间不写信。可是到达凯西站的第二天，热心的克里博士就告诉他，南极考察队队员在每个季度可以写一封不超过 175 个字的家信，由站上免费发电报到墨尔本，再由澳大利亚南极局转寄给写信人的亲属。之后，他还几次催张、董二人写信，以免亲人惦念。按照他们的习惯，每逢节假日和生日，都要给家人打电话、发电报或写信的。

2 月 6 日，离那一年的春节还有 10 天。在这天发信，家人可能在春节前就能收到。张青松把要写信的事告诉了无线电通信室主任柯尔先生。他说"我随时愿意为你们服务"。于是，张青松和董兆乾每人写了一封信交给他。柯尔先生就住在他们隔壁，20 多天的共同生活使双方建立了很好的友情，柯尔看了他们的信说："信是用电报发的，越简练越好。如果允许的话，我是否可以给你们改一改？""这当然太好了。"于是，柯尔放下手边的工作，一字一句地修改他们的信，边改边讲，既帮助他们提高了英文水平，也加深了他们的友情。张青松给爱人的短信全文如下：

1 月 14 日抵达凯西站以来，我一直很好，甚至连感冒都没有得过，因为这里没有病菌。伙食很好，每天都有水果。我们作为第一批中国科学工作者访问南极，受到了热烈的欢迎，尤其是在凯西站。他们待我们很好，我们向他们学习了许多东西，不仅是科学知识，还有语言。相信在他们的帮助下，我们一定会完成任务。预计 2 月 16 日离开凯西站，经法国迪蒙·迪尔维尔站回到澳大利亚，3 月 5 日抵达塔斯马尼亚霍巴特。我们将在墨尔本和堪培拉停留 10 天，然后经香港回北京，有望于 3 月 21 日或 22 日到达北京。你和孩子们都好吗？多保重。请把上述情况转告给地理所领导。

回京后，俞雅珍告诉张青松，这封信恰好在 2 月 15 日春节前寄到。澳大利亚南极局秘书罗宾逊夫人在转发此信时，还附了一封热情洋溢的短信和两张凯西站的照片。这给她和孩子们带来了极大的愉悦和安慰之情。

离别凯西站

1980 年 2 月 17 日上午 10 点，凯西站举行了隆重的交接仪式。差不多每位越冬考察队队员都得到了一枚澳大利亚科技部授予的铜质纪念章，这是他们的光荣和骄傲。

麦科局长在评价 1979 年度凯西站的工作时，特别提到"成功地接待了中国科学领域的第一批友好使者"，具有历史意义。他希望在南极地区能看到更多的中国科学家，澳大利亚科考站非常愿意接待更多的中国科学家。

从 1 月 14 日到 2 月 17 日，张青松在凯西站生活了整整 34 天，同澳大利亚考察队队员建立了深情厚谊。交接仪式结束后，张青松和许多朋友合影留念。中午 12 点整，凯西站山上一声巨响，6 桶汽油制作的礼炮爆炸，浓烟烈火冲天而起，"塔拉顿"号汽笛长鸣，徐徐驶向大洋。"塔拉顿"号红、白两色的身躯在蓝色海洋的衬托下显得格外明亮。

从 2 月 17 日中午登上"塔拉顿"号起，为期 18 天的返航旅程便开始了。张青松从未出过远洋，适应南太平洋上的航海生活对他来说这是一个考验。董兆乾与西太平洋"打过交道"，航行于南大洋也不是一件易事。麦科局长安排霍夫曼先生照料张、董二人在海船上的生活。

17 日下午到 18 日早晨，"塔拉顿"号在碎冰区穿行，行进缓慢，遇见大面积海冰要绕道而行。浮冰区冰块较密，运输船经常要迎着冰块前行。每次遇到这种情况，船体就会发出撞击声和冰块的撕裂声。这里是季节性封冻区，冬季结冰，冰厚1—2米，夏季开化，"塔拉顿"号这种排水量3000多吨的极地运输船可以通航。

2月18日上午，"塔拉顿"号驶出碎冰区，沿着南纬64°30′开足马力向东全速前进，此时风浪不大。2月21日下午7点，张青松顺利抵达法国迪蒙·迪尔维尔站。

张青松荣获澳大利亚科技部颁发的1981年戴维斯站越冬考察纪念章

航海归途　骇人的南纬50°

2月27日下午7点，"塔拉顿"号在一片欢呼声中驶离迪蒙·迪尔维尔站。"塔拉顿"号灵活地在冰山中穿行，向辽阔的大洋驶去。一同搭船回国的还有20多位法国考察队队员，更增添了船上活跃的气氛。

晚10点以后，"塔拉顿"号进入开阔洋面，风浪急剧增大，船体上下颠簸、左右摇晃。张青松不仅无法安坐，而且躺在床上也感到很不稳当，一夜的颠簸令其彻夜不眠。

次日早晨，张青松感到肚子发胀、头脑昏沉，这是晕船的症状。可是为了观测气象及测量温度、湿度，张青松还是振作精神，登上船头的驾驶室。驾驶室里卫星定位的数字显示器显示：航行了十几小时的"塔拉顿"号离开迪蒙·迪尔维尔站才20海里（约37.04公里）！这使张青松感到惊奇，大副解释说，船开出海湾后一直向西，迎着风浪全速前进，可是风浪太大，又是逆水行进，航速近于零。

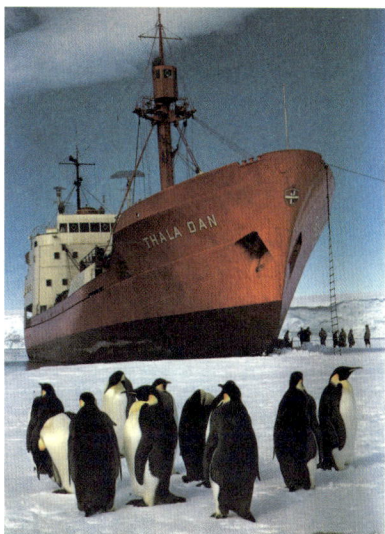

张青松乘坐的澳大利亚南极局租用的丹麦极地运输船"塔拉顿"号

从中午开始，风浪渐小，"塔拉顿"号改变航向，侧风向北前进，左右摇摆的幅度更大了，船体倾斜超过 20°。张青松开始晕船呕吐，不想吃饭。队员们送来晕船药和巧克力，董兆乾每次用餐后都会给他带回水果。张青松只能双手紧抓床沿，躺在床上上下颠簸、左右摇晃，如此连续折腾了两天，他后背和臀部的皮肤都被磨破了。

"塔拉顿"号终于冲出这片南纬 50° 附近的海域，能够平稳地向北行驶了！南极辐合带是南大洋南极海区的北界。从南极向北流的冷水与太平洋（另一边是大西洋和印度洋）向南流的暖水在这里汇合，宽度达上百公里。这里的浮游生物和鱼虾非常多，海鸟也特别多。辐合带两侧海水的水文、物理和化学性质差别较大，以南的海水温度低、盐度低，以北的海水温度高、盐度高，两侧风急浪高，有所谓的"咆哮 50°"之称。"据说，这里的海浪甚至能达到 20 米高。我们只遇到 8 米高的浪，算是很幸运了。"

1980 年 3 月，在第一次考察南极归来后，《人民日报》《光明日报》《工人日报》《北京晚报》和中央电视台等对张青松作了多次采访，并进行广泛报道，这充分说明了国家对南极考察工作的重视。不久，方毅副总理听取国家海洋局关于首次南极考察的汇报，中国科学院地学部原副主任王遵仮和张青松参加，身在杭州的董兆乾因故没能参加。

1980 年 8 月，新西兰南极局罗伯特·汤姆森先生访问北京，方毅副总理会见他，并与他进行亲切交谈。汤姆森邀请中方派代表作为观察员参加当年 11 月在惠灵顿召开的国际南极科学委员会年会。1980 年 10 月，澳大利亚南极局麦科局长来访，他和方毅副总理商定，派张青松前往戴维斯站越冬，派董兆乾参加南大洋海洋生物资源调查。第二次南极科考是另一段惊心动魄又收获满满的故事。

1980 —1992 年，张青松四次赴南极考察，1980 年 1 月赴南极考察，是最早登上南极大陆考察的中国科技工作者之一；1981 年在澳大利亚戴维斯站参加越冬考察，是在南极大陆越冬的首位中国科学家；1984—1985 年任中国首次南极考察队副队长、南极长城站副站长，为筹备和推动中国南极考察作出了不可磨灭的贡献，为中国南极科考人树立了英勇无畏的精神榜样。

张青松把四次南极考察的经历撰写成册并出版发行。正如方毅副总理的指示："去南极考察的人很少，你们有责任把得到的知识介绍给大家，要多写科普文章和科普书籍，向中国广大群众分享南极知识。科研人员不仅要做研究员，也要做科学知识的宣传员。"

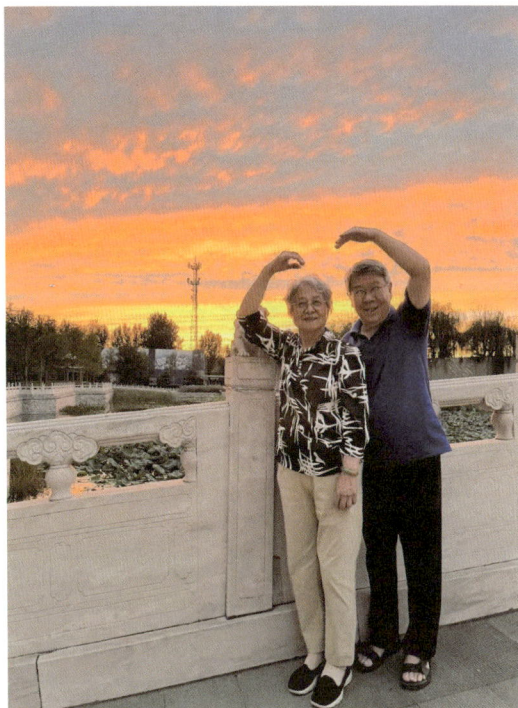

张青松与妻子俞雅珍在燕达养护中心合影

2023 年 5 月，张青松携夫人俞雅珍入住燕达养护中心。夏季，夫妇二人旅居海南岛；冬季，到秦皇岛、大连等地小住；春、秋，回到燕达温暖的家中。夫妻俩身体健康，生活惬意。到祖国各地走走看看，是张青松做了一辈子地质考察的职业习惯，是俞雅珍几十年如一日的支持与陪伴。

出走半生，归来仍是少年。

　　邵丙璜，1934 年 10 月生于浙江，是中国科学院力学研究所爆炸力学领域的资深研究员。

1956 年以优异成绩毕业于浙江大学机械系，并分配到以钱学森先生为所长的中国科学院力学

所工作。1986 年获得研究员职称，1992 年获国务院政府特殊津贴，1993 年被国务院学术委

员会评为博士生导师，1995 年退休。

　　在邵丙璜的科研生涯中，他始终以国家的需求为己任，不断探索和突破科技的边界。他的

研究领域广泛而深远，每一项成果都是对国家科技进步的重大贡献。他的人生，是对"锲而不

舍""国家需要我干什么，我就坚定干什么"信念的最好诠释。

邵丙璜

用一生诠释"锲而不舍"的科研精神

"国家需要我研究什么,我就研究什么,从不考虑私人利益。"作为中国科学院力学研究所的资深研究员,邵丙璜将毕生精力都奉献给了工作,在爆炸成形、爆炸焊接、爆炸烧结、爆炸合成金刚石等研究领域取得了很大的成就。

1934年10月,邵丙璜出生于浙江,8岁时父亲因病去世,母亲一个人扛起了整个家,维系着家里众多人口的生计。童年虽充满困苦,邵丙璜却始终怀揣着"读书报国"的坚定信念。

1955年在浙江大学,邵丙璜有机会聆听了一次钱学森的演讲,这位科学巨匠的人格魅力和科研能力深深吸引了他。钱学森的一句"中国人并不笨,并不比美国人笨",激发了他无限的民族自豪感和科研热情。1956年,邵丙璜以优异的成绩毕业,毅然选择到中国科学院力学所工作,开始了向偶像学习的历程。

在中国科学院力学所,邵丙璜的科研才华得到了充分发挥。他参与了多个重要领域的研究工作,攻克了一个又一个科研难题。他的研究成果不仅获得了国家级的奖项，更为国家的科技进步作出了巨大贡献。

邵丙璜的人生旅途中有一位始终与他携手并肩的伴侣。他们相遇于中国科学院力学所的实验室，两颗心在共同的探索与追求中渐生情愫。在风雨兼程的岁月里，他们相濡以沫，共同面对每一个科研难题和生活的考验。她以深厚的修养和高尚的情操成为邵丙璜最坚实的后盾，而邵丙璜以他对科学的执着追求和对国家的无私奉献，赢得了爱人的敬仰与支持。

退休后，邵丙璜并未停下科研的脚步。为继续投身于爆炸合成金刚石的研究，他和老伴自掏腰包，在北京远郊进行了三年极其艰苦的野外实验和理论研究。他的研究不仅取得了显著的成果，更为我国半导体产业的发展提供了强有力的技术支持。

尽管已 90 岁高龄，邵丙璜仍未停止对爆炸合成金刚石及其应用的研究。

童年生活困苦
大学毕业如愿跟随钱学森工作

邵丙璜的父亲早年留学日本，1905 年加入了由孙中山创立的同盟会。他让邵丙璜和兄弟姐妹十人从小就树立了读书、自强、报国的思想。邵丙璜说，父亲给子女最重要的思想遗产是：子女要自立、互助，完成大学学业。因此邵丙璜的母亲对他们的要求十分严格，即使在抗战那么艰苦的环境下，她也鼓励孩子们积极读书。

1950 年，中华人民共和国刚刚成立，百废待兴，邵丙璜的哥哥在北京铁道部工作，经济并不富裕，除了要养活自己的四个孩子，哥哥还要承担当时正读高中的邵丙璜在北京育英中学住校的生活所需。

哥哥当时每个月只能供给邵丙璜两块八毛钱的生活费，其中包括伙食和衣着费用。邵丙璜说："住校期间，我一天三顿都吃窝头，连咸菜都买不起。因为我吃过苦，所以科研工作中的苦我都能习惯。"

常年的营养不良使得邵丙璜患上了神经衰弱，但他还是珍惜学习机会，如饥似渴地学习。生活虽然给予了他重重考验，但正是这些考验磨砺了他的意志，让他的心灵更加坚韧。

1956 年，邵丙璜以优异的成绩毕业于浙江大学，当时，成绩好的学生可以选择到哪个单位工作，邵丙璜坚定地选择了中国科学院力学所。

邵丙璜回忆说，有一次钱学森去浙江大学演讲，一句"中国人并不笨，并不比美国人笨"，让他至今仍觉振聋发聩。"当时，中国和美国的科技差距很大，但钱学森这么一说，我们就很提气，觉得只要好好学习，我国就能缩小差距。"邵丙璜说，钱学森的讲座让他热血沸腾，他下决心要以钱学森为榜样，好好学习，用所学报答国家。

邵丙璜清晰地记得和钱学森在力学所门口相遇的场景，他动情地说："1956 年 8 月 30 日，我和另一位同学柯受全，从前门火车站坐了两辆三轮车，携带着简单的行李，到中关村力学所报到。没想到，在单位门口，我们就遇到了钱学森。"令邵丙璜感动的是，钱所长见面就问："你们这两个浙大的应届毕业生怎么现在才来报到啊？"一个大科学家对两个下属科研人员这么了解，他竟然知道这两个年轻人是浙大的毕业生。"这说明他提前了解了我们每个毕业生的情况，这让我至今难忘。"邵丙璜说，正当他们羞涩时，钱所长还跟他们开玩笑说是不是为了这个月的工资才这时候来，他们一下子就消除了紧张。

令邵丙璜印象深刻的是，那时力学研究所共 100 多人，为了启迪大家进行科研创新，活跃思想，钱学森每周都拿自己的工资举办学术派对或讲座活动。"讲座的内容都是国际前沿知识，我们每次都听得如饥似渴，大开眼界。"邵丙璜说，除了精神享受外，大家还有"物质"享受，"每次讲座，钱学森都会在教室后面的柜子上摆放各种精美的、我们当时都吃不到的点心。我们都是一群 20 多岁的年轻人，充满幸运感，也从中学习到了很多。在钱学森的带领下，上下级关系非常融洽。"

钱学森这种工作作风贯穿在其后来主持的国防部五院工作中，给国家培养了一大批三十开外的重大科技项目"老总"，为我国航天工程撑起了一片蓝天，使我国建成空间站，实现翱翔太空和在月球背面登陆成为可能。

钱学森对科学的热爱和其朴实的爱国情怀深深感染了邵丙璜，使他深刻理解了科研的意义和科学家的责任。因此，尽管科研的道路充满荆棘，但邵丙璜从未放弃，一直以国家需求为主导开展各项研究。

为国家攻克三大科研难题
遇见终身伴侣

1958 年，邵丙璜刚工作没多久，钱所长就给了年仅 24 岁的他一项重大任务，即载人的离心机设计，以测定航天员在可能遭受高达 10 个重力加速度的压力和其承受能力。在设计过程中，钱所长不时过来了解、询问，给了邵丙璜很大的信心。

当时，中国科学院张劲夫副院长和钱所长带着一帮年轻人入住上海西湖宾馆，邵丙璜有幸随行。在一次用餐后，张、钱的交谈内容使邵丙璜终生难忘并感到非常惊讶，当时张副院长问到力学所一位归国高级研究员潘良儒在家庭经济方面还有什么困难，力学所都会处理。邵丙璜说："中国科学院领导竟如此关心一个研究所科研人员的冷热，这也展现了'两弹一星'时代，中国科学院领导和科研人员是多么的心心相连。"

这也让邵丙璜深受感动，他更加鼓足了干劲，将所有身心都投入到工作中。功夫不负有心人，邵丙璜敢于创新，勇于探索，工作也开展得格外顺利。但当时为适应航天需要，中国科学院在上海筹建机电设计院，邵丙璜的全部图纸需要移交给设计院。多年后在电视节目中，邵丙璜偶然看到了我国载人离心机实验室运转情况，这让他欣喜不已。

1958 年力学所提出"上天、入地、下海和为国民经济服务"四大科研方向。当时邵丙璜知道美国为保证其大型"土星"火箭壳体精确的流线型外形，采用了爆炸成形技术，于是就提出了开展爆炸成形的研究工作，受到了钱学森的重视。

1959 年冬，爆炸力学室主任郑哲敏、邵丙璜、陈维波等 3 人在力学所雪地上，用雷管爆炸成形了第一个碟形零件。钱学森预见到了该技术将来在我国航天工程中的应用前景。事后，在爆炸成形的现场会上，钱学森拿着这个零件，高兴地对围观的年轻科研人员说："你们不要小看这个小碟子，将来的火箭制造将用到这种技术。"这令在场的每个人都倍感振奋，也更加坚定了邵丙璜他们圆满完成爆炸成形研究的信心和决心。

接下来，在郑哲敏的主持下，邵丙璜和同事们夜以继日地潜心钻研和探索，从爆炸力学角度对爆炸成形机理在理论上进行了深入研究，举行了多次全国学术会议，使爆炸成形技术走向成熟，并在全国得到迅速发展。

邵丙璜主要负责民品的爆炸成形工作，根据当时我国缺乏大油压机的国情，邵丙璜提出了采用爆炸成形、加工大型封头的设想，并得到了力学所、爆炸力学室的认可。

为推广爆炸成形，1964 年 7 月，邵丙璜等人去宝鸡石油部传授技术。当时，宝鸡石化单位的书记、厂长及总工们，在烈日下坐在渭河河滩上观看试验结果，事后，宝鸡石化部门钱学礼总工在拍摄的照片上留言说："你们的亲切指导，为我厂今后生产高温高压的炼油设备创造了条件。"

钱学森所长在首个爆炸成形小碟的现场会上

渭河河滩上，邵丙璜和同事在准备爆炸成形的炸药包

爆炸引起的冲击波和水柱

邵丙璜作为爆炸成形组组长，参与了爆炸成形的全过程。该项目在1964年荣获国家科委、计委、经委三委联合颁发的新技术国家一等奖，邵丙璜是主要获奖人之一。

也正是在这项工作中，邵丙璜邂逅了爱情。1962年，他的老伴从清华大学力学系毕业，分到中国科学院力学所工作。当时他们天天在一起工作和实验，就逐渐产生了感情。老伴觉得他比较老实，对工作很努力，是个可靠的人。她说："我记得他笔记本上写了'锲而不舍'四个大字，我就觉得这个人很有追求。"在往后多年相互扶持的生活中，她切实地感受到了邵丙璜是如何将"锲而不舍"的精神贯穿到工作中的。

"即使我们现在住在燕达养护中心了，他依旧每天都会打开电脑看科研论文，还在思考。"邵丙璜的爱人心疼他的这种付出，"去年他脑梗了，医生提醒不能久坐，我现在能做的是，每过一会儿就提醒他走一走。"

听到这里，邵丙璜笑了笑说："我觉得她修养很好，文化素质很高，我忙于工作时，都是她在兼顾家庭。"邵丙璜需要长年在怀柔远郊做爆炸合成金刚石实验，两周才能回家一次，都是他的老伴在兼顾工作、家庭，抚养两个孩子。被问及是否对家庭有所愧疚时，邵丙璜说："我是在为国家作贡献，我相信她是理解我的。"对此，他的老伴表示赞成："我当时工作也很繁忙，但我是女性、是母亲，肯定会把家庭和孩子放在重要的地位。"

邵丙璜的老伴接着说："在艰苦的特殊年代，我们的工资都很少，我刚开始的工资是 46 元，后来变成 56 元，他工作好多年后的工资是 70 元。我们

1991 年，邵丙璜与家人一起参加清华大学校庆

要养两个女儿，还要给长辈寄钱，生活非常苦。当时每天吃的都是西红柿热汤面或者是疙瘩汤，因为西红柿最便宜，五分钱一小簸箕。"

　　说起那段时期发生的一个故事，邵丙璜的老伴仍记忆犹新："当时，邵丙璜两周才能回家一次，我怀二女儿时，只能请我母亲来照顾我，我有一天在单位学习政治学到晚上9点，觉得身体实在是难受得不行，艰难地走到医院，自己在医院生了孩子。那时生活很苦，几乎吃不到鸡蛋和肉，怀孕时严重缺乏营养，体重没增加多少，旁人几乎看不出我怀孕了。"

　　孩子出生两天后，邵丙璜才从怀柔赶回来。"他给我带回了两只老母鸡，但我太虚弱了，身体缺钙，牙齿都咬不动鸡肉。"但她懂得两只老母鸡里蕴含的爱。

　　有了两个孩子后，一家人的经济负担更重了。两人只能将大女儿送到端王府全托幼儿园，周末才接她回家。二女儿则被送到乡下姥姥家，每个月寄点生活费。直到二女儿4岁时，他们才将孩子接回北京。回忆起这段往事，邵丙璜的老伴仍感觉心疼："当时送大女儿去幼儿园，每周接送一次，就像卖孩子一样，刚送到幼儿园，孩子就哭起来，老师必须强制抱走，母女每周只能相聚一天。"她清楚地记得，有一年冬天接孩子回家时，发现孩子已经发高热了，更发现孩子的棉袄只有罩衫系上扣了，里面的棉袄都没系扣。

　　说到这里，邵丙璜的老伴忍不住哽咽起来。这样的事情多了后，她只能"妥协"。"我有怨言，但没有办法，他就是那样的人，我也只能多分担点家里的事情，来支持他的工作。"邵丙璜的老伴说道。

　　邵丙璜在从事科技研究的过程中，面对困难和失败从不气馁，始终永葆对科技研究的热爱和坚守，为国家前沿技术创新研究贡献着自己的力量。1978年后，邵丙璜在郑哲敏院士的领导下，开展了爆炸焊接的深入研究。该爆炸焊接项目的有关科研成果获1986年中国科学院科技进步三等奖和1989年中国科学院自然科学一等奖。"国家当时需要这项技术，我必须做出来。"在邵丙璜的心里，国家需要什么，他就做什么，这是他义不容辞的责任。

邵丙璜介绍，爆炸焊接是爆炸力学理论在生产实践中应用的成功范例，它可将两种，甚至多种不同品种的金属板瞬间爆炸焊接在一起。我国爆炸焊接面积可达 8 平方米，实现了规模化生产，并成功应用于化工等行业，年产值已达数十亿元。

1978 年，邵丙璜担任中国科学院力学所爆炸焊接科研项目负责人、中国力学学会爆炸力学专业委员会委员和爆炸加工专业组组长，负责或参与组织了多届全国爆炸加工学术会议，多次参加国际爆炸加工学术会议。

为了更直观地讲解这项技术，邵丙璜拿出一块金属块说："这是四层不同金属材质爆炸焊接在一起的样品。用放大镜看，能看到金属层间'浪花'一样的奇特结构。这就是金属在爆炸瞬间产生的超高压下，失去了强度的意义，具有像流体一样行为的表现，这就是爆

1986 年，爆炸焊接项目的有关科研成果荣获中国科学院科技进步三等奖

1989 年，爆炸焊接项目的有关科研成果荣获中国科学院自然科学一等奖

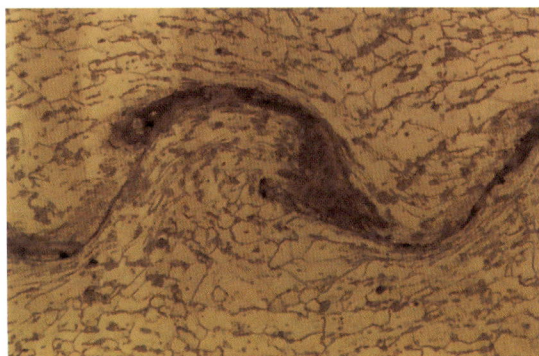

爆炸焊接金属层间产生的奇特"浪花"结构

邵丙璜（左二）作为学术会议代表团团长参加第二届材料爆炸加工国际会议

炸焊接的流体力学模型。"邵丙璜认真而详细的解说，无不透露着他对科研的严谨态度和执着热爱。

1982 年，在苏联新西伯利亚召开的第二届材料爆炸加工国际会议上，邵丙璜代表中国科学院力学所介绍了一种新的爆炸合成金刚石装置，并提出了有别于国际上温度变化导致相变这项常规理论的高压导致相变的理论模式，这是一种理论创新，收获了与会方的好评。

这是中苏开始修好后，中方第一次参加苏方举办的国际学术会议，中国科学院和苏联科学院西伯利亚总院高层都很重视会议。中国科学院派外事局的一位刘处长负责处理访苏有关事项，并担任翻译工作。苏方则派西伯利亚总院流体力学研究所的一位副所长——捷姆琴科负责全程接待。邵丙璜则担任学术会议代表团团长，会上邵丙璜代表中国科学院力学所宣读了两篇论文。一篇是 *Motion of flayer plate under glancing detonation*，这是一篇描述采用爆炸流体力学模型在滑移爆轰下复板飞行的理论工作的文章，理论计算的结果和

会议结束后邵丙璜在莫斯科红场留念

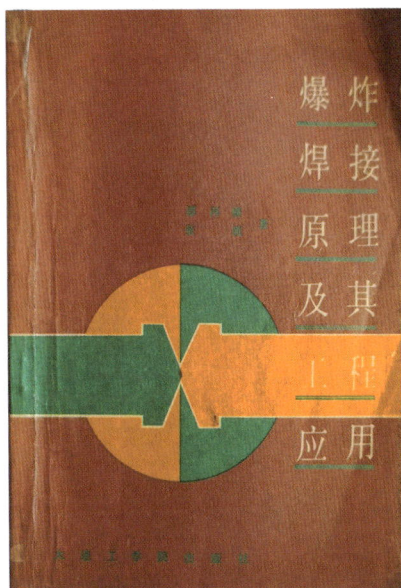

邵丙璜和张凯合著的《爆炸焊接原理
及其工程应用》

X光实测惊人的一致，误差小于5%，其在国内业界被称为邵丙璜公式。

另一篇论文是 Modified set-up for explosive, synthesis of diamond and calculation of some mechanical parameters，该论文有别于国内外常规理论，采用温度变化引起相变理论，第一次从理论上定量说明高压引起相变的原理和过程。流体力学研究所所长捷力巴斯教授，亲自在会议上为邵丙璜的报告做英/俄文同声传译。

1986年，应大连理工大学钱令希校

长邀请，邵丙璜用时两三年，为该校研究生撰写教材，出版了专著《爆炸焊接原理及其工程应用》（邵丙璜、张凯著）。爆炸焊接是一门新兴的边缘学科，当时国内外涉此领域的专著共有三本，两本英文、一本俄文。除俄文版对理论有较深入的探讨外，其余都偏重工艺。为了让爆炸焊接科学原理得到更系统、更完整的展示，邵丙璜查阅了很多国内外资料，并结合无数次实验结果，完成了这本倾注他全部心血的著作。

在当时，《爆炸焊接原理及其工程应用》一书是唯一系统和完整地介绍爆炸焊接力学原理及其工程应用的专著，它对 20 世纪 80 年代我国爆炸焊接产业的繁荣起到了推动作用。

有了完整的理论体系，邵丙璜渴望将技术用于国民生产中。不锈钢的原料镍在中国比较稀缺，而不锈钢 / 碳钢以 1/3—1/10 的厚度比例进行爆炸复合，而产品强度相当，就可以大大节省不锈钢。

在爆炸复合的现场，后排右四为邵丙璜

当时，太原钢铁公司是我国最大的不锈钢生产基地，不锈钢产量占全国的 30% 以上。于是，邵丙璜曾多次赴太钢劝说该公司领导开展不锈钢与碳钢的爆炸焊接工作，以便充分合理地利用我国的不锈钢资源。1991

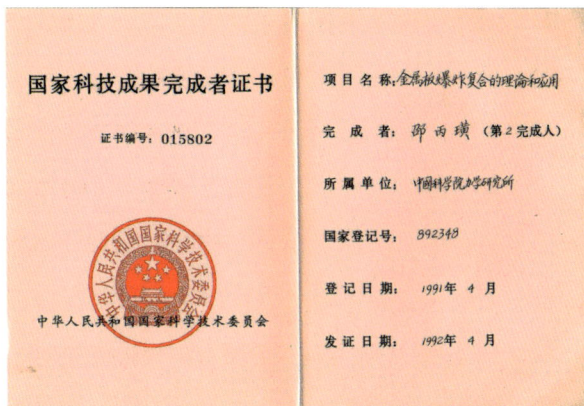

1992 年，邵丙璜荣获国家科技成果完成者证书

年，邵丙璜带队到太钢传授了爆炸焊接技术。此后，太钢一直采用爆炸焊接技术，其产品广泛用于化工、核能、造船、水电等领域，该公司也获得数以亿计的丰厚利润。

为了让科技更好地改善民生，助力国民经济发展，邵丙璜从未停止自己科研探索的脚步。1986 年，在"七五"计划期间，邵丙璜是国家"863"计划中"爆炸烧结研究项目组"的负责人。该项目研究如何将非晶态金属薄膜在其晶粒来不及形成或长大前的瞬间，用爆炸的方法将其烧结为整体材料，从而保持其原始状态的优异性能。

1989 年，邵丙璜等人用爆炸烧结技术将数百层的钴基非晶态薄膜爆炸烧结成环状整体，并完成烧结过程中的爆炸力学的理论研究和实验。有关研究成果被在日方举办的国际会议推荐发表在 *Journal of Materials*

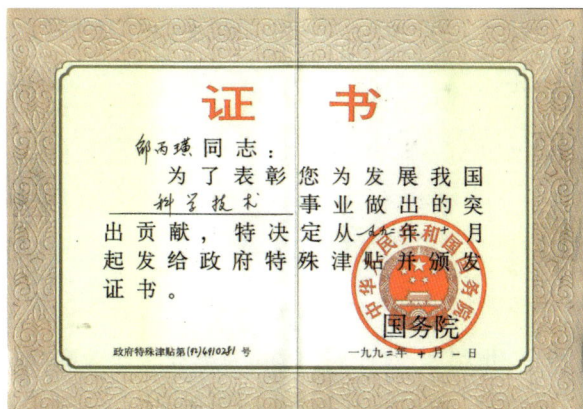

1992 年，邵丙璜因科研事业的突出贡献荣获国务院政府特殊津贴证书

Processing Technology 85（1999）上。测试表明，该烧结体是一种综合软磁性能优于国内外所使用的铁氧体和玻莫合金的新型材料，和当时国际类似的研究相比处于领先地位。

"只要技术能用上，能为国家作贡献，再多的艰辛与努力，都是值得的！"这是邵丙璜作为一名科研工作者最朴实的心愿，也是他一生都在践行的理念。

退休后自掏腰包研究爆炸合成金刚石
研究永不止步

在完成以上三大领域的研究后，邵丙璜寻找到了令他最为痴迷的一个研究领域——爆炸合成金刚石，他为此投入了二三十年的时间。退休后他仍自掏腰包进行研究。如今，虽已居住在养老机构，可邵丙璜仍然保持着高强度的学习。"如果说钱学森是他的偶像，金刚石就是他日思夜想的恋人！"邵丙璜的老伴笑着说。

1969年，Intel公司第一块半导体产品问世。其加工问题引起了GE公司（美国通用电气公司）、杜邦公司以及中国科学院科技人员的关注。发明静压法人造金刚石的GE公司很快迎来巨大的商机和挑战。他们认为，持续高速发展的半导体工业要求发展一种专门的金刚石产品，来满足它独一无二的需要。他们还认为，该新品种金刚石"应具有微观断裂的特性，即在其切削刃口变钝之前，就能适时自动脱落，从而产生新的锋利刃口，以保持良好的切削性能"。这正是邵丙璜等人后来所生产爆炸合成的金刚石的特性。GE公司因局限于静压法技术路线，始终未能生产出具有上述特性的金刚石，从而失去了硅片超精细加工领域的主导地位。

20世纪80年代初，国际著名化工企业和炸药生产商的杜邦公司就以爆炸合成纳米聚晶金刚石而驰名全球，是该领域的先驱者。产品大量用于包括硅芯片、碳化硅晶片、铁氧体、蓝宝石、巨磁阻磁头等的超精细加工，年销售量达 2000 万克拉，已形成了一个全球范围的大市场。但该公司采用的环状飞片技术有所不足，金刚石的产率过低，成本太高。其用于半导体超精细加工时，还需要经过破碎和"浑圆化"两道工序，进一步增加了成本。公司也曾投入上亿美元的巨额经费，试图改进其技术方案，并 4 次来力学所访问。但终究因技术路线差距太大没有成功。该公司在 1999 年将生产厂转让给瑞士 Spring 公司，并退出超精细加工市场。这表明，在瞬态、超高压、高温条件下，要合成高性价比的纳米聚晶金刚石产品，从理论到实践都有很大难度。

2000 年前后，GE 和杜邦两大国际巨擘退出硅片超精细加工市场，这是业界的巨大损失。半导体产业只好采用 IBM 公司（国际商业机器公司）推出的 CMP（化学机械抛光）工艺，并对硅片进行超精细加工至今。

当时，中国科学院力学所的经济实力和 GE、杜邦相比较是三家中最弱的一家，但科研人员仍然坚持了下来。1970 年，邵丙璜等人开展了不同于杜邦方案的爆炸合成金刚石研究。从技术概念的提出，到关键技术的突破，再到一次次实验验证，邵丙璜及研究团队攻坚克难，不惧困苦，历经 8 年的艰辛努力，终于收获了丰硕的成果。

回忆起那段时光，邵丙璜感慨不已。20 世纪 70 年代，中国科学院力学所在怀柔爆炸场的科研条件极其艰苦。邵丙璜介绍："科研人员坐三轮卡车去试验场，早上从中关村出发，路况不佳，一路颠簸，到怀柔时已是吃午饭的时间，到怀北坟头村爆炸试验场，还有 30 公里的颠簸路程。当时沈乐天研究员在午饭后因道路崎岖，竟被颠成胃穿孔，疼痛难忍。三轮卡车颠簸着继续赶路，直到将他送往北医三院，他的胃被切除了五分之四。"谈起 50 年前的往事，邵丙璜仍记忆犹新。

1978 年，力学所的爆炸合成金刚石研究项目结束。但邵丙璜利用业余时间寻找更优技术方案的努力没有停止。1993 年，邵丙璜在技术上有了新的方案，并协助力学所与北京门头沟区军饷乡合办的力新公司实现了纳米聚晶金刚石的规模化生产，年产能力达到 100 万克拉，每公斤炸药的金刚石产率约

1991 年，邵丙璜（中）向熊本大学工学部江川博明教授和藤田昌大教授辞别时留念

1993 年，邵丙璜参加中国力学所和熊本大学工学部签订协议答谢会

为杜邦公司的 10 倍以上。该乡镇企业经邵丙璜联系建立了将产品销往日本的渠道。2000 年前后力新公司宣布破产。其唯一盈利的金刚石项目纳入后来重新组建的新公司，2004 年前后，新公司销售给日本著名的 Nihon Micro Coating （NMC）公司达 1000 多万克拉的金刚石，总值数千万元。

日本熊本大学冲击能实验所是日本文部省所属研究爆炸和冲击波及其应用的主要学术机构。1991 年，邵丙璜五度应邀访问该所，进行爆炸加工的学术交流，其中爆炸合成金刚石受到日本有关方面的特别重视，其间中

1993 年，邵丙璜教授和薛明伦所长访问熊本大学的新闻发布在熊本日日新闻朝刊

国力学所与日本有关方面建立了良好的合作关系。

1995 年，邵丙璜退休。他获得了中华人民共和国农业部的嘉奖，被评为"八五"全国科技进步先进工作者。可是，邵丙璜并未因退休放弃对爆炸超硬材料——金刚石和立方氮化硼的持续研究。1996年，邵丙璜夫妻两人以自己有限的工资，进行为期三年的艰苦野外实验和理论研究。

实验要做爆炸，他们要往 300 米远的山上的爆炸容器中铺设输水管；为节约成本，他们需要自己采购并安

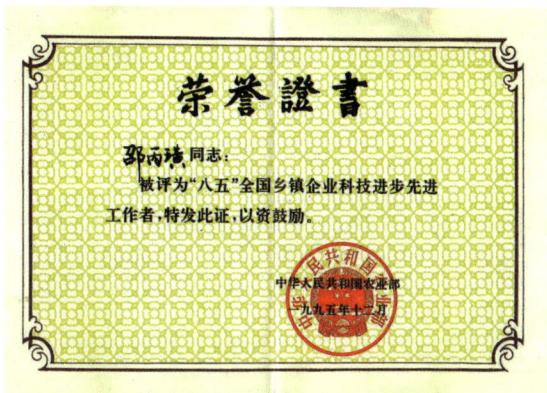

1995 年，邵丙璜被评为"八五"全国科技进步先进工作者

邵丙璜在铺设 300 米长的进山输水管

装输水管道，需要自己扛器材、炸药上山。

当时，邵丙璜的居住环境也很差，冬天房子没有取暖条件。在进行爆炸实验时，玻璃窗常被震碎，他们只能将油毛毡钉在窗框上，以挡西北风的袭击。邵丙璜还记得，当时要修上下水管，他刚爬到地沟里，就看到一只大老鼠正盯着他。在如此艰苦的环境下，夫妻两人一干就是三年。力学所党委书记何林同志来怀柔试验场看到他们的实验条件时，十分感动，他曾感叹说："他们两人正是将信念化作内心的灯塔，以一颗不屈的心，迎接每一个挑战。"

历经磨砺，始得玉成。最终邵丙璜夫妻二人的这项研究取得了不错的进展，

怀柔东爆炸场在爆炸合成立方氮化硼的瞬间

优秀论文证书

邵丙璜，张晓捷：

您的论文《激波合成纳米聚晶金刚石在我国半导体产业超精细加工中的应用背景——构建破解我国当前无高精芯片之痛的基础》被评为第188场中国工程科技论坛——"爆炸合成纳米金刚石和岩石安全破碎关键科学与技术"优秀论文。

特颁此证。

中国工程爆破协会

2014 年 9 月 15 日

邵丙璜和老伴发表的论文被评为"优秀论文"

其中爆炸合成的立方氮化硼由 cBN 和 wBN 以 60/40 组成，这优于当时日本和苏联只能爆炸合成出的 wBN——这是一种韧性较好、硬度较低的亚稳相，也优于静压法生产的单晶 cBN——它是一种硬度高、耐高温性好，但冲击韧性远低于爆炸合成的纳米聚晶氮化硼。上述 cBN 和 wBN 以 60/40 组成，是当时爆炸合成立方氮化硼业界的期盼，被认为是"黑色金属加工之王"。其制成的刀具在无冷却液的情况下，可加工高硬工具钢，是加工大型精密机轴的理想刃具。

接着，一直在科研路上的夫妻两人再度出发，邵丙璜和老伴又一起进行了爆炸合成超硬材料——金刚石和立方氮化硼的理论研究和数值计算，建立了激波压力、激波温度、残余温度和持续时间 4 个参数的"金刚石爆炸合成参数四维窗口"，以优化的工艺参数指导生产实践。理论计算表明：在该四维合成窗口内启用增压技术，有望实现石墨 100% 转变为纳米聚晶金刚石的诱人目标，而目前的转换率为 20%。

有关以上几项工作的研究论文《激波合成纳米金刚石的相变机理》《激波合成纳米聚晶金刚石在我国半导体产业超精细加工中的应用前景——构建破解我国当前无高精芯片之痛的基础》《激波合成纳米聚晶立方氮化硼——立方氮化硼磨刃具是加工黑色金属及其合金之王》，以邵丙璜和老伴两人名义发表在 2014 年中国工程院主办的《爆炸合成纳米金刚石和岩石安全破碎关键科学与技术》论文集上，同年三篇论文均被评为"优秀论文"。

邵丙璜和老伴发表的论文被评为"优秀论文"

2010—2012 年，在中国科学院老专家技术中心的支持下，两人为山西太原建立了基本无噪声、无大气污染、无震动的可全天候车间化生产的科华纳米聚晶金刚石厂，这是爆炸加工技术的重大突破。金刚石产率提高到杜邦公司的 16 倍，年产能力可达 1000 万克拉以上，是国内外技术最先进、爆炸合成金刚石产率最高的产业化实体。

2013—2015 年，他们两人为将纳米聚晶金刚石应用于半导体产业的超精细加工，进行了大容量离心机粒度分级。为使每个级别的粒度分布尽可能窄，以保证高研磨效率和尽可能少的表面划伤，他们进行了黏性流体力学的计算，制订了分级技术方案和工艺参数，将金刚石统货按粒度分为 18 个级别。该分级技术的特点是：与常规的由细到粗的分级流程相反，从而保证了粗颗粒金刚石不易混入细颗粒研磨液中，提高了研磨质量。

2015—2016 年，他们为清华大学航空航天学院建立了用纳米聚晶金刚石研磨液对半导体片进行超精细研磨和减薄的实验室。对 GaN/ 蓝宝石芯片、

GaAs/Si 芯片、蓝宝石 /Si 芯片、红外 LED 芯片等进行了研磨减薄。值得一提的是，业界认为蓝宝石减薄到 30 微米就可以申请专利，邵丙璜他们则实现了芯片厚度从 500 微米减薄到 10 微米（约为 A4 纸厚的 1/4），一次可研磨 180—360 片，为规模化生产提供了可能。

这一项项研究成果的背后，是邵丙璜夫妻两人"十年如一日"坚持不懈地耕耘，更凝结着他们不畏艰苦、全身心投入的智慧和汗水。

邵丙璜介绍，碳化硅被誉为新一代半导体中的耀眼明星，和半导体硅相比，它击穿电压是硅的 7 倍，工作频率是硅的 10 倍，耐高温性是硅的 4 倍。因此，同样功率的芯片，它的体积仅为硅芯片的 1/6。由于其卓越性能，获"得碳化硅片者就是得天下"的美誉。但现实是：碳化硅为二元素的化合物，结构远较单晶硅复杂，加上 9.5 的超高莫氏硬度，使得采用低硬度磨粒并缺乏刚性约束的传统 CMP 工艺显得十分无能为力。十年来，我国采用传统 CMP 工艺加工的碳化硅片的最大不平度（平整度）Pz，始终停留在微米级或亚微米的低水平上。与目前硅芯片的 5 纳米线宽相比，相差了两个数量级。这表明 CMP 工艺所能提供的碳化硅片平整度 Pz，远远无法满足我国制备纳米级线宽 5G 碳化硅芯片的需求。"得碳化硅片者得天下"仍然是我国遥不可及的梦想。

我国碳化硅片采用爆炸合成球状金刚石进行超精细研磨，邵丙璜说："实践表明经纳米金刚石的研磨，碳化硅片的最大不平度（平整度）可缩小到 50 纳米级水平，比目前的 CMP 工艺的微米或亚微米级水平，缩小了 1 个数量级，由此芯片面积相应可缩小到 1/100，加工效率可提高数十倍，成本大幅下降，有望使我国 5G 碳化硅片水平处于世界的前列。"

我国 CMP 工艺迄今加工不出能制备纳米级线宽的 5G 碳化硅片，原因在于碳化硅芯片技术的复杂性远高于单晶硅芯片。如今单晶硅片的纯度达到了 11 个 9，即 99.999999999% 的纯度，它弥补了 CMP 工艺柔性抛光无法保证高平整度机制的缺陷，使硅单晶芯片平整度达到纳米级，实现硅芯片线宽 3—10 纳米提供了可能。

两元素碳化硅有 200 种结晶形貌，纯度无法达到硅单晶 11 个 9 的水平，也就是说 CMP 工艺加工碳化硅片极难实现纳米平整度。业界坚持采用 CMP 是 5G 碳化硅片 10 年无重大突破的技术原因。

在认知上，业界坚持采用与芯片线宽没有任何关系的 TTV（芯片的厚度变化）为判断表面质量的标准，而取消了将与线宽直接相关的平整度 Pz 作为质量的标准。据说以 TTV 为判断表面质量的标准是美国 Cree 公司推荐的，这导致业界在判断芯片表面质量认知上陷入迷途。

困难还由于光刻是在碳化硅的基底表面上的 P 形（或 n 形）的外延层表面上进行的，这意味着基底表面和外延层表面都要高平整度，才能保证加工成纳米级线宽的芯片，这大大增加了技术难度。

据报道，6G 将于 10 年之内登上舞台，6G 与 5G 的不同之处在于其依靠位于地球以外的太空卫星基站进行通信，从而可完全实现海、陆、空全方位的信号覆盖，只要在地球上就可以收到信号，不存在像 5G 信号覆盖不佳的问题，由于 6G 要求更高的频率和功率，碳化硅的优点将得到充分的发挥。

2019 年 4 月，邵丙璜他们在东莞金研公司对中电科集团 13 所 4 英寸 SiC 片用纳米聚晶金刚石进行研磨。原始的 CMP 工艺的碳化硅片的最大不平度 Pz=158—208 纳米。经金刚石研磨后，最大不平度 Pz 降低到了 47—56 纳米，即平整度 Pz 达到 50 纳米级水平。粗糙度由原子力显微镜测定，Ra 为 0.207—0.252 纳米，达到了光刻制备芯片的粗糙度要求。

近年来，国家进行了大量投入，但基本形势没有改变，我国虽成为碳化硅片的生产大国，年产达 300 万片，但还不是强国，急需技术的创新和突破。

对邵丙璜来说，生命中的每一天都是最珍贵的一天。尽管已是鲐背之年，尽管身体不适，邵丙璜依然一心扑在爆炸合成金刚石及其应用的科学研究上。

去年邵丙璜得了一次脑梗，身体比之前差了很多，无法前往深圳等地做实验。为此，邵丙璜和北京理工大学的陈鹏万教授进行了合作，他提出研究方案，陈教授带几位博士在深圳做研磨实验。

"目前，我们国家在航天等多个领域进步很快，但是我国半导体芯片产品国产化率依然较低，很多技术受制于人，我希望能够加速研究，如果有成果了，我愿意无偿提供给我国相关企业，不求任何回报。"邵丙璜说。

出于对科研的热爱，邵丙璜总有用不完的精力。在研究金刚石的同时，邵丙璜还延伸出了另一个科研兴趣——光伏电池硅片的精细加工，邵丙璜的研究课题是：用类球状纳米聚晶金刚石精细研磨＋三层镀膜取代光伏电池的制造工艺，使光电转换率由目前最高的 PERC（Passivated Emitter and Rear Cell 电池，全称为"发射极和背面钝化电池"）的 24% 水平的基础上，提升至 30% 以上。这是光伏电池技术的一大进步，能为实现我国能源转型和碳中和的目标作出重要贡献。

"我国是全球最大的石油进口国，大幅提升光伏电池的光电转换率，对加快改变我国能源结构具有重大战略意义。"说到这里，邵丙璜给记者发了两份科研报告，详细地说明了光伏电池硅片研究的进展。

目前全球光伏电池是基于光伏硅片表面强腐蚀"制绒"技术的，它使阳光在硅表面的反射率由 30% 降到 12% 左右。但入射光寿命也从优质硅片的 300 微秒，缩短到 10 微秒量级。阳光通过硅片的持续时间不到三亿分之一秒（3×10^{-8} 秒），当今 PERC 电池的发展方向在于改善光在硅片中的持续时间。

阳光在硅片的反射率和光寿命是光伏电池的两个决定性因素。采用纳米聚晶金刚石对光伏电池硅片研磨，有可能使入射光的寿命达到 1000 微秒水平，而采用三层镀膜技术后，薄膜光学理论计算表明：入射光的最主要波长为 600 纳米的橙光，其反射率可降低至不到 0.001%，而反射率最高的近红外光，其反射率也仅为 2.8%。采用入射光进入薄膜后全部被捕获的简明原理设计的光伏电池，光电转换率也有望高于当今的 PERC 电池，从而有望使我国光伏电池转换率从 24% 进一步提升到 30% 以上的水平，从而造福人类。

"将光伏留给子孙后代作为重要的化工原料，是我们这代人的责任。"邵丙璜认为，爆炸合成金刚石及其应用研究可用于解决我国目前紧急的技术难题，而光伏研究则放眼于中国的未来发展。就是这样的信念，让已是 90 岁高龄的邵丙璜依然不愿停下脚步。

正如邵丙璜的老伴所说，邵丙璜的一生是"锲而不舍"的一生。无论面对科研道路上的重重困难还是生活中的诸多挑战，他始终坚守着对科学的热爱和对国家的贡献，以一颗不屈不挠的心，迎接每一次挑战，将个人的智慧和力量无私地奉献给国家和社会。

岁月悠悠，时光荏苒。如今，邵丙璜和老伴在燕达金色年华健康养护中心颐养天年，日子惬意而温馨，而他依然沉浸在科研的世界里，潜心钻研、默默耕耘，以满腔热血和赤诚之心，继续书写着他不平凡的人生。

桃李芬芳

陈孝戴，男，汉族，1936年出生于四川省广安县。初中、高中皆就读于重庆市一中，1953年，陈孝戴考入北京航空学院（现北京航空航天大学）"飞机工艺"专业。1958年，陈孝戴毕业留校工作，1958—1983年，陈孝戴从事"飞机工艺"专业的教学、科研工作，先后兼任"飞机工艺实验室"主任、"飞机工艺教研室"主任。1983—1997年，陈孝戴从事教学管理工作（先后担任北航教务处副处长、处长、校长助理、教务长），并兼任"高等教育管理"学科的教学、科研工作。1997年陈孝戴从北京航空航天大学教务长岗位退休后，学校返聘其继续负责一些教学顾问、督导、社会兼职的工作，直到2015年因身体原因才彻底退休，享受老年生活。1960年被评为"北京市劳模"，1978年被评聘为讲师，1986年9月被评聘为副教授，1989年12月被评聘为教授，1992年被评为"享受国务院特殊津贴"的专家。1993年9月—2002年4月担任北航校学术委员会副主任，2002年4月—2006年4月担任北航校学术委员会顾问委员。2002年6月起担任北航校本科教学指导委员会副主任。1995年11月—2002年3月担任"中国航空教育学会"副理事长。1991年5月—2004年3月担任"中国高等工程教育研究会"秘书长。

陈孝戴

出色做好本职工作
履职尽责超越自我

童年四处搬迁　渴望通过学习改变命运

"我的小名叫肃川。"回忆起童年，陈孝戴最先说出了自己的小名，这里面浓缩着他四处漂泊的童年经历。

每当听到"肃川"这个小名，陈孝戴的脑海里就涌现出一幅幅儿时的画面。在他所出生的年代，中国大地饱受战火摧残，抗日战争的硝烟弥漫在每一个角落。他的童年被战争无情地剥夺，生活充满了艰辛和不确定性。他的家庭为了躲避战火不得不背井离乡，迁徙到相对安全的地区。他在跟随父母跋涉的崎岖道路上，目睹了家园的破碎和亲人的离别。

在那个动荡的年代，他和家人必须学会坚强和勇敢。尽管生活条件艰苦，但父母用坚韧的精神世界为他搭建了抵御战争的"铜墙铁壁"。正是这段艰苦的童年经历，塑造了陈孝戴坚强的意志和不屈的精神。

"我的父亲曾在日本'名古屋高等工业学校'勤工俭学，学习染织专业，

1921 年回国后，民族工业发展薄弱，在老家四川找不到工作，1931 年与母亲在北平结婚后，他们经朋友介绍于 1934 年在甘肃兰州各找到一份工作。母亲在甘肃怀上我，由于抗战局势紧张，家人让母亲回四川待产，父亲仍留在甘肃工作。"于是，父母索性将两地的地名结合在一起，为陈孝戴取了"肃川"这个小名。陈孝戴的兄弟姐妹也是有类似的小名，如其弟叫"康川"，因为母亲是在西康怀上弟弟的。

1937 年，陈孝戴的父亲经人介绍，到西康省立毛织厂当工程师。当时，西康省是民国时期及中华人民共和国成立早期的一个省，所辖地区主要为现在的四川甘孜及西藏东部，多数地区是以藏族为主的少数民族聚居地。由于地理位置偏僻，很少有人愿意前去。陈孝戴的父亲全然顾不上这些。在他心里，一家人能团聚在一起，能吃上饭是最重要的。就这样，陈孝戴的母亲带着孩子们赶赴西康，在厂里做厂医。

陈孝戴的童年在西康康定度过的。在他读到小学一年级时，抗战胜利，四川人民都以为会迎来民族工业的大发展，他们一家人欢欢喜喜地搬迁回成都。但抗战胜利后成都的民族工业并无起色，父亲在成都找不到工作，一家人只好又迁居重庆，陈孝戴在重庆度过了中学生涯。

对陈孝戴而言，贫苦动荡的生活或多或少给他的童年覆盖了一层阴云。但是，父母坚韧、善良的品质就好像穿破阴云的阳光，让他知道努力就有希望，不努力只能一无所有。

"我的母亲 1923 年从'重庆二女师国文科'毕业，当时读书的女性很少，我母亲算是比较有文化的。但当时教语文在北平很难找到工作，于是她又考入'北平护士学校'，拿到了助产士的执业证书。"陈孝戴说，母亲一直教育他要有同情心，尽管战争让大家颠沛流离，但是大家不能没有爱人的能力。陈孝戴还记得，当时学校的某个老师家里有好几个孩子，他的家庭贫病交加，经济十分困难，尽管我家经济条件也相当差，但母亲还是说能帮的必须帮一下。"母亲教会了我要有同情心！"

此外，陈孝戴的父亲曾留学日本，有比较先进的思想，认为一个国家必须有自己的民族工业才能长远发展。他希望孩子们学习扎实的技术和真本领，为国家发展贡献力量。"我至今记得，父亲说不要求我们升官发财，但一定要有点对国家有用的真本事。"因此，陈孝戴和三个弟弟、一个妹妹都是大学学历，这在那个年代实属不易。

在父母的耳濡目染中，陈孝戴深知，困苦的是生活，但人的精神世界是不能被轻易摧毁的。父母告诉陈孝戴，他们不能困于一时的苦难，而是要从苦难中找到生活的希望，用行动来改变人生走向。

在重庆市一中的学习经历令陈孝戴受益终身。"这所学校学费便宜，学生家境都相对比较穷苦，有大量学生的家庭是来重庆逃难的。"陈孝戴说。令他印象深刻的是，学校宿舍在一个大仓库里面，里面住了上百个人。四川的竹子比较多，床板是用竹子编的，大家平时铺床褥子就直接睡了，但这样总是能招来很多臭虫，弄得身上也很脏臭。"在这种艰苦的环境里，当有同学用二胡拉《二泉映月》时，我们都悲从中来。作为学生，我们没有其他能力，唯一的办法只有努力读书，做点什么来改变自己及国家。"陈孝戴感叹。

学校虽然"以穷著名"，但是有很多教师是地下党骨干，这使得学校成为重庆学生运动的骨干学校，也在陈孝戴的心中种下了红色的种子。

陈孝戴至今还记得语文老师给他们讲的《哭亡女苏菲》。"这么多年了，我还记得内容是，作家是一位诗人、大学教授，他的女儿叫苏菲，因为没有钱医病，他的女儿死了。他说：'去年今日你还在台上，高唱打倒日本出口气；今年今日啊，你的坟头已是绿草凄迷。你痴心的妈妈在你的左手放了一张白纸，在你的右手放了一支铅笔。一年过去了，燕子来了又飞去，树叶绿了又飘离，都没有接到你的一封信，无论来自哪里！'"陈孝戴说，他当时听着听着，眼眶不禁湿润，一是为自己和家庭的命运而伤心，二是为国家的现状而难受。

由于学校的政治熏陶，陈孝戴和同学们热情地参加重庆的"四二一"学生运动，提的口号是"反饥饿、反迫害，争民主、争自由"。"国民党军警把我们市一中包围了，连夜搜查共产党。那时候我们虽然还小，但是这些经历使我知道了必须跟着共产党干革命，只有发奋学习才能有为国家发展作贡献的力量。"陈孝戴坚定地说道。

1953 年，全国高考第一次统招、统考。"听到这个消息，我们都很高兴。国家落后挨打，我们总觉得要学点本事去改变它，教育就给了我们这个机会。"最终，陈孝戴凭借优异成绩考取北京航空学院，踏入了理想的求学殿堂。"抗日战争时期，我目睹家园被日本飞机轰炸的情形，我就想学造飞机，报效祖国。"于是，陈孝戴选择了"飞机工艺"专业（当时北航只有飞机设计、飞机工艺、发动机设计、发动机工艺四个专业）。

根据相关记载，在 1938 年 2 月至 1944 年 12 月，侵华日军对重庆及其周边地区进行了长达 6 年又 10 个月的无差别轰炸。其中，大规模的无差别轰炸持续了 3 年（1939—1941 年）。6 年多的轰炸造成重庆 3 万多人直接伤亡、6600 多人间接伤亡，平民居住区、学校、医院、外国使领馆等均遭到轰炸。从这我们便不难理解，陈孝戴和同学为何执着于想为国家造飞机。

可是，进入大学以后，他才知道"造飞机"并不是造整架飞机。"飞机系还分两个专业，一个叫飞机设计，即飞行器设计；另一个叫作飞机制造工艺，也就是今天的飞行器制造。我是学飞机制造的，便感到不甘心。"陈孝戴说。他去询问老师，老师答："飞机是图纸还是具体的实物？"于是，他认识到飞机制造是要实实在在地把东西制造出来。

大学勤学践悟　不断锤炼自我

于是，陈孝戴欣然接受学校的分配，开始了在飞机制造领域的奋斗历程。"刚进大学，面对来自北京、天津、上海等大城市的同学，我一个来自西南重庆的娃娃是自卑的。"但一个学期下来，陈孝戴慢慢适应了大学生活，且他的成绩非常好，这让他找回了自信。

　　陈孝戴说，在学习过程中，他主动找老师答疑，积极与同学交流，认真完成讨论课、习题课、各个实践性教学环节，在课堂上积极发言，努力参加课外活动。对"学习"这个本职工作完成得还是相当出色的！当时中国的高校是全面学习苏联，北航是五年制，重要的课程和实践环节实行"优、良、中、差"四级评分。在五个学年4级评分的考试科目中，除"工程制图"的4次考试里有一次成绩是"良好"外，陈孝戴其余的成绩全部是"优秀"。此外，他还担任了学习班长、团支部书记等职位，并于1955年加入中国共产党。

　　陈孝戴至今都认为，北航当时的几个教学环节令他受益终身。

　　其一，北航是在晚上安排有主讲老师的答疑，白天是一百多人一起上的大课，只有晚上在答疑室里学生才能向老师一对一地请教问题。"当时很多同学不愿或者不敢问老师问题，但我总是最活跃的那个人，我爱拿着白天的笔记本找老师请教讨论。"陈孝戴说，答疑并不是只搞清楚具体问题，而是从与主讲老师的交流中提升思维能力，寻找学习的方法。在往后的工作中，陈孝戴爱举一反三，透过现象看本质，这都得益于其与老师的交流讨论。

　　其二，学校每学期有18周的教学安排，前15周上课，后3周安排复习考试。每一门考试课都有2—4天的复习时间。"与现在大学笔试考试不一样的是，我们学校当时是口语考试，考查学生的全面知识水平和深度思考能力，我们必须全面掌握学科知识，不能只猜重点进行复习。"陈孝戴说，口语考试有几百道题，学生进考场后自己抽签，抽到什么题就考什么题。老师能在口语考试过程中了解学生的学习能力，这无法靠突击背诵拿到好成绩。陈孝戴的学习秘诀是，在考前复习的几天中，把一学期所学的内容进行提炼，找主干和分支的关系并将其串成"葡萄串"。在别的同学惧怕口语考试时，他总是争取第一个进考场考试，这在老师们的心中留下了比较深刻的印象。"我第一个考，考完了还能到颐和园去划个船玩一下，再准备下一门考试。"

　　其三，北航十分重视实践性教学环节，在"认识实习""生产实习""专业实习"中，要求学生争取做到"顶班劳动"，在"专业实习"和"毕业设计"

中更要求学生争取做到"真刀真枪"。

陈孝戴说："到1958年，我们将要毕业了。'飞机工艺'专业就是学习'造飞机'。我们虽然已经系统学习了很多基础课、技术基础课、专业课，并且经历了生产实习、课程设计等'实践性教学环节'的训练，但对怎么造飞机还是心中没底！"1958年，北航开展教育革命的大讨论，其中陈孝戴印象最深的是，毛主席在《中国革命战争的战略问题》中说："读书是学习，使用也是学习，而且是更重要的学习。从战争学习战争——这是我们的主要方法。"学校党委决定，1958年"飞机工艺"专业毕业班的学习就是研制"北京一号"。由此陈孝戴他们开始了"从战争学习战争"的全新学习模式。

据了解，"北京一号"是由北京航空学院设计和试制的轻型运输机，也是"大跃进"时期学校制造的第一架飞机。该机酝酿于1957年6—7月，1958年2月经周恩来总理批准开始试制，于1958年9月20日制成，9月23日在首都

1958年，"北京一号"首飞成功留念（后排右三为陈孝戴）

机场首次试飞，次日由北京市委命名为"北京一号"，并且完成了北京—天津、北京—上海的航线试飞。

陈孝戴被分配到零件制造环节。关于专业分工，周围很多同学都觉得总装配最好，部件装配次之，零件制造最差。但陈孝戴想，但凡谈及制造，排在首位的就是零件制造，一个人本事不在争什么岗位，而在本职岗位上能不能做出出色成绩。

负责零件制造的同学被派往南昌 320 厂，任务是在三个月左右的时间里掌握钣金制造技术。学徒需要三年才能出师的这门手艺，陈孝戴意识到单纯按部就班地学是不行的。

当时，他跟着一位钣金车间里技术最好的师傅。"师傅拿的是计件工资，他的手艺最好，制作的零件最难，工资也是最高。如果做坏了一个零件，师傅是要赔钱的，这也耽误师傅挣钱。所以师傅不放心我上手，我在刚开始也很难争取到上手的机会。"可是，陈孝戴并没有放弃，他认为如果不上手就永远学不到手艺。于是，他每天都在一旁认真观察师傅的工作，为了让师傅对他的态度有所改变，他每天第一个到车间，打扫卫生，擦拭工具。"我会观察师傅会把什么工具放在什么地方，给他摆放整齐，这样他下次也能快速找到工具。"此外，陈孝戴还观察师傅工作时的每一个细节，师傅每做完一步，他就拿出下一步需要的工具，这样师傅就会知道他是动脑筋了。

时间久了，师傅终于认可了陈孝戴，当着众人说："这小子眼里有活！"师傅逐渐将剪边、打毛刺之类的辅助工作交给陈孝戴，他都能够认真做好。这让他逐渐获得了师傅的信任。

最终，陈孝戴等来了上手做零件的机会。虽然等到了这一刻，但陈孝戴还是很紧张，他问师傅："如果做坏了怎么办？"没想到，师傅大气地说："放心，有我在呢，我的技术能马上补回来！"可是，陈孝戴还是害怕失败，便给零件周边留了一点边角料，想着即使失败了，师傅也能补回来，但这一举动遭到了师傅的批评。"你不能胆小，要一次成功，做到艺高人胆大！"

在师傅的鼓励下，陈孝戴很顺利地做好了第一个零件。

从此，师傅就放心地给他派活了，再后来"师傅把领零件的工作交给我，我只要一过去，别人就说宗师傅的徒弟来了"。陈孝戴说，师傅让他领零件的时候看有哪些零件没做过，就可以拿回来找他教。"我总是最早到的，会做的零件也越来越多，就能给师傅挣工资了。"回忆起这段岁月，陈孝戴脸上浮现出了灿烂的笑容，"到后来，师傅总是领我回他家吃饭，那时南昌很热，师傅家的冰糖绿豆汤特别好喝。师傅还给我传授了很多一线经验，这大大开阔了我的眼界，也提升了我的技能"。到了三个月实习结束的时候，陈孝戴已经成为一名合格且出色的钣金工，在离别时，师傅喊陈孝戴到家吃饭，并给他赠送了一份特别的礼物。"师傅专门跑到景德镇，给我定制了两个茶杯，茶杯上面写着'赠予北航陈孝戴'，这令我非常感动。"陈孝戴说。他问怎么有两个杯子，师母说："还有一个是送给你未来媳妇的。"听完这个，大家都笑了起来。后来，陈孝戴结婚后，真的将杯子送给了夫人。不论他们的家搬迁过几次，这两个杯子都跟着他们，直到特殊时期被人打碎。

回到北京后，陈孝戴与师傅一家还保持着联系。如果说，北航给了陈孝戴系统的学科知识，那师傅则教会他，向实践学习，所有人都能成为自己工作或生活上的老师。

"这种要求顶岗的实习和真刀真枪的毕业设计，是逼着我们向人学习，向实践学习，这和书本学习完全不一样。"陈孝戴说。这次经历让他进一步明白：只要做事的时候善于动脑筋，脚踏实地、虚心求教，充分利用一切条件，就能在更好地满足国家需求的同时提升自己。

回到学校，陈孝戴和同学们开始了制造飞机的实战。"如果说毕业实习是完成了从学生到工人的转变，从无到有造出'北京一号'则是完成了从工人到工程技术人员的转变。在实战中，我们面临着很多难题，但都用'在战争中学习战争'的办法一一解决了。最终，我们用不到100天的时间，顺利完成了研制'北京一号'的任务。"陈孝戴说。

完成制作后，学校希望把实践知识系统化，上升到一定的理论高度，便组织学生出了一本书，叫《"北京一号"工艺问题》，这本书如今还陈列在北航的校史馆里。

毕业留校　出色地做好本职工作

1958 年，陈孝戴大学毕业，学校看他学习、实践方面的表现都很出色，便让他留校工作。1959 年，陈孝戴就担任了飞机制造实验室的主任。

陈孝戴说，进入一个新工作岗位，首先要了解组织对这个岗位的"战略需求"，把自己的本职工作与"国家的战略需求"挂上钩。当时在工科高等教育领域，国家是想在"全面学习苏联"的基础上，探索中国自己"教学、科研、生产劳动"三结合的新路。原来的实验室是一个单纯搞教学的实验室，1958 年后又成为一个以生产劳动为主的实验室。在当时的情况下，首先，需要进一步完善实验室的生产能力，因为北航还在研制"北京二号""北京三号"等。其次，针对这些型号研制中遇到的有普遍意义的困难，我们要探索高质、高效的新工艺。例如，针对学校没有大壁板机械加工机床的困难，我们试用了"化学腐蚀加工"的新技术，针对学校没有大尺寸、大吨位压力机的困难，我们试用了"橡皮半模成形"新技术，也就是我们开始了"制造技术科学研究"的新职能。最后，我们要恢复一些原有的教学实验，新增一些有科研性质的新教学实验。

他所主导的这些工作把工科高校实验室的工作推向了一个新的阶段，得到了组织的肯定。1960 年，陈孝戴被评为"市级劳模"。

1972 年，学校安排陈孝戴任"飞机制造教研室"主任。陈孝戴团结、依靠教研室和实验室全体同志，继续完善和落实"教学、科研、生产劳动相结合的教学改革思路"，充分发挥当时的优势，大力提高了科学研究的水平。

当时飞机制造教研室的教师与我国几个主要飞机制造厂有广泛、长期并且相当深入的联系；通过校内型号的研制，对飞行器制造中的主要问题有具体而深入的体会，实验室已经建立了一些开展科研的条件；通过资料、文献，对当时苏联、美国的飞行器制造技术拥有了比工厂技术人员还要多的了解。综合这些优势，提出并推进了飞行器制造技术中一些重要课题的科学研究。例如，"爆炸成形的工艺与设备""高压橡皮成形的工艺与设备""蜂窝制造的工艺与设备""飞机外形的数学建模""激光安装型架"等，这些对全国都有开创性的作用并处于领先地位。在1978年的"全国科学大会"上，北航共有8个项目获此国家级奖，其中4个在该教研室（胶接铝蜂窝结构工艺及设备、XY-1200吨橡皮囊深压延液压机、6000吨圆筒式橡皮囊液压机、飞机外形数学模型及其应用）。1977年，北航飞机制造教研室被评为"航空工业部先进单位""北京市先进单位"。陈孝戴代表教研室出席了"北京市科学大会"。

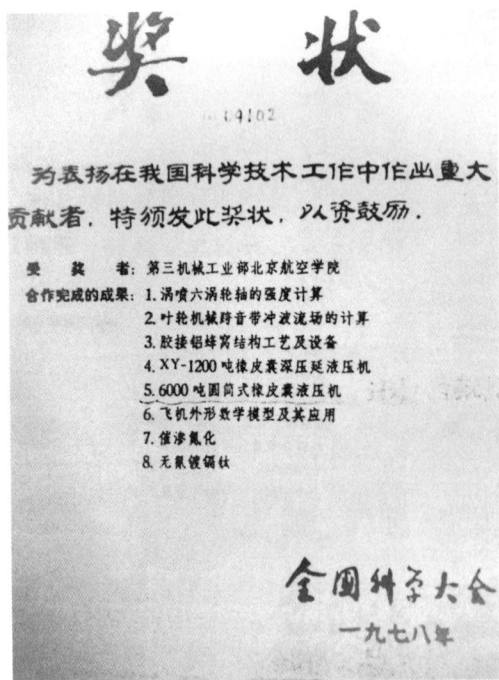

1978年，陈孝戴荣获"为在我国科学技术工作中作出重大贡献者颁发的奖状"

1983年，陈孝戴的工作岗位发生了重大改变，他被调到学校教务处担任副处长。他从"以教师为主"变成"以教学管理为主"，并相继担任学校教务处处长、校长教学助理、教务长。

从教研室转到教务处，显然是一个很大的"本职工作"的转变，陈孝戴说："原来在教研室是业务干部，大家都承认我是飞机制造方面的一个专家，各个工厂也承认北航飞机制造方面的作用，教研室的成绩、成果奖，有非常直接的成就感。校教务处是和全校教师、学生、职工一起的大集团作战，大家取得的成绩没法说是教务处的成绩。但细想起来，从食堂大师傅到校长，都是培养学生必不可少的一分子，每一个必不可少的岗位都需要有人去做，每个岗位也都可以做得出色！"

当时我国的高等教育正处于"从适应社会主义计划经济的教育转变成适应中国特色社会主义市场经济的教育"的关键时期。本科教育面临着很大的挑战，从"培养什么人"到"怎么培养人"都需要进行重大改革。

中华人民共和国成立后，我们全盘仿照苏联的学年制，教学制为五年，每一学期上什么课、怎么上，都是由"专业教学计划"规定的，相当于是批量化的填鸭式教育。陈孝戴举例说，就像全聚德要订购 5000 只三斤重的烤鸭、2000 只两斤重的烤鸭，那么就要提前几个月规划好配方，计算好如何按时按量填喂小鸭子，才能保证按时、按规格交出鸭子。"这样培养学生能保证大面积学生基本合格，解决国家用人的基本需求，但却忽略了学生的创新性培养，限制了学生的自主思维能力，不利于国家的长远发展。"美国等西方国家的本科教育与我国大不相同，美国高校没有专业、教学计划的设置，学校实行学分制，学生们自主选课、自谋职业，学校就像一个储备有很多知识和能力的商店，学生们按需购买。我国要探索建立"适应中国特色社会主义市场经济的教育"，既不能继续走计划经济时期"捆着灌"的路子，也不能走西方"自由吃"的路子。

在校党委的支持下和当时北航校长曹传钧的统筹指挥下，陈孝戴组织实施了"北航优化本科教学过程的改革"的教改大项目。该项目提出了包含德、智、体全面内容的弹性学分制培养计划；提出"讲一、练二、考三"，大力压缩课堂讲授时数，切实加强自主性学习环节；采用"全面加权学分制"的教学管理办法，落实培养过程的柔性；实行规范化的教学运行方式，保证弹性教学计划和学分制教学管理办法的实施。其核心思想就是：通过落实学生学习的自主性来充分调动学生学习的主动性和积极性，通过有弹性的强制性来保证学生德、智、体的全面发展。

北航首先把"德育"纳入培养计划，规定有必修学分、选修学分、思政课学分和思政活动实践学分，学生指导员成为德育教师的重要组成部分，专业课教师也是德育的主力军。将军训正式纳入培养计划，新生入校要先进行两个星期的军训。

其次，提出"体育不只是一门课"而是全面发展的一个方面。体育对学生要求不是掌握"三步上篮""冲刺挺胸"等技术动作，而是掌握一种锻炼的方法，养成锻炼的习惯，提高身体素质。为此，北航充分发挥体育教师各自的特长，开设了从三大球到滑冰、武术、踢踏舞等20多种选修课，让学生自选掌握一种。北航在大操场上建立了200米的封闭式的"体育锻炼走廊"，学生必须通过攀爬、跳跃、平衡等多种运动才能够通过。体育教师每学期都要通过考核学生的课外锻炼学分等措施，推动学生养成锻炼的习惯。

再次，工作量最大的还是对"智育"课程体系、教学内容、教学方法的深入改革。在实行学年制时，一个专业的学生只需按固定的课程表按部就班地上课。现在实行学分制，课程划分为必修课、选修课。比如，数学是必修课，但数学又分几个档次，学生需要根据自己将来的就业专业进行选择。陈孝戴举例说，如果打算学飞机设计，数学档次就要高一点；如果打算学社会管理，数学档次就可以低一点。在这样的改革下，每个学生每学期都有一张属于自己的课表。学校教务部门每学期都需要公布全校几百门课、上千名教师的上课地点、上课时间，供学生们选择，班主任有责任指导和帮助学生落实自己的课表。

最后，北航还结合时代背景、学生需求，支持老师们开设出很多新的选修课程。"当时比较有争议的是，一位教发动机设计的老师开了一门音乐欣赏的选修课。"陈孝戴回忆，"当时有人说这类课是不务正业，但我坚决支持开，让老师自己选上课时间，开放全校选修。结果选这门课的学生非常多，效果也非常好。有个学生是航空材料专业的，他认为法律很重要，很想学这方面的知识，可当时北航没有法律相关的课程，我说允许他到中国政法大学选课学习，可以算到北航的选修学分里，后来这位学生成了我国知识产权领域的律师。"

这一项教改大项目，自 1985 年起在飞机系开始试点，逐步扩展到几个系，到 1989 年推广至全校。这一改革多项内容都是开创性的创举，共有两百多个学校来参观考察，在全国工科高校中产生了相当大的影响。1989 年，全国第一次评选优秀教学成果奖，北航的这个"优化本科教学过程的改革"项目获得了国家级优秀奖。

在这些工作的基础上，陈孝戴通过"中国高等工程教育研究会秘书长""中国航空教育学会副理事长"等社会兼职，把北航的影响扩大到了更大的范围。

1992 年，陈孝戴获得国务院颁发的享受政府特殊津贴的证书。陈孝戴又一次出色地完成了组织交付给他的本职工作。

1997 年，陈孝戴光荣退休，学校返聘他继续负责一些教学顾问、督导、社会兼职的工作。其间他主要做了

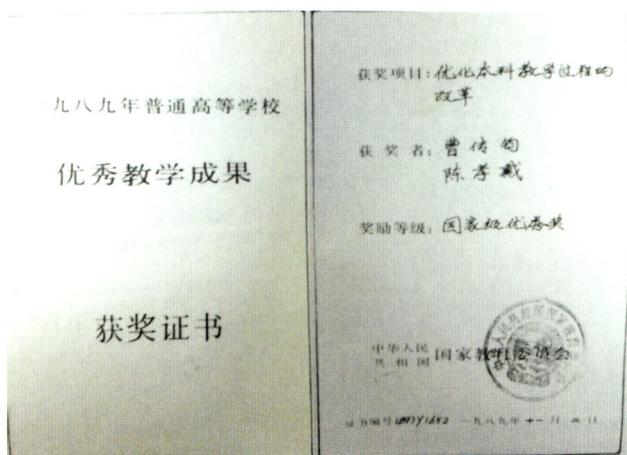

1989 年，陈孝戴荣获国家教委颁发的"普通高等学校优秀教学成果"奖

1992 年，陈孝戴荣获国务院颁发的"享受国务院政府特殊津贴"证书

两件工作：第一件是帮助学校迎接教育部的全国本科教育评估。当时社会上有一些舆论，说全国多数重点学校都是重科研轻教学。陈孝戴作为重要顾问投入了这次本科教育的"创优迎评"工作。经过三年多的努力，学校完美地通过了评优，获得"优秀"。第二件是建立本科教学督导组。陈孝戴回忆说："我们率先在全国组织本科教学督导组，我担任副组长，组织一些经验丰富的老教师去一线听课，查找教学漏洞和问题，帮助青年教师改进教学方法。同时注意发现优秀教师，带动教师相互学习的氛围。"

直到 2015 年，因为老伴和自己的身体状况都不太好，陈孝戴才彻底从工作岗位上退下来，过上了一生中最为闲适的生活。

感悟生活真谛　个人价值体现在努力为国家发展作出贡献中

1960 年，陈孝戴收获了婚姻。"我和老伴在重庆市一中就认识了，她比我低一级，我当时是学生会干部，她是艺术队的，但我们联系不多，对彼此没有太多深刻的印象。"但是在北航校园里，两人又重逢了。"她比我晚一年考入北航。1958 年我毕业留校，到 1959 年发现她也留校工作了。"于是，缘分将他们拉在了一起，开始了彼此扶持的生活。

说起老伴的身世，陈孝戴仍觉心疼。"她小时候比我过得更差，两岁时就丧父，她和三个哥哥跟着母亲、跟随抗战保育院从武汉漂泊到重庆，一家人才逐渐稳定下来。"同样的身世让他们有了共同的生活感悟和追求，那就是不求大富大贵，只求脚踏实地地将生活过好。

当时，青年教师都将全部身心交付于工作，陈孝戴的老伴参加了学校"北航 5 号"无人机的试飞工作，工作条件非常艰苦，工作节奏很快。因此，他们的第一个小孩早产夭折，到 1963 年，二人终于拥有了第二个孩子，是一个可爱的女儿。这时他们才分到一间 9 平方米的房子，开始真正的"一屋、三口、四季"的生活。

20 世纪 60 年代，陈孝戴与家人在北航教工宿舍

　　顺着这个回忆，陈孝戴讲起了一家人的房屋搬迁故事。"刚分到宿舍时，我们是三家人共住一套房子，共用厨房、洗手间，以至于岳母来照顾孩子时，都只能借住在学生宿舍里。"后来，他们又分到了一所 10 多平方米的小房子，四家人分别住在四个房间里，每家的活动面积稍微大了一点。再后来，他们换到了 18 平方米的房子，两家合住。"1968 年，二女儿出生后，我们逐渐换到了 70 平方米、80 平方米、100 平方米的房子，生活空间终于不再那么局促了，生活条件也在慢慢变好。可惜的是，房子变大了，孩子们也大了，家里只有我和老伴两个人了。"陈孝戴在讲述这段故事时，脸上一直浮现着微笑。他们换房的故事，正是学校、国家发展的缩影。只有个人贡献于国家，国家才能有所发展，个人生活条件也才能不断改善。

　　那时，陈孝戴和老伴都是学校的骨干教师，很难抽出时间陪伴孩子。"大女儿说她都对儿时没什么印象，只记得脖子上挂着房门钥匙，回家就要赶快干家务活。"陈孝戴说。大女儿小学放学回家就知道要先打开煤炉，点上火，使蜂窝煤慢慢烧起来。陈孝戴说，每代人都有每代人的际遇，他们那个年代的人只有奋勇向前，抓紧一切可能的时间，才能为国家做点什么。

回顾自己的经历，陈孝戴说："有学生采访我时问，老师你是怎么立下壮志、争当劳模的？我回答，这个问题问得不大对，我首先没有想过要当劳模，更没有想过怎么去争。如果要想以当劳模为工作目标，这可能就是一个完不成的目标。"陈孝戴说，一个人面对自己的工作，不必时刻都充满雄心壮志，最主要的是争取出色地做好本职工作。"对本职工作，不管你热爱也好，不热爱也好，单位把你分到这个岗位上，就是对你的需求，认真去做了，你就会发现这份工作的乐趣。"陈孝戴认为，一个人不仅要完成工作，更要尽力把工作做得出色，这样才能激发自己的潜能，在不断为国家作出贡献的同时

陈孝戴和老伴在燕达养护中心的合影

不断提升自己。

随着时代的变迁，年轻人对工作的想法也全然不同了。对此，陈孝戴认为，有些学生一毕业就渴望去干一些惊天动地的大事，结果在一些小事时就逐渐失去耐心，对工作不负责，这种行为是不可取的。"现在年轻人爱说'躺平'，要真'躺平'了，对自己没有好处，对国家也没有一点贡献。"陈孝戴希望现在的年轻人即使身处逆境也要有韧劲，只有做好每一件的小事，才能在机会来临时紧紧抓住它并取得发展。

2023年，学校和家人考虑到陈孝戴和其老伴的身体状况，建议他们入住养老机构。如今，两位老人在燕达金色年华健康养护中心相互陪伴，所过的是一种简单而充实的生活、一种平和而满足的生活、一种充满爱与智慧的生活。

陈孝戴的人生，就像一首悠长且回味无穷的诗，像一幅简单却有韵味的画作，充满了对美好生活的向往，对真挚情感的追求，对自我价值的实现。

陈孝戴用自身经历告诉着我们，人生的每一步都不会白走。不管人生道路旁是鲜花还是荆棘，都是我们在人世间收获的最为宝贵的财富。

　　刘星华，男，汉族，教授，中共党员，1931年4月20日出生。1950年年初加入共青团，1951年进入华东人民革命大学参加革命。1951年，他在抗美援朝中参军入伍，任职于中南空军。1952年，调到中南空军干部文化学校任教，因工作出色被提升为教务处语文组长，负责全校的语文教学，成绩突出，获一等奖。1956年，刘星华复员后考入北京俄语学院（现北京外国语大学），1960年毕业后被分配到对外经贸大学外语系俄语专业任教，是学校的资深俄语教授、中国俄语教学和研究协会理事。1983年起，担任对外经贸大学俄语教研室主任，带领教研室获得"北京市教育系统先进集体"的荣誉称号。1988年8月—1989年3月，刘星华赴莫斯科大学和列宁师范大学担任访问学者。编写《俄语姓名用法详解》《俄语疑难姓氏词典》《俄语姓氏汇编》《俄语人名词典》四部著作300余万字。2019年，对外经贸大学授予他"2017—2019年度优秀共产党员"称号。

刘星华

三尺讲台染白发
一生育人照丹心

高中时便接受进步思想
在华东人民革命大学投身革命

1931 年 4 月 20 日，刘星华出生于杭州。那时的中国正处于民族危机与社会变革交织的关键时期，国家面临着内忧外患，社会各界在动荡中寻求出路。

刘星华在重庆南岸山区上的学。重庆是当时的战时首都，也是重要的军事和政治中心。尽管其远在西南腹地，但也没能躲过日本人的轰炸。1938—1943 年，日本对重庆进行了大规模空袭，试图通过轰炸削弱中国的抵抗意志，破坏其战时工业和民生设施。有一次日机大轰炸造成约 1 万名平民死亡，许多人无家可归。刘星华一家也深受其害。

等到了上初中的年纪，刘星华回到了浙江杭州，就读于当时的杭州私立蕙兰中学，也就是现在杭州市第二中学的前身。1949 年 5 月 3 日，杭州正式解放，那时，刘星华正在读初三，身为年轻人的他很容易接受进步新思想。当年，

中学时代的刘星华

热血澎湃的刘星华还曾上街宣传《共同纲领》，宣传抗美援朝。他所参与的一系列活动使他的政治觉悟提升得很快。1950年5月，刘星华正式加入共青团。由于学习成绩优异，刘星华被保送到了本校高中，后考入浙江高级中学这所知名学府。

刘星华在浙江高级中学的日子很是充实，在认真学习的同时，以高度的政治觉悟参与活动。1951年3月，刘星华正在读高二，他在杭二中的一个同学准备报考华东人民革命大学，问刘星华要不要一同前去。刘星华从招生介绍中得知，华东人民革命大学已招生两期，这次是第三期，中央领导对此校的建立很是关注，华东军区宣传部部长舒同任校长，学校的主要目的是对知识分子进行马克思主义思想教育和革命传统教育，培养社会主义建

刘星华（右一）与老师、同学参加杭州二中建校100周年庆祝活动

设需要的干部和人才。当时，年轻的刘星华毫不犹豫地加入了其中，走上了革命道路。

刘星华回忆，整个华东人民革命大学三期一共分为六个部，每个部下分若干个班级，班主任都是团级干部。当时，一个部有1000余人。刘星华所在的是三部35班。因为工作努力，他被学员们推举为学委会主席，负责学员的自我管理，同时担任班里的团支委。他在班部青年干事的帮助下，积极组织学员开展各类活动。后来，他还被推选为三部的学委会委员，常常代表三

1951年，刘星华在华东人民革命大学

部出席各类重要活动或发言。在这里，青年们学习毛泽东思想、学习社会发展史，也学习各种先进的革命理念，虽然整个学习过程只有短短的三个月，但是正是在这里，刘星华的思想不断走向成熟。

抗美援朝战争时期，全国上下都在做轰轰烈烈的动员，许多年轻人参加了志愿军。当时，志愿军回国代表团来华东人民革命大学做报告，讲述了抗美援朝最一线的情况。那日，刘星华被指定为学员代表进行发言，现场数千人都十分激动，大家一起唱歌、喊口号，表达了抗美援朝的决心。1951年6月，刘星华报名参军，革大三部包了一个三层的大剧院来送别参军的近千名学员，大家胸戴红花，激情高昂，刘星华再次被指定代表参军学员发言，感谢华东人民革命大学的培养，表达到部队后坚决完成任务的决心。中南空军接收人员将参军学员编为数个中队，刘星华任中队长。满载新战士的火车从苏州直接开到湖北孝感空军第七预科总队驻地，总队将学员编为两个大队，刘星华从学员直接提升为干部，任一大队五中队三区队副区队长。

由于区队长经常外出公干，作为副区队长的刘星华挑起了大梁。队里的大小事务他都十分上心，且样样干得出色。除了工作之外，在部队里，他们

华东人民革命大学三部 35 班学委会与班干部合影，后排右三为刘星华

也时刻保持学习状态，一方面，学习理论；另一方面，每日必备的体能锻炼也没有少，日子过得十分充实。

1951 年 1 月 21 日，美国 20 多架 F48 型战斗机对朝鲜平壤和新义州铁路进行轰炸扫射，以阻滞志愿军的后勤补给。我方空军 4 师 28 大队大队长李汉奉命率 6 架战机首战迎敌。在战斗中，他对准一架美长机三炮齐发，击伤敌机，首战告捷。他也是中华人民共和国成立以来第一个击落美军飞机的人。这次战斗的胜利大大鼓舞了中国志愿军空军的士气，也让美国空军重新审视中国空军。就连当时的空军司令员刘亚楼也毫不吝啬地称："中国空军是有战斗力的！"刘星华清楚地记得，这年 11 月第一大队所有人在操场集合，听政委宣布了这件十分重要的大事，所有人都兴奋地欢呼起来。

刘星华在中南空军任职

1951 年 11 月，刘星华和一批干部被分配去广州执行任务，从陆军中招收学员，次年完成任务回总队时，华东人民革命大学在此学习的学员已全部分配去航校等单位，许多华东人民革命大学同学都成了飞行员和地勤人员，而刘星华却失去了去航校学习实现成为飞行员梦想的机会。虽然感到遗憾，但他坚决服从命令，服从组织安排。

1952 年，部队上下掀起了全军开展文化学习的热潮，刘星华所在的中南军区空军也在汉口附近的汤池建立起了干部学习文化的学校。这里的教学生活铸就了他一生的铮铮铁骨，成为他一生价值观的基本支柱。

"那时候来上课的学员级别都不低，很多是营级干部。我自己当时的文化水平才高二，不太懂得如何教学。在汉口的时候，我们去参观了一些步兵学校，并重点观摩人家是怎么上课的，还学习了人家的教案。我就参考人家的经验，自己开始琢磨上课的方式方法。"

刘星华的第一堂课讲得很成功。他还记得，班里的学员有 40 多人，此外还来了 40 多名干部，有各中队的中队长、教导员、学校干部，还有学校的校长、政委等领导干部，80 多人的课堂，着实让刘星华捏了一把汗。好在他前期准备充分，这堂课进行得十分顺利，而且凭着这次讲课，他的名号在学校里也"一

1953 年，刘星华在中南空军干部文化学校荣获教学成绩一等奖

炮打响"。

出于培养人才的需要，他所在的干部学校进行扩建，广泛招收学员，在汉口成立了中南空军干部文化学校，中南空军司令员和政委任学校的校长、政委，宣传部部长任教务处长。刘星华由于前期在汤池课讲得特别出色，便被组织调到了学校教务处担任语文组组长，负责全校的语文教学，因成绩突出，获得一等奖。

那时，学校里的学生自身基础各有不同，有的还是文盲。于是，针对不同水平的学生，学校开设了三种等级的课程有针对性地教授。作为学校教学的管理人员，刘星华不在教务处办公时，就到中队听教师上课，并进行课后分析总结，他也经常跟教师一同备课、为学生批改作业，还与学生打成一片。

如何探索教学方式？当时，中苏关系交好，刘星华和教师们便开始研究苏联的教学模式，包括学习苏联教育家凯洛夫的教育学和普希金教学原则。其中，凯洛夫认为，教育起源于劳动，教育从人类社会的实际需要中产生，是客观的必然。同时，他指出，教育存在于整个人类社会发展的各个历史时期，是一个永恒的范畴。他认为，教学过程是教师引导下的学生特殊的认识过程，是教师和学生共同参与的过程。学校教育的根本目的是培养全面发展的人。全面发展的教育应包括智育、综合技术教育、德育或共产主义教育、体育、美育、劳动教育。在总结别人成果的基础上，刘星华明确了六条教学原则：直观性原则、理论与实际相结合原则、系统性和连贯性原则、教学的通俗性和可接受性原则、学生的自觉性与积极性原则、巩固性原则。这些教育理念逐渐在刘星华心中形成体系，为他日后的教育工作打下了坚实的理论基础。

"在部队的时候，每天睡不了几个小时，但从来不觉得累，"谈起在部队的那段岁月，刘星华眼中闪着骄傲的泪光，"当时我就想，我做的都是有意义的事，对党和国家都有意义，一想到这些就马上又充满干劲了。"在部队的几年中，刘星华心怀少年壮志，为提高干部的文化水平作出了自己的贡献。

1956年，刘星华复员，为了对祖国作出更大贡献，他带着党交给他的"支持社会主义建设"的任务，选择继续深造，并通过自身努力，考上了北京俄语学院（现北京外国语大学）俄罗斯语言文学专业。

在北外学习俄语和教育学
奠定扎实专业基础

上了大学，刘星华有了大量的时间去钻研俄语以及自己热爱的教育学，每一门课程他都认真对待，从不含糊。当时有苏联的专家给他们上精读课、语音课。在刘星华所在班级教语音课的俄语教授，让刘星华和同学们有效地学习了正确的语音和语调，学生的错误得到了及时纠正，学生也建立了学俄语的自信。老师们的课堂气氛很好，让刘星华更加热爱俄语。在纯正的俄语教学环境下，刘星华的俄语水平得到了提高。

课外，他也是班里的积极分子。当时，大学生不仅要抓学习，还要抓劳动，在整个专业中，他们年级共有二十几个班，作为几个班的团支部书记，只要是刘星华带队，不管从事什么劳动，他们都能拿到一面红旗。

其实，无论是做工作还是做学问，刘星华都有自己的一套做人做事的原则。"我做事情，首先要以身作则，要求人家做得好的前提就是我自己必须先做到。其次，我这个人比较细致，做完工作要检查，而且检查的要求比较严格。最后，我紧密依靠党支部开展工作，时常跟党支部进行商量、交流，把握正确的方向。"因为在校期间学习、工作出色，刘星华被评为"优秀学生代表"，并代表学校参加了一次共青团的全市表彰大会。

在刘星华上大四时，学校增加了师范翻译专业，他系统学习了中国的教育学、教学原则、教学法。在周圣老师的带领下，他和同学去中学实习。在实践中，他和自己班上的同学们一起听中学老师讲课，下了课就对课程进行分析，不断完善教学技能。实习过程中每一个步骤都要非常规范，第一步是上课前，要先给其他同学分享自己讲课的设计，准备讲多少课程内容、准备怎么讲，并听取同学们的意见。第二步是写书面教案。第三步是正式上课，同学们也一起参加，下课之后同学们要对讲课教师的课上情况作出点评、分析。第四步是讲课教师结合同学们的意见和建议，再对教案进行仔细的修改。班上十几个同学，每个同学都要按照这样的步骤练习，密集的实践训练让刘星华对于上课的方式了如指掌。

在日复一日地备课、上课、评课、改教案的生活中，刘星华从未感到枯燥，反而乐在其中，通过不断的磨炼，他逐渐加深了对教育学、教学原则和教学法的理解，精进了实际教学的能力。可以说，由于在部队和北京外国语大学学习教育学和教学法的经历，刘星华掌握了外语教学规律，在教育学、教学原则、教学法方面造诣较深。他体会到，在教学中熟悉和掌握教学的客观规律，认真贯彻教学原则，遵循和灵活运用教学法和相应的具体教学方法，是达到教学目的、提高教学质量的有力保证。

在他的学习生涯里，刘星华从未忘记党交给他的任务和自己报效国家的初心，抓紧每一分每一秒提升自己。毕业时，他在教育学方面造诣已经很深了，成为学校俄语教学不可多得的人才。1960年，从大学毕业选工作学校的时候，结合自己对教育的兴趣以及俄语专业背景，刘星华选择了当时的北京外贸学院俄语系，也就是现在的对外经济贸易大学，成为一名专业的大学俄语老师。

潜心研究教育原则和教学方法
教学工作总能事半功倍

来到对外经济贸易大学任教后，由于刘星华是科班出身，学校教研室便将他的业务方向确定为基础课教学，之后又委任他为教研室秘书。意气风发的刘星华摩拳擦掌，准备做一番事业。正是在这里，刘星华慢慢熟悉了教学业务，成为学校的骨干教师和俄语基础课的带头人，并开展了36年的俄语基础教学和科研工作。

刘星华（右四）与对外经济贸易大学部分教师的合影

　　刘星华认为："作为一个教师最好能学教育学、教学法，掌握具体的教学方法和教学规律，才能在后续开展教学实践时如鱼得水、如虎添翼、事半功倍。如果不掌握这些，你也可以去上课，但是效果肯定不如懂得这些知识和方法的人好，那就是事倍功半了。要是照本宣科，自顾自地讲，那肯定不行，得掌握教学方法。"因此，刘星华一直提倡，作为教师，第一，政治上要过硬；第二，专业水平要好；第三，教学业务要熟悉。

　　他所认为的教学业务，就是要学习和掌握较好的教育学、教学原则、教学法知识和技能。教学原则是指导教学活动的基本原理、重要规范和依据，是教学必须遵守的基本原则，其对于有效地开展教学和推动学生的全面发展至关重要。其是教学经验的总结，是教学客观规律的反映。贯彻教学原则，就是正确处理教学过程中各种矛盾的关系，为各种矛盾的转化创造条件，从而达到教学的高效率和高质量。中外教育家基于对教学规律认识的不断深化，提出了各种各样的教学原则。在刘星华看来，对外语教师来说，至少要有两套教学原则应该遵循：一种是一般普遍性教学原则，无论上什么课，都需要考虑和贯彻它，如科学性和思想性统一原则、理论联系实际原则、直观性原则、启发性原则、循序渐进原则、量力性原则、可接受性原则、巩固性原则、发展智力培养能力原则等；另一种是外语特定教学原则，如交际性原则、充分利用本族语积极因素原则、语言国情原则、强化教学原则、实践性原则、综合性原则等。

刘星华说，教学法是从整体、广义上而言的，是根据教学目的、语言特点、教学规律而定的，包括语法翻译法、认知法、直接法、直觉对比法、自觉实践法、视听法、听说法、交际法、催眠法、速成法等。外语教学法可归纳成对立的两类：一种以语法翻译法、认知法为代表，重视理论规则；另一种以直接法、听说法为代表，重视实践。当然，教师还需要从实际出发，根据教学任务、教学内容、教学条件、学生特点、师资水平来确定采用哪种教学法。教学方法是从具体、狭义上而言的，用以落实和体现教学法。有的具体教学方法服务于产生它的专一教学法，如暗示法；也有的具体教学方法适用于许多教学法，如句型操练法、情境法、对话法、讲解法、演示法、听说法、精讲多练法等十几种。

刘星华的教学原则和方法有效地指导着实践。以65级学生为例，在入学考试时，他们的成绩都很高，不少学生达到了90多分，可是口语较差，甚至无法完成极简单的对话。当时，对外经贸大学实行"听说领先，读写跟上，四会并举"的教学方法，更加注重技能训练，这是对20世纪50年代语法翻译法的改进。刘星华说，要用毛主席思想指导教学：要过河就要先架桥和造船。他果断遵循量力性原则和可接受性原则，抛弃了现有教材，另辟蹊径，用学生熟悉的中学教材中的词汇、句型来编写新的会话和教材。他通过自己独到的方法，去帮助学生专攻口语这一薄弱环节。

为了方便学生掌握，当时刘星华花了大量时间研究中学课本，把课本中好的词汇、句型一个一个挑选出来，整理成一份份新的口语教材，让学生练习。"因为这是他们此前最熟悉的词汇和句型，这些一定可以加深他们的理解，而且他们接受起来也比较容易。"

他们的口语训练也不按照传统的老师讲、学生听的上课模式，而是让学生先听新编写的口语教材，重复练习里面的句子，不断提高他们的口语水平；然后学生们分成不同的小组，按照对话主题，让大家用俄语进行讨论、聊天；最后还要让学生脱离书本，将课本中的内容用自己的话转述出来，在此基础上编写口头作文。这些训练要求较高，可使学生们的口语水平得到大幅提升。

不同的学生水平还是会有所差距，在教学过程中，他会仔细观察每一个学生的课堂表现，注重学生的个性化培养，还会针对不同学生的薄弱环节专门编制个人教材，让他们进行个别训练。比如，有的学生发音不好，他就给学生单独做一份发音方面的教材，让学生加强训练，纠正发音。他把自己的时间和精力全部奉献给了学生，给了他们无微不至的关怀，为他们解决各方面的具体问题。他白天上课、辅导学生，晚自习时还去指导学生，学生睡觉之后，他又挑灯夜战，给学生批改作业、备课、编教材，那段时光虽然很辛苦，但十分有意义。

65级学生入学的第一学期，刘星华和王汉民老师合作，第二学期则和青年教师俞晓合作，形成了一套独特的听说法，而且实践证明，教学效果非常显著，学生各方面的能力得到了有效提升。

在实践中，刘星华总是十分擅长创新，寻找有效的教学方式，让教学效果达到最大化。比如，在20世纪80年代中期，学校招收了一个班级，这个班一共有20人，其中有12人在中学时学习俄语、8人学英语。学俄语的学生层次差距也很大。知识程度、水平不同，学习需求不同，如何解决矛盾？为此，刘星华按照量力性原则和可接受性原则，将授课分为短期全部免修、短期部分免修、正常授课、加课时四种，等于将一个班级分成了四个部分来教学，致使每学期授课实际时长都比原计划多出许多课时。针对底子差的学生，他用足够的耐心去教授，考虑到学生接受能力有限，他就放慢教学的节奏，让学生充分消化吸收、理解之后再加快进度。虽然时间很漫长，但通过刘星华和学生们的共同努力，同一个班级里学生水平的差距慢慢缩短，取得了良好的效果。

后来有了为贯彻交际法而编写的统编高校教材。此时，刘星华在教授语法课，其学生水平较高，除二人来自普通高中外，其余学生均来自外语学校。因为水平跟不上其他同学，这两名学生又成了刘星华的重点关照对象。他采用俄语原文教材，用俄语教学，重点帮助这两个来自普通高中的学生，在其重点关照下，这两名学生的语法突飞猛进。

交际法（功能法）是外语教学领域里一种新兴的教学方法。交际法从语言的意义、功能出发，重视实际交际中的语言使用，语言功能运用熟练了，语言形式也就掌握了。交际法要求把教学过程当作交际过程，按照语言功能项目组织成真实情景的教材，组织交际活动或模拟交际活动，以培养学生的交际能力，让学生在交际中掌握外语。这样就把教学目的和教学方法有机地结合了起来。

有一段时期，刘星华负责各个年级的课外活动，他便把交际法运用在实践中。众所周知，课上的语言学习难免有些枯燥。为了提高学习效果、增加实践的机会，刘星华专门设计了课外活动作为语言学习的有效辅助手段，通过创建不同的应用场景，让学生们置身其中。在实践中，他让学生们在学校里开办"商店"，一组负责开"商店"，一组负责当"客户"，大家可以售卖各种东西，包括服装、文具、水果等，不管班级、专业和年龄，只要是学俄语的，都可以来参加。在活动正式开始之前，贴心的刘星华还将可能会用到的词汇、句型全部整理出来发给学生，让他们提前熟悉，以便更好地在实践中应用。一轮实践结束之后，两组学生对调，换身份进行体验。

这些活动非常成功，学生积极性很高，气氛生动活泼，在一个个具体的应用场景中，学生们全程用俄语进行交流，掌握了大量的实践口语。通过交际法，刘星华帮助学生在实质的语言环境下、在不同的情境中进行真实的交际活动，达到培养学生交际能力、让学生掌握俄语交际工具的目的。此后，这一有趣而实用的课外活动在几个新的年级中再次举办，深受学生的欢迎和喜爱。

在教学中，刘星华十分注重采用多种具体教学方法，精讲多练的方法是其中之一。这是服务于一些教学法的具体教学方法，许多课程都有采用，这也是在外语教学中行之有效的方法。

刘星华说，"精讲"不是单纯地"少讲"，不是一股脑地"深讲"，也不光是教师讲。"精讲"体现在多个方面，如在教学语言上要求精练、准确、生动、形象、规范。在教学内容上要抓住四点：重点、难点、疑点、弱点。重点是教材中最基本、最主要、最关键的部分；难点是教材中外语和汉语不一致的部分，即汉语中没有而俄语中特有的现象、规则、用法等；疑点是学生学习该课题时经常搞糊涂的地方和学生在预习中提出的问题；弱点是学生存在的薄弱环节和常出错的地方。处理好这四点要做到突出重点、讲清难点、消除疑点、狠抓弱点。

在具体教学方法上，最佳方法是启发式方法。用问题启发就属于启发式方法，此外还有大家通用的直观启发、比喻启发、对比启发、练习启发等，其目的都是充分调动学生的积极性。课堂上的教学过程是师生互为依存的双边思维过程，教师只有使学生自始至终都处于积极思维状态，不断思考、触类旁通、举一反三，才能达到教学目的。

"多练"不是盲目地、单纯地追求数量上的多，而是按照精讲需要、培养技能需要安排练习，将学到的知识通过练习和实践转化为技能。对于现成的教科书上的一两千个练习、几十种练习形式，教师要研究清楚其目的性、阶段性、循序渐进性、功能性，还有这些练习的内在联系和整体架构。这样既能考虑到全局又能考虑到局部，做到宏观和微观相结合。此外，教师还要关注讲和练的顺序、包含关系、引导层次等。刘星华还会在教科书所编的练习外补充遣词造句和转述课文的练习，前者是基础，后者是发展。这种练习在两年基础课阶段不间断地进行，以此精进学生能力，打好学生的基本功。

刘星华说，精讲与多练是辩证统一体，在教学中，教师应根据需要处理好二者的关系，做到边讲边练，讲练结合；讲中有练，练中有讲；先讲后练，先练后讲；以讲引练，以练促讲。总之，外语课不是知识课，而是技能课，教师应切忌只讲不练或多讲少练。在运用交际方法时，具体的精讲多练方法是培养学生交际能力的有效方法。

刘星华一直从事基础课语音、词汇、语法教学，后让青年教师教授精读课，自己教授难度较大的语法课。语法课枯燥无味，学生很难提起兴趣，他便采用精讲多练等多种教学方法，让学生在课堂上将精力集中在课题上。

在实践中，刘星华曾经有过一次十分深刻的教训：有一次，他到某进出口总公司调研，谈判时对方是波兰人，会讲俄语，业务员让刘星华来谈判，在谈判中，对方几次说出大串的数目，刘星华很难应付，无奈之下，只好换人用英语谈判。回去之后，他总结了这次教训，他之所以陷入困境，一是在学校学得少，课本上的内容很简单，而俄语数词相当复杂；二是基本上没有经过多练和实践，导致他在应用的过程中对知识很是生疏。这个教训使刘星华开始重视数词教学，因为学校培养的是大量的经贸外语人才，他们必然会与数字打交道，在数字上如有失误，哪怕是一个数字、一个小数点，后果都不堪设想。

在教学实践中，他发现很多学生对数词的掌握并不牢固。因为俄语与中文在数词方面的表达和运用存在很大、很多的语言习惯差异，再加上俄语还

1995 年，刘星华（右二）与校长和俄罗斯参观团合影留念

有重音、变格，两种语言的来回转换难度很大。刘星华下定决心要帮学生把这块硬骨头啃下来。于是，他又开始重新设计教学方法，不断补充授课内容，增加课时，设计和采用循序渐进、步步为营、一步一个脚印、滚雪球的办法进行教学，综合应用精讲多练法、启发法、对比法、演绎法、归纳法、听说法、交际法等具体教学方法，为学生提供了大量的实践机会。

当时，他课上的学习内容可谓十分丰富，从经济、军事、科技、经贸等方面出发，他从五年计划、季度年度经济总结、人口普查、国防白皮书、国家和公司经贸谈判、合同协议等资料中收集了大量包含数字的句子和小段落，让学生进行实战训练，如中俄数字转换训练以及俄译中、中译俄训练。这门课程所花费的时间也很长，他往往需要反复讲解、反复训练，学生才能把知识点彻底学透，并熟悉运用技能。新的知识点的学习，都要在上一步课程的内容扎实理解、掌握的基础上进行的。

学生们对刘星华的这种教学方式非常赞同，纷纷严格要求自己，鼓足干劲，与刘星华密切配合，使数词教学取得了显著效果。这些具体的数词教学方法可以说是刘星华的独创，不仅展现了他在教学方面的智慧和创举，在运用教学原则和教学方法方面的娴熟，也是他对俄语教学的有力贡献。

"一二三四五"
思想性原则贯穿教育始终

刘星华说，教学原则是提高教学质量的保证之一，教师在各个教学过程中都应自觉地贯彻。其中有一个重要原则——思想性原则。教育学告诉我们，教育是一种社会现象，它存在于一切社会之中。我们的学校是社会主义学校，因此，必须坚持教育的社会主义方向。教育是国之大计、党之大计，学校要坚持为党育人、为国育才，必须贯彻党的教育方针。刘星华认为："我们的培养目标是培养德、智、体、美、劳全面发展的人才，为实现这一培养目标，学校的全体教职工人人有责，但作为人类灵魂工程师的教师来说，其责任更重大。"教育的本质与目的决定了教材必然具有鲜明的思想性，而教材的思想性必须经过教师的深入发掘和揭示，才能达到教育学生的目的；教师的世界观和品质是重要的教育因素，对学生影响很大；就教学过程而言，它又是教人的过程。不重视对学生进行思想政治教育，就不能做好传授知识和培养学生技能的教学工作。思想政治教育的目标是培养学生的政治素养、道德品质和社会责任感，使其具备正确的价值观、人生观和世界观。思想政治教育作为教育的重要组成部分，致力于培养学生的道德品质和社会责任感，确保学生不仅在智力和技能上得到发展，还能在思想和品德上有所进步，从而实现全面发展。刘星华说，思想政治工作不仅为实现总的培养目标服务，也为具体教学工作服务，它是发展教学的保证之一。

刘星华总是把教书育人工作看成自己分内的事，自觉从事这项工作。长期以来，他在这方面探索形成了自己的一套做法，即"一颗红心、两个服务、三个热爱、四个内容、五个结合"。

一颗红心：一心放在党的教育事业上，始终坚定不移地拥护和贯彻党的教育方针和政策，把党的教育事业作为自己毕生的追求。

两个服务：为培养德、智、体、美、劳全面发展的人才服务、为给学生传授外语知识和培养学生的外语技能服务。关心爱护每一个学生，帮助他们解决学习和生活中的各种问题，把学生的成长成才放在首位。

三个热爱：热爱专业、热爱教师工作、热爱学生。始终保持学习的热情，积极参加各种专业培训和学术交流活动，更新自己的知识体系和教学方法。认真潜心于教学一线，定期对自己的教学进行反思和总结，不断改进和优化教学策略，追求卓越的教学效果。一切为了学生。

四个内容：主要做好学生思想、学习、生活、团结四方面的工作。注重了解每个学生的特点和需求，针对不同的学生制订个性化的教学方案，使每个学生都能得到充分的发展。要善于发现学生的优点，及时给予表扬和鼓励，帮助学生建立自信心，激励他们不断进步。不仅要关注学生的学业成绩，更要关心他们的思想和心理发展，成为学生们的良师益友。

五个结合：课上做与课下做相结合、平时做与阶段做相结合、事前做与事后做相结合、全班做与个别做相结合、教师做与辅导员和学生（有时还有家长）做相结合。

这套经验包含了刘星华对教书育人工作的认识、态度、内容、方法。多年来，他总能合理设计教学进度和内容，确保知识点的全面覆盖和逐步深入，同时，他能结合实际生活和时事热点，设计生动有趣的教学活动，激发学生的学习兴趣和主动性。对于上课、备课，他精益求精，他的办公台上堆积的各类教案总能有一尺多高。他的课堂讲解十分细致，能将复杂的知识简单化，能进行多种形式的反复练习，让学生易于理解和掌握。在与学生们的长期相处中，他与许多学生建立了良好的师生关系，学生们乐于向他请教问题，分享学习心得，师生形成了良好的学习互动。在他的帮助下，学生们的学业成绩显著提升，考试成绩和综合素质评价均有了明显进步。

关心青年教师成长
送去慈父般的关怀

良好教学效果的取得和长远培养目标的实现，是和教师的道德品质、教学业务水平与努力程度密不可分的。刘星华一直非常关注青年教师的成长。他说，做好培养青年教师的工作，不仅是对其本身的关心，也是对实现教学任务、培养目标的保证。因此，他总是在工作中自觉承担起这项职责。

刘星华非常关注青年教师的思想、教学、生活、家庭，经常和他们沟通，就他们存在的问题进行交流，并听取他们的意见。在教学上，他耐心地给许多教师讲解如何备课、写教案、上课，为部分教师提供示范教案；同时，认真听年轻教师讲课，并对教师的授课过程进行课后分析，结合实例介绍教学

1996 年，刘星华在新疆大学参加中国俄语教学研究会理事会议

原则和教学法；此外，他还经常组织公开课让青年教师相互学习，或是带他们去兄弟院校听课，组织他们参加兄弟院校的基础课培训班；他会安排他们进修，请苏联华侨和苏籍教师训练他们的口语；在系级和校级学术会上，在校学报上，他也会系统介绍教学过程、教学原则、教学法……总之，他会通过种种方式尽全力地帮助年轻教师成长。

除去对青年教师的帮助外，他也会尽力帮助其他中老年教师。比如，有的老教师来自具体的工作单位，不熟悉学校里的教学工作，不知道该如何上课，因为当时使用的是全国统编教材，刘星华便专程去自己的母校为其他老师要教案。如教案已发完，他便向授课老师借，用过后及时归还，有效帮助了其他老教师逐步适应教学工作。他又经常去母校为口语教师找口语教材，为专业课教师找谈判教材，使他们更加完善教学工作。

1983 年，刘星华担任俄语教研室主任，他始终兢兢业业、勤勤恳恳、认真负责、以身作则。系办认为他工作严谨、办事效率高，曾多次对他提出赞扬。1991 年，学校在评选优秀教研室主任时，他是候选人之一。

20 世纪 80 年代末和 90 年代初，由于老教师先后退休、中年教师调去支援兄弟系，教研室人员奇缺、力量单薄。青年教师在业务上又存在不少问题，教研室开展工作难度极大。刘星华始终坚守岗位，竭尽全力地支撑着教研室。这对维持学校俄语专业、培养接班青年教师、不间断地输送俄语经贸人才作出了突出贡献，更是对学校和国家经贸事业作出了不可磨灭的贡献。

重视科研　量大面广
推出 1 套 4 册俄语姓氏丛书

几十年来，刘星华非常重视科研活动，成果不断问世，量大面广、形式多、质量高，包括各类教材、学术报告、论文、译文、专著、编著、编译、译著（合译）等。

在教材方面，刘星华编写了语音、精读、语法、听力、听说领先、会话、高年级语法、俄语课外阅读课 12 册（最后几课由其他教师完成）、新闻选读等十余种教材。在此基础上，又用两年时间完成语音、词汇、语法各科教材《基础俄语》共 8 册，达 1444 页。使用过这些教材的夏绍武老师和学生们对其反映都很好。夏老师说，这套教材编得好，循序渐进，编得全、编得细，很实用。此教科书已达到出版水平，后因有指定的统编教材而未出版。

1988 年 8 月至 1989 年 3 月，刘星华曾作为高级学者前往苏联开展访问，在莫斯科大学和莫斯科列宁师范大学研究现代俄语复合句等课题。在莫斯科大学，他曾多次聆听苏联句法学三巨头之一的别洛沙普科娃教授对高级学者讲授的句法

1988 年，刘星华作为高级学者访问莫斯科大学

学，多次参加在莫斯科大学召开的各地高级职称教师有关语法课题的学术会议。此外，在莫斯科列宁图书馆收集资料，进一步探讨他的研究课题，即俄罗斯人的姓名问题。

刘星华在俄罗斯的姓名研究方面成果卓著，在国内可谓无人能出其右。在几十年的学术生涯中，他完成俄罗斯姓名丛书一套，共4册，300多万字，已出版3册，即《俄语姓名用法详解》《俄语疑难姓氏词典》《俄语姓氏汇编》，另有一书《俄语人名词典》已定稿。这项研究填补了国内对俄语姓氏研究的空白，在国内有一定的声誉和影响，只要涉及这个课题，学者们大多会引用刘星华的著作、观点、论述。其中，《俄语姓氏汇编》全书1100多页，大版面排版，全书220多万字，历时三年定稿。2016年，刘星华自费出资9.8万元，使这本书在2018年正式出版。他不收取稿费，不图经济效益，只求社会效益，力图为社会服务，为新时代作贡献。

俄罗斯人姓名的规范形式包括名字、父称、姓氏三部分。一方面，俄罗斯人姓名的形式、构成、变化和用法比较复杂，不易掌握；另一方面，我国研究和介绍俄罗斯人姓名的书籍极少，以致人们在学习和工作中遇到问题时，往往无处查考，无法解决。因此，学者需要对俄罗斯人姓名问题做些探讨。20世纪80年代初，刘星华就已经开始对此课题进行研究，先后完成了《俄语

刘星华所著的俄语姓氏丛书

姓名用法详解》（对外贸易教育出版社 1987 年版）、《俄汉俄语姓氏词典》等著作，并写了一些文章（均已在国内外发表）。《俄汉俄语姓氏词典》是80 年代初按照当时冶金工业出版社翻译俄语资料、文献、书刊等时遇到的种种问题而编写的，收集的是俄语标准姓和非标准姓及复姓，但主要是常用标准姓，由于篇幅过大（姓氏 3 万余条，约 200 万字）等原因，一直未付梓。为满足读者需要，刘星华先将该词典中难以识别、查找和变化复杂的非常用标准姓和非标准姓及复姓挑出，并作了补充。此外，他又在其中增加了较多的少数民族姓氏、外国姓氏、复姓，编成第四册《俄语疑难姓氏词典》，先行出版（冶金工业出版社 1994 年版）。《俄语姓氏汇编》中的姓氏是由《俄汉俄语姓氏词典》部分姓氏编成《俄语疑难姓氏词典》后所剩余的姓氏，简化改编而成的，主要收录了俄语常用标准姓、非常用标准姓，也收录了部分非标准姓复姓、少数民族姓氏和外国姓氏，2018 年由对外经济贸易大学出版社出版。《俄汉俄语姓氏词典》分编成《俄语疑难姓氏词典》和《俄语姓氏汇编》后，内容各有侧重，读者使用时可根据需要分别从两书中查找。

　　具体来说，《俄语姓氏汇编》收录了具有统一固定姓氏后缀的俄语常用标准姓及难以识别和查找的非常用标准姓、非标准姓、复姓（标准姓＋标准姓、标准姓＋非标准姓、非标准姓＋标准姓、非标准姓＋非标准姓）、部分少数民族的姓氏和十余国的部分外国姓氏，共 3 万余条。每条列出男用姓和女用姓，并注明其各格结尾和汉语译名。书中引用了俄语姓氏变格问题的最新资料和研究成果，详尽地介绍了俄语姓氏变格的规则及注意事项，资料新、内容全、实用性强，是国内目前俄语姓氏变格方面最全面、最完整的资料。学习者根据本汇编对俄语姓氏所列出的各格结尾可正确判定和变化姓氏的各格形式，也可将文章中纷繁变化的姓氏间接格形式还原成主格形式，解决间接格姓氏汉译时难以译准的问题。该汇编主要供翻译工作者、从事俄语教学和研究工作的人员、外事外贸人员以及学习俄语的学生使用。

　　审阅这本 220 余万字书稿的时候，刘星华已经 80 多岁高龄了，他依然克服身体差、视力模糊、天气炎热等难处，坚持多次审稿校对，完成为新时代作贡献的心愿。出版社送给刘星华 20 本他的著作，他本人自留了 2 本，其余均送了出去，其中，2 本送给了图书馆，其余著作通过图书馆转送给了本校有关单位和兄弟院校。除本书外，刘星华还通过图书馆向上述各单位赠送其另一著作《俄语疑难姓氏词典》。

　　整个姓名丛书就俄罗斯人姓名结构的产生、发展和形式，姓名结构各组成部分的内在联系，名字、父称、姓氏各部分的产生、演变、构成、分类、形式、变格、重音、意义、用法、译法等问题，做了探讨和研究。为适应读者需要，书中也增添了一些少数民族姓氏、部分外国姓氏及中国人姓名在俄语中的用法。

　　在俄语的词汇、语法以及经贸、教育学等方面，刘星华也开展了大量研究，其所写就的十余篇论文均在国内外发表，没有一篇退稿。他在苏联发表的论文《论父称》，被"俄语出版社"总编高度赞赏，说刘星华的观点新颖、写得好。俄罗斯人的父称从原始形式发展至今天使用的标准形式，有个漫长的时期，但苏联、现俄罗斯语言学家、姓名史学者对其发展、演变都单纯地从历史顺序上进行描述，刘星华认为，实际上这种发展、演变有其从雏形到成形、从量变到质变的内在规律，刘星华对其内在规律做了探讨，将其发展演变分

刘星华 10 余篇论文在国内外杂志发表

为若干时期，各时期又分为若干阶段，使其更加清晰、清楚、明确。这篇文章发表在 1989 年《俄语在国外》第 2 期上，并刊登了刘星华的照片、职称。

一颗拳拳爱国心
他始终扎根祖国

刘星华为祖国的教育事业奉献了一生。其实，他也曾有机会留在海外，但他坚守初心，将自己的一辈子奉献给了对外经贸大学的三尺讲台。

有的人赞扬刘星华的拳拳爱国之心，有的人则想不通刘星华为什么不留在美国发展。20 世纪七八十年代，中美现代化的程度存在显著差异，导致两国生活条件差距非常大。可是，刘星华对祖国有着浓厚的依恋之情，也考虑到了留在美国的一些具体困难。如今，祖国的制度好，他在国内的待遇也不错，而且国内也有良好的教育资源，孩子的前途有保障。同时，学校在他出国时能立即批准并给予很多的支持，这些都让刘星华感到了组织的关怀。再加上他难以割舍对教学和学生的情感，不愿意从事别的职业。因此，刘星华毅然选择了回国，虽然之后他多次出国探亲，但都没有留居海外，而是坚守自己的初心，矢志将一生奉献给祖国。

作为一名教师，刘星华在讲台上兢兢业业几十年，在任何情况下他都坚守在教学岗位，坚守在教学第一线。2014 年 8 月，刘星华和夫人徐云裳入住燕达金色年华健康养护中心，开启了他们美好的晚年生活。直至今日，刘星华依然保留了很多当年的资料，包括上课时记载的学期总结、小结、教学资料、学生资料、学生平时测验和期中期末考试成绩。作为一名学者，他始终将自己热爱的俄语视若珍宝，用自己的青春灌溉学术之花。对教育事业的热爱，谱就了他一生宏大壮阔的交响乐基调。

教育的根是苦的，但其果实是甜的。回望自己耕耘了一辈子的讲坛，在润物细无声中，刘星华早已收获了无数甜蜜的果实，更成就了厚重的一生。